Vom Leben getragen

© Sara Dannenbrink

Ajana Holz, geb. 1964, gründete 1999 das bundesweit mobile Bestattungsunternehmen „DIE BARKE – Bestattung und Begleitung in Frauenhänden" aus Liebe zu den Toten und den Lebenden und wurde damit zu einer Pionierin für eine lebendige Bestattungskultur. *www.die-barke.de*

Ajana Holz

Vom Leben getragen

Für eine lebendige Bestattungskultur

Mabuse-Verlag
Frankfurt am Main

Bibliografische Information der Deutschen Nationalbibliothek
Die Deutsche Nationalbibliothek verzeichnet diese Publikation in der Deutschen Nationalbibliografie; detaillierte bibliografische Daten sind im Internet über http://dnb.dnb.de abrufbar.
Informationen zu unserem gesamten Programm, unseren AutorInnen und zum Verlag finden Sie unter: www.mabuse-verlag.de.
Wenn Sie unseren Newsletter zu aktuellen Neuerscheinungen und anderen Neuigkeiten abonnieren möchten, schicken Sie einfach eine E-Mail mit dem Vermerk „Newsletter“ an: online@mabuse-verlag.de.

2. Auflage 2023

Kasseler Str. 1 a
60486 Frankfurt am Main
Tel.: 069-70 79 96-13
Fax: 069-70 41 52
verlag@mabuse-verlag.de
www.mabuse-verlag.de
www.facebook.com/mabuseverlag

Projektkoordination und Lektorat: Simone Holz, Pisa; Franziska Brugger, Frankfurt am Main
Satz und Gestaltung: Walburga Fichtner, Köln
Umschlagabbildung: © Grandfailure/istockphoto.com
Bildbearbeitung: Marion Ullrich, Frankfurt am Main
Druck: SOL Service GmbH, Schrobenhausen

ISBN: 978-3-86321-536-1
Printed in Germany

Inhalt

I Mit unserer Liebe für die Toten ...

... ehren wir das Leben.

Das ist ein Satz, eine der vielen Essenzen aus den Erfahrungen meines Bestatterinnen-Daseins.

Warum schreibe ich dieses Buch? Ich bin Bestatterin[1] mit Leib und Seele. Ich bin auch „Seelen-Hebamme" und Übergangsbegleiterin. Das ist meine Berufung und meine Lebensaufgabe.

Schon mit zwölf Jahren wollte ich Hebamme werden. Mich interessierte sehr früh alles, was mit Schwangerschaft und Geburt zu tun hatte – diesem ersten großen Übergang ins Leben – und mit den ganz Kleinen, den neu in diese Welt Hineingeborenen. Ich wollte auf jeden Fall Kinder. Heute habe ich eine Tochter und einen Sohn, zwei wunderbare Menschen, die ich sehr liebe und schätze, und ich bin tatsächlich eine „Hebamme" geworden – wenn auch ganz anders, als gedacht. Offensichtlich sollte ich zuerst meine eigenen Erfahrungen mit Übergängen machen und dann bei einem anderen Übergang begleiten. Aber das wusste ich damals noch nicht.

Mein Weg führte mich unter anderem zu einem Leben als freie Künstlerin, Geburtsbegleiterin (Doula), Aktivistin für Naturschutz, für Frauenräume und für ein respektvolles Zusammenleben mit allem Lebendigen auf dieser Erde.

1 Wenn ich in diesem Buch über Angehörige eines Geschlechts schreibe, dann benenne ich es auch so. Meines Erachtens sind alle derzeit gebräuchlichen Genderformen Kompromisslösungen. Da ich mich für eine Form entscheiden musste, verwende ich für die geschlechtergerechte Sprache in diesem Buch fortan das große Binnen-I, wenn es um alle Geschlechter geht (wie z. B. in BestatterInnen). Mir ist bewusst, dass sich bei keiner Genderform alle gleichwertig angesprochen fühlen, und ich weiß um die vielen Geschlechter, die es jenseits der momentan noch sehr festgelegten Norm der Polarität männlich-weiblich gibt. Mir ist ebenso bewusst, dass alles Weibliche (nicht nur) sprachlich untergeordnet wird.

Einige Jahre begleitete ich Frauen bei Lebensübergängen und leitete zusammen mit anderen ein Notrufzentrum für Frauen.

Ich lernte, die Welt nicht nur aus der ökologischen, sondern nun auch aus einer feministischen Perspektive zu sehen: mit Liebe für mich selbst und der Hochachtung für andere Frauen, für die Natur und die Erde. Die großen Übergänge bei der Geburt meiner Kinder und das Leben mit ihnen sowie die Krise einer lebensbedrohlichen Krankheit lehrten mich viel über Leben und Tod.

Im Jahre 1993 begann ich eine dreijährige schamanische Ausbildung, die bis heute eine wesentliche Grundlage meines Lebens und Wirkens in der Welt ist. Darüber werde ich später im Buch noch ausführlicher erzählen. In dieser Zeit erkrankten eine Mitschülerin und eine meiner Lehrerinnen an Krebs. Ich durfte beide Frauen bei ihrem Umgang mit dieser Krankheit erleben – oder genauer gesagt: bei ihrem Umgang mit den Zuständen und Veränderungen in ihren Körpern. Ich durfte erleben, wie die beiden jeweils von einem Netz von Freundinnen auf diesem Weg begleitet wurden und wie alle Beteiligten dabei bis über alle Grenzen hinaus herausgefordert und gleichzeitig reich beschenkt wurden. Kurz hintereinander war ich auf zwei Beerdigungen, die sehr besonders waren und von vielen Frauen getragen wurden. Das Glück, eine große Gemeinschaft um sich zu haben, die unterstützt und mitträgt, einander den Rücken freihält für das Wesentliche und tatkräftig mit begleitet, ist bis heute für die meisten Menschen, nicht nur in schweren Situationen, die Ausnahme.

Während der Ausbildungszeit erlebte ich noch eine dritte Beerdigungszeremonie. Bei dieser wurde eine Frauenstatue aus Holz sanft in ein kleines Holzboot gelegt und wir bildeten eine Passage, einen Weg der Seelenbegleitung, einen Übergang. So wurden wir die Ufer des Flusses. Zum ersten Mal saß ich am Totenfluss, aber das wurde mir erst sehr viel später klar. Als ich dort saß, direkt bei dem kleinen Boot, in dem die Dame gebettet lag, spürte ich mit einem Mal sehr stark: Hier gehöre ich hin, das ist mein Platz, das ist meine Aufgabe. In diesem Moment war sie geboren: die „Seelen-Hebamme“, die schamanische Übergangsbegleiterin. Und von da an wusste ich: Dieser Aufgabe bin ich verpflichtet. Jedoch sollte es noch Jahre dauern, bis ich dieser Verpflichtung nachkommen konnte, denn kurz nach der klaren Erkenntnis, dass ich Bestatterin werden muss, um wieder einen anderen Umgang mit Tod und den Toten in diese Kultur und zurück ins Leben zu bringen, wurde ich selbst schwer krank und war dem Sterben ganz nahe.[2]

Es war klar, dass ich mich nicht mehr allein um die Kinder kümmern konnte – und das war völlig undenkbar für mich. Da mussten mir erst Außenstehende gut zureden und mich darin unterstützen, dass ich Hilfe brauchte und dass es in Ordnung ist, mich in dieser Situation nicht mehr um die Kinder kümmern zu können. Es gibt wohl nur wenige Mütter in dieser Gesellschaft, die nicht immer wieder Schuldgefühle haben, obwohl sie so viel geben. „Rabenmutter" ist eine rein deutsche Wortschöpfung und ein sehr bezeichnendes Beispiel dafür, dass immer noch die Hauptverantwortung für das Wohl der Kinder auf den Schultern ihrer Mütter liegt. Ich hätte sehr gern mehr der kostbaren und unwiederbringlichen Zeit mit meinen Kindern verbracht. Zum Glück fanden meine Kinder und ich gemeinsam eine Lösung. Sie waren damals zwölf und acht Jahre alt und zogen zu ihren noch jungen Großeltern, die sich über ein Leben mit ihren Enkelkindern freuten. Die Kinder und ich haben uns seitdem so oft es ging gegenseitig besucht.

Zunächst ging ich für eine Auszeit nach Cornwall in Südengland, meine geliebte zweite Heimat. Das war in vielerlei Hinsicht lebensnotwendig: Zum ersten Mal in meinem Leben eine Zeit, in der ich nur für mich selbst verantwortlich war und mich nur um mich selbst kümmern durfte in dieser weiten, wilden Küstenlandschaft am Atlantik. Und es war eine sehr besondere Lehrzeit. Dort erzählte ich einer Frau, dass ich von Herzen gerne Bestatterin werden wollte und was das für mich bedeutete. Sie sagte ganz einfach: „Oh, you are a soul midwife!"

Ja, das bin ich. „Seelen-Hebamme". Kein Wort trifft es besser.

2 Heute weiß ich, dass dies auf der ganzen Welt auch als Teil der Initiation von SchamanInnen gilt. Die Bezeichnung „SchamanInnen" ist jedoch aus einem anderen Kulturkreis. In unserem Kulturkreis hießen wir früher unter anderem Weise Frauen, Heilerinnen, Kräuterkundige ... *Sage-femme* (Weise Frau) heißt auch heute noch auf Französisch: Hebamme. Die Bezeichnung „Hexe" wurde zum todbringenden Schimpfwort. Über diese Verfolgung und ihre verheerenden Folgen bis heute lernen wir in Schule und Bildungswesen so gut wie nichts (siehe Kapitel VI: Die Vernichtung der Weisen Frauen: An unseren Wurzeln beschnitten).

In Cornwall besuchte ich auch eine Frau, die ein Bestattungsunternehmen nur für Frauen eröffnet hatte: *Martha's Funerals*. Sie sagte mir, dass es viele Frauen gibt, für die es sehr wichtig ist, nach ihrem Tod nur von Frauen versorgt und nackt gesehen zu werden. Scham und Gewalterfahrungen oder beleidigende Bemerkungen über ihre Körper, all das sind gute Gründe für Frauen, sich zu wünschen, nach ihrem Tod Sexismus nicht (mehr) hilflos ausgesetzt zu sein. Der Wunsch, von Frauen bestattet zu werden, käme von den Frauen selbst, erzählte sie – und das wurde mir seither auch immer wieder von Frauen und ihren Angehörigen[3] bestätigt. Nach der Gründung meines eigenen Bestattungsunternehmens war für mich jedoch schnell klar, dass ein liebevoller und achtsamer Umgang für alle Geschlechter notwendig ist – für die Toten genauso wie für die Lebenden – und auch dringend gewünscht wird, denn das ist leider noch lange nicht selbstverständlich. Gleichzeitig ist meinen heutigen Mitarbeiterinnen und mir die Bedeutung von liebevollem Schutz für verstorbene Frauen und Kinder schon immer bewusst und daher ein besonderes Herzensanliegen.

Später besuchte ich auch noch *Green Undertakings*, ein Bestattungsunternehmen, das ökologisch verträgliche Bestattungen in Naturschutzgebieten anbietet. Die Toten werden dort nur in ein Leintuch gehüllt auf eine Bastmatte gelegt und begraben. Ein Naturgrab ohne Grabmal und sichtbare Grabzeichen. Auch das gefiel mir sehr – und ist bis heute in Deutschland undenkbar.[4]

Zurück in Deutschland suchte ich eine Möglichkeit, Bestatterin zu werden und bei einem Bestattungsunternehmen zu lernen.[5] Mir wurde offen misstrauisch begegnet, weil ich eine Frau bin: „Die Drecksarbeit mit den Leichen ist doch keine Arbeit für Frauen!“[6] Und weil ich etwas lernen wollte, das der damaligen Überzeugung nach doch kein Mensch freiwillig gerne

3 Angehörige sind für mich alle, die sich den Verstorbenen zugehörig oder verbunden fühlen: nicht nur die gesetzlich legitimierten Verwandten und die Familie, sondern auch die Wahlverwandten, die Wahlfamilie, die Freundinnen und Freunde.

4 In Deutschland gibt es mittlerweile zwar die Waldbestattungen unter Bäumen außerhalb von Friedhöfen, aber ausschließlich für Urnen. (Z. B. über Firmen wie Ruheforst oder FriedWald. Es gibt aber auch andere – teilweise auch kleine lokale – Anbieter und manchmal kann dadurch ein näher liegender Bestattungswald gefunden werden.)

5 Erst seit 2007 gibt es hierzulande den staatlich anerkannten Ausbildungsberuf der Bestattungsfachkraft.

6 Zitat eines jungen Bestattungsunternehmers

tun würde: sich um die Toten kümmern. Das war mein erster Einblick in die Bestattungs(un)kultur dieses Landes. Ich habe später noch sehr viel mehr erfahren müssen über den „professionellen" Umgang mit toten Menschen. Eine Folge der Trennung von Leben und Tod beziehungsweise der starken Verdrängung von Sterben und Tod aus unserem alltäglichen Leben – ein gesamtgesellschaftliches Problem, für das wir alle die Verantwortung tragen.

Die Notwendigkeit einer Veränderung in der deutschen Bestattungskultur wurde für mich immer deutlicher. In kaum einem anderen Land (in Europa) ist Tod so ein Tabuthema, so angstbesetzt und so ins schwermütige Dunkel verdrängt wie hier. Ich glaube, fast nirgendwo sonst sind Menschen so stark von ihren Toten abgeschnitten, herrscht so viel Angst vor der Berührung mit toten Körpern, solch eine Angst vor dem Verfall. Kaum irgendwo sonst darf darüber so wenig geredet werden und schon gar nicht gescherzt ...

Nach einigen Rückschlägen fand ich schließlich eine Bestatterin, bei der ich lernen durfte. Zu dieser Zeit waren Bestatterinnen noch sehr selten. Ich bin bis heute sehr dankbar, dass ich mit ihr meine ersten Toten versorgen durfte.

Am 31. Oktober 1999, am großen Fest- und Gedenktag für die Toten, konnten wir dann endlich *DIE BARKE – Bestattung & Begleitung in Frauenhänden* gründen, das erste mobile, bundesweite Bestattungsunternehmen. Den benötigten Gründungskredit hatten meine damalige Geschäftspartnerin und ich innerhalb von nur drei Monaten aus Kleinbürgschaften und Privatdarlehen zusammen – und das alles ausschließlich von Frauen!

Mit meiner Krankheit lernte ich mit den Jahren zu leben und bin inzwischen glücklicherweise ganz gesund, aber ohne eine so umfassende Unterstützung für mich und meine Kinder hätte ich mich niemals mit der BARKE auf den Weg machen können, um vielen Menschen in diesem Land einen heilsamen Umgang mit Tod und Trauer zu ermöglichen, die Toten liebevoll zu begleiten und unsere Bestattungskultur wieder lebendig zu machen. Mittlerweile fahren meine Mitarbeiterinnen und ich in unserem weinroten Bestattungsbus (Rot ist die Farbe des Lebens) seit über 20 Jahren quer durch dieses schöne Land und begleiten die Toten bei ihrem Übergang und die Lebenden in Trauer beim Abschied von ihren Lieben.

Wir versorgen nicht nur die Toten, wir begleiten sie auch. Denn genau das wird in unserer Kultur schon sehr lange nicht mehr gemacht. Ob wir es unsere „Seele" nennen oder „Essenz" unseres Wesens oder einfach unsere Körper: Die Toten werden hier bei uns nicht mehr angemessen begleitet. Doch mein Herzenswissen und das alte Wissen vieler auf dieser Erde sagen mir, dass alle in wichtigen Übergängen gut begleitet gehören, so auch im Tod. Dabei spielt es tatsächlich keine Rolle, ob wir an ein Leben nach dem Tod glauben, ob wir in irgendeiner Form religiös oder spirituell sind oder nicht. Das ist ein einfaches, elementares Lebensgesetz. Ein Gesetz der Würde.

Die unselige Trennung von Körper, Geist und Seele, von Mensch und Natur hat so viel Leid und Zerstörung geschaffen, so viele von ihren Körpern und vom Leben entfremdet, im Glauben, alles kontrollieren zu können. Aber so ist Lebendigkeit nicht.

Wir sind Erde. – Das werde ich immer und immer wieder sagen und schreiben: Wir sind Erde.

Doch später mehr zu meiner, unserer Philosophie, unserer Sicht auf das Leben und zurück zur Einleitung dieses Buches: Wie gehen wir als Gesellschaft mit unseren Toten um? Oder: Welchen Umgang lassen wir zu? Ist unser Körper „nur eine Hülle"? Und welche Folgen hat diese Annahme? Wie geht das, in ganz Deutschland mobil zu bestatten und überall hinzufahren? Was ist alles bei einer Bestattung zu bedenken? Was ist erlaubt und was nicht? Wie war unsere Bestattungskultur früher, was ist bezeichnend für die heutige Kultur hier und anderswo? Wie ist der professionelle Umgang heute? Was hilft in tiefster Trauer?

Das sind nur einige der Themen, über die ich in diesem Buch berichten werde. Es ist mir ein Herzensanliegen, viele Menschen möglichst umfassend über verschiedene Bestattungsmöglichkeiten und individuell unterstützende Abschiedswege zu informieren. Dieses Buch ist eine Grundlage für das Formulieren der ganz persönlichen Wünsche und das Finden des eigenen Weges beim Abschied – für sich selbst und beim Abschied von anderen. Und dieses Buch soll dabei helfen, viel von der Angst zu verlieren vor dem immer noch großen Tabuthema Tod. Dabei sterben jedes Jahr allein in Deutschland etwa 950.000 Menschen[7] – mit seit Jahren steigender Tendenz. Das sind durchschnittlich etwa 2.600 Menschen pro Tag. Die meisten davon sterben eines na-

7 Sterbefälle im Jahr 2018. Statistisches Bundesamt, www.destatis.de (08.03.2020)

türlichen Todes. Diese alltägliche Tatsache ist wohl kaum jemandem wirklich bewusst.

Wenn wir gerufen werden, dann kümmern sich meine Mitarbeiterinnen (meine Kolleginnen, die ich auch meine Mit-Bestatterinnen nenne) und ich meistens zusammen mit den Angehörigen um die toten Menschen und wir dürfen so immer weiter lernen vom Wunder dieses Übergangs. Von der Lebendigkeit und der Liebe, die sich im Tod entfaltet. Von der Kraft der Trauer. Vom Geheimnis dieses Zustands: Totsein. Was ist das? *Wann* ist das? Eine befreundete Geburtshebamme sagte einmal zu mir: „Je öfter ich Geburten begleite, desto weniger weiß ich, was Geburt wirklich bedeutet."

So geht es mir mit Tod. In dem Eingeständnis, dass ich bei Weitem nicht alles über ein so großes Ereignis wissen kann, liegt Respekt und tiefe Achtung vor diesem unaufhaltsamen, unerbittlichen Übergang, dessen Geheimnis sich uns wohl nie ganz erklären wird. Es ist eine schöne, anstrengende, herausfordernde, niemals eintönige Arbeit, denn sie spielt sich mitten im Leben ab. Und bei den beiden großen Übergängen ist das Leben ganz stark spürbar: Geburt und Tod – Geburt ins Leben und Geburt hinaus aus diesem Leben.

Ich mag es, wie die Lebenden sich zeigen in dieser Zeit. Offen, verletzlich und ganz sie selbst. Oft nehmen wir in dieser kostbaren Zeit zwischen Tod und Bestattung die Trauernden „an die Hand", nehmen ihnen die Angst vor dem Abschied und dem nahen Kontakt mit ihren Toten. Wir ermutigen sie, auf viele Arten in Berührung zu gehen: ihre Toten zu berühren, sich von ihrer Ausstrahlung berühren zu lassen und die starken Gefühle der Trauer zuzulassen – berührbar zu sein. Weil wir aus Erfahrung wissen, auf welche unglaubliche Weise dies helfen kann. Das beeindruckt sogar uns selbst immer wieder tief.

Als Begleiterinnen sind wir da und geben Halt, wo es nötig und wo es gewünscht ist. Und genauso ziehen wir uns zurück und geben dem Alleinsein den nötigen Raum. Wir unterstützen die Menschen darin, das selbst tun zu können, was jetzt und in dieser Situation wichtig für sie ist. Und dies ist immer einzigartig.

Einige Geschichten von berührenden Abschieden werde ich in diesem Buch erzählen. Und ein paar Geschichten werden sogar von Angehörigen selbst erzählt.

Mein Wirken beinhaltet immer auch die Arbeit daran, den scheinbaren Gegensatz zwischen Leben und Tod ein wenig aufzulösen. Tod gehört nicht nur *zum* Leben, Tod gehört *ins* Leben. Zurück.

Die Besinnung auf die alten, fast vergessenen Traditionen wie Totenwaschung, Hausaufbahrung und Totenwache ist dabei ein wesentlicher Teil. Ich mag es, wie die Toten noch einmal in ihrem ganzen Sein „aufleuchten", wenn wir sie liebevoll versorgt und gebettet haben …

Es ist sehr schön, ein Fest des Lebens mitzugestalten, wie es den Verstorbenen gebührt. Ich will jedes Mal von Herzen einen geschützten Raum schaffen für die, die gehen. – Und einen geschützten Raum für die, die gehen lassen.

Und dieser Schutz kann in (fast) jedem tatsächlichen Raum möglich werden. Denn auch in ganz unterschiedlichen Räumen und an verschiedenen Orten kann auf vielfältigste Weise Abschied genommen werden, nicht nur zu Hause.

Auf vielen Ebenen Raum geben und den Raum halten[8], das sind zwei von unseren wesentlichen Aufgaben. Um uns wieder zu erinnern. Den Impulsen zu trauen und zu tun, was das Herz oder die Intuition, die innere Stimme uns sagt. Denn das bringt uns auf den eigenen Weg.

Dafür braucht es Zeit, ermutigende Anregung und Begleitung, die Schutz und Sicherheit gibt – und manchmal Stille und Langsamkeit. Kleinere Kinder stellen oft die Fragen, die sich Erwachsene nicht zu fragen trauen, und helfen – mit ihrer meist unbeschwerten Unbefangenheit – uns Älteren, innezuhalten und eine andere Wahrnehmung zuzulassen.

Dies ist ein Buch, in dem ich gerade auch den vielen unausgesprochenen Fragen zu Tod und Bestattung Raum geben will. Und ich will Mut machen.

Mut für den eigenen Weg beim letzten Abschied, für die ganz eigene unvergleichliche Art, wie jede und jeder von uns der Trauer Ausdruck gibt. Und auch Mut dazu, auf manche Fragen keine abschließende Antwort zu haben. Und sie trotzdem zu stellen.

8 „Halten ist eine äußerst bewegliche Handlung; einer Art energetischem Muskeltraining vergleichbar, jenseits von Starre und Fest-halten." Ute Manan Schiran: *Am Küstensaum der Zeit – Gedanken zu einer sinnlich-spirituellen Praxis jenseits bestehender religiöser/säkularer Systeme/2 Essays.* München, 2008, S. 39

Ich möchte dabei helfen, die Angst davor zu verlieren, sich von geliebten verstorbenen Menschen berühren zu lassen, indem wir sie ein Stück auf ihrem Weg – bei ihrem Übergang – hinaus aus diesem Leben begleiten. Und ich will einen Einblick geben in die Geschenke, die in der Erfahrung eines gut begleiteten Abschieds für uns alle liegen können.

II Tod im Leben: Unser gesellschaftlicher Umgang

In diesem Buch geht es nicht so sehr um die großen philosophischen oder religiösen Fragen über ein mögliches „Leben nach dem Tod" oder darüber, ob und wie es nach dem Tod weitergeht. Für mich bleibt dies ein Geheimnis, dessen Komplexität ich nicht erfassen kann. Und das ist auch gut so.

Mir geht es sehr konkret um diesen wesentlichen, unwiderruflichen und einzigartigen Zeitraum zwischen Tod und Bestattung, um den derzeit üblichen Umgang mit den toten Menschen und um den Umgang mit Trauernden. Das alles meine ich mit Bestattungskultur.

Wenn wir uns anschauen wollen, wie hier und heute mit Tod und Bestattung umgegangen wird, dann müssen wir uns speziell auf Deutschland konzentrieren. Denn es braucht zunächst noch nicht einmal den Blick über Europa hinaus, um große Unterschiede festzustellen – so scheint etwa in England, Italien oder Holland der Umgang mit den Verstorbenen um einiges angstfreier als hierzulande zu sein. Tote werden unter anderem in Italien ganz selbstverständlich geküsst und geherzt. Dort ist die Angst vor dem obskuren „Leichengift" (das definitiv nicht existiert, aber darüber später mehr in diesem Buch) nicht so verbreitet wie hier, wo wir immer noch von Menschen gefragt werden, ob es wirklich ungefährlich sei, ihre Toten zu berühren. In England und Holland ist es vielerorts auch heute noch üblich und ganz selbstverständlich, die Verstorbenen offen zu Hause aufzubahren und dort Abschied zu nehmen. Warum ist das bei uns hier nicht (mehr) so?

Tod hier und heute: Schwermütiges Dunkel und Schweigen?

Es scheint, dass fast nirgends sonst das Thema Tod so tabuisiert ist wie hier bei uns. Woher kommt es, dieses Schweigen? Woher kommt die Angst, über den eigenen Tod oder den unserer Lieben zu reden oder sogar nur darüber nachzudenken? Woher kommt die Schwere, die unvermeidlich scheint, sobald es um Tod und Bestattung geht? Dieses Dunkle, das häufig noch im Äußeren auf unseren Friedhöfen zu finden ist: bedrückend düstere Trauerhallen, dunkle Friedhofskapellen und manchmal schäbig-schmutzige Aufbahrungsräume, schwarze Tücher auf dem Sargwagen und dunkle Särge …

Obwohl sich hier langsam glücklicherweise ein Kulturwandel bemerkbar macht und immer mehr TrauerrednerInnen und PfarrerInnen die Abschiednehmenden bei Trauerfeiern miteinbeziehen, findet sich bei den meisten Bestattungen noch überwiegend schwermütige Musik, die selten wirklich unterstützend „trägt" und selten die Lieblingsmusik der Verstorbenen war, sondern eher eine Trauermusik ist, die die Abschiednehmenden meist noch mehr bedrückt. Die üblichen Trauerreden enthalten wenig Anekdoten, über die alle auch lachen können, obwohl diese Seite doch genauso zum Leben und zu der Persönlichkeit der meisten Verstorbenen dazugehört hat und das gemeinsame Lachen – neben den Tränen – sehr verbindend wirken kann. Die so wichtigen letzten Worte über die Verstorbenen werden meist nur von PfarrerInnen oder professionellen TrauerrednerInnen gesprochen und sind leider noch zu oft schmerzlich unpersönlich, distanziert und damit wenig tröstlich, berührend oder lebendig. Zu selten bekommen die Menschen, mit denen die Verstorbenen im Leben auf unterschiedlichste Weise verbunden waren, den Raum und die Unterstützung, auf der Trauerfeier zu sprechen. Helle, farbenfrohe und freundliche Gestaltungen der Abschiedsräume und Trauerhallen sind noch außergewöhnlich und nur manchmal bei aufgeschlossenen Bestattungsunternehmen und Friedhöfen (und ganz selten in Kliniken oder anderen Einrichtungen) zu finden. Viele haben Angst, dass zu „Fröhliches" bei Bestattungen befremdlich oder gar als „pietätlos" (= würdelos) empfunden werden könnte. Manche trauen sich kaum, von einer „schönen" Trauerfeier zu sprechen, auch wenn sie es tatsächlich war, als wäre „schön" dafür ein ganz und gar unpassendes Wort. Und um bei einer Trauerfeier, beim Abschied von den Verstorbenen, lachen zu dürfen, brauchen manche fast schon eine „Erlaubnis", als wäre auch das absolut unvereinbar: die Trauer und das Schöne, der Schmerz und das Glückliche im Leben – obwohl Beerdigungen und Trauerfeiern Teil unseres Lebens sind und doch immer etwas aus dem Leben der Verstorbenen widerspiegeln sollten.

In England und den skandinavischen Ländern gibt es zum Beispiel richtig lustige und fröhliche Kinderbücher zum Thema Tod, die ich gerne auf Vorträgen, zu denen wir immer wieder eingeladen werden, zusammen mit anderen Büchern vorstelle (siehe Kapitel VIII: Literatur- und Medienempfehlungen, Adressen, Quellenverzeichnis). Da hören wir dann manchmal, diese Kinderbücher würden das Thema nicht ernst genug nehmen. Ich finde, hierzulande wird das Thema einerseits viel zu ernst genommen und andererseits leider überhaupt nicht in dem Umfang, wie es tatsächlich notwendig wäre.

Diese Art von bestimmten, kulturell als richtig deklarierten „Betroffenheitsgefühlen", die künstlich erzeugt werden, verhindert oft, dass wahrgenommen werden kann, was tatsächlich passiert, wenn ein Mensch stirbt, und wie wir uns wirklich damit fühlen. Und wie viele Fragen wir dazu haben …

Bei der offensichtlichen Trauer fehlen dann vielen die Worte und Gesten des Mitgefühls, ein unterstützender und angemessener Umgang, der die Trauernden nicht alleine lässt und dennoch ihre Grenzen wahrt. Es fehlen ausreichend Möglichkeiten, die eigene Trauer miteinander zu teilen. Zu selten ist die Gelegenheit, diesen Umgang in unserem alltäglichen Leben zu erfahren und natürlicherweise schon von klein auf zu lernen. Er ist nicht mehr (und noch nicht wieder) ein selbstverständlicher Teil unserer Kultur. Glücklicherweise gibt es inzwischen zu Trauer aber schon viel Literatur und Angebote (siehe Kapitel VIII: Literatur- und Medienempfehlungen, Adressen, Quellenverzeichnis).

Es ist offensichtlich für die meisten Menschen immer noch schwer, sich darüber bewusst zu sein, dass wir alle eines Tages sterben werden und dass ein Sterben spätestens zwischen 80 und 90 Jahren für die meisten von uns sehr wahrscheinlich ist. Nur sehr wenige von uns werden älter. Es kann nicht darum gehen, Sterben um jeden Preis zu verhindern. Wer will schon wirklich unsterblich sein? Es geht wohl eher darum, wie wir ein „gutes" Sterben am Ende eines Lebens ermöglichen, also ein Sterben, bei dem die Sterbenden entsprechend einfühlsam und respektvoll begleitet und ihre Wünsche und Bedürfnisse selbstverständlich mit einbezogen werden. Hier gibt es schon seit Längerem immer mehr Angebote: ambulante Hospizdienste und -vereine, Hospizhäuser und Palliativstationen in Kliniken sowie ambulante Palliativ-Care-Teams, die sich am Ende eines Lebens, sei es durch Alter oder durch Krankheit, genau darum kümmern und meist auch sehr gerne Angehörige in dieser letzten Zeit einladen, sie begleiten und unterstützen.

Natürlich sind wir alle traurig, wenn Menschen sterben, mit denen uns etwas im Leben verbunden hat. Trauer ist ein ganz natürliches und wichtiges Gefühl, über das ich später im Buch noch viel schreiben werde. Trauer bekommt jedoch gerade durch die heute noch weitverbreitete Verdrängung von Tod leider oft zu wenig Raum. Auf Beerdigungen tragen die Menschen in der Regel Schwarz. Schwarz ist (nicht nur) in diesem Land die traditionelle und kulturelle Trauerfarbe. Damit soll der Respekt vor den Toten und den Trauernden gezeigt werden, deshalb tragen auch wir Bestatterinnen bei der BARKE meistens dunkle oder schwarze Kleidung, außer Farbe ist erwünscht. Für die meisten Menschen ist es aber selbst dann undenkbar, bunte oder helle Kleidung auf einer Trauerfeier zu tragen, wenn die Verstorbenen sich das zu Lebzeiten ausdrücklich so gewünscht haben.

Schwarz ist an sich natürlich überhaupt nichts Düsteres oder Negatives. Und ich persönlich mag Schwarz gerne: die Sternenschwärze der Nacht oder glänzender Obsidian oder schwarze Kleidung – und ich trage sie deshalb auch gerne bei Bestattungen. Unter vielem anderen symbolisiert Schwarz für mich Klarheit und Schutz, die ursprünglichste aller Farben. In vielen sehr frühen Kulturen finden sich die drei Urfarben Schwarz, Weiß und Rot in Wandmalereien oder auf Töpferware und kultischen Alltagsgegenständen, als die Bereiche Kunst, Alltag und Spiritualität, für mich sehr offensichtlich, noch nicht getrennt gelebt und empfunden wurden. Sie stehen für mich unter anderem für die Junge Frau, die Reife Frau und die Weise Alte oder auch für den Anfang/den Neubeginn, die Mitte des Lebens, das Lebensende. Schwarz symbolisiert häufig den Ursprung allen Lebens, das Nichts, aus dem alles geboren wurde, und steht gleichzeitig für Tod als zum Beginn dazugehörend – der Lebenskreis, in den auch alles am Ende wieder hineingeboren wird: zwei Geburten, die nicht voneinander getrennt zu fühlen und zu erleben sind – die Geburt hinein ins Leben und die Geburt hinaus aus diesem Leben. Von daher ist Schwarz eigentlich eine sehr passende Farbe für Trauer. Schwarz ist auch das Weltall, der unendliche Raum. Die Unendlichkeit, in der wir leben und sterben – gut aufgehoben in der Endlichkeit und der Gleichzeitigkeit[9] im weiten schwarzen Raum, dem ständig sich wandelnden Kreislauf des Lebens, in dem wir uns im Großen und im Kleinen immer bewegen.

9 Gary Zukav: *Die tanzenden Wu Li Meister – Der östliche Pfad zum Verständnis der modernen Physik: vom Quantensprung zum schwarzen Loch.* Rowohlt, 2012

Hingegen hat die heute noch mit Tod verbundene Düsternis jüngere historische Ursprünge. Die Geschichte dieses Landes ist geprägt von Gewalt, Unterdrückung und Verfolgung. Im Mittelalter wurde die Bevölkerung Jahrhunderte lang immer wieder mit brutaler Gewalt unterdrückt, ihres Landes enteignet und, trotz aller Widerstände, unter die Herrschaft von Klerus, Adel und Bürgertum gezwungen.[10] In der frühen Neuzeit, bezeichnenderweise der Zeit der Renaissance und des Humanismus, gipfelte diese Unterdrückung schließlich in der weitreichenden Verfolgung und Vernichtung von hauptsächlich Frauen (Weisen Frauen, Heilerinnen, Hebammen, Kräuterkundigen … den Ärztinnen des Volkes) unter dem Namen „Hexenverfolgung".[11] Noch im 18. Jahrhundert wurden die letzten Frauen in diesem Land öffentlich verbrannt.[12] Es gibt noch viel zu wenig ernsthafte Aufarbeitung der Ermordung der unzählbaren Frauen über 300 Jahre hinweg. Ihre Zahl lässt sich nicht mehr genau beziffern, aber im Verhältnis zur damals viel geringeren Bevölkerungsdichte müssen es wohl viele gewesen sein. Für mich kommt in vielen aktuellen Forschungsberichten, von denen es im Übrigen nicht gerade viele gibt, ganz offensichtlich ein Hang zur systemimmanenten Verharmlosung und Relativierung zum Ausdruck, wie das auch heute noch bei Femiziden (dem Mord an Frauen, weil sie Frauen sind) und anderen Gewalttaten gegen Frauen leider der Fall ist. Es gibt Quellen, die davon berichten, dass in Norwegen große Teile der weiblichen Bevölkerung

10 Silvia Federici: *Caliban und die Hexe – Frauen, der Körper und die ursprüngliche Akkumulation.* 8. Auflage, Mandelbaum, 2020

11 Altes Testament, Ex 22,17: „Eine Hexe sollst du nicht am Leben lassen": ein Bibelzitat, auf das sich die Hexenverfolger unter vielen anderen häufig beriefen, genauso wie auf hohe Kirchenmänner wie Thomas von Aquin, Augustinus und andere.

12 Eine der Grundlagen für die Vernichtung, das Buch *Malleus Maleficarum* (zu Deutsch: *Hexenhammer*) von 1487, welches ausschließlich von der „naturgegebenen Boshaftigkeit und Schlechtigkeit der Frau" handelt, wurde ebenfalls in diesem Land 1487 von zwei Mönchen geschrieben: „[…] so ist auch das Prozeßbuch ‚Hexenhammer' eine Sammlung bereits bestehender, zum Teil jahrhundertealter Ansichten über Dämonen und ebenso alter Vorurteile gegenüber Frauen […], eine Aneinanderreihung von Zitaten von Heiligen Aposteln, Kirchenvätern und antiken Denkern, die in die Form scholastischer Disputation gezwängt wurden." Erika Wisselinck: *Hexen – Warum wir so wenig von ihrer Geschichte erfahren und was davon auch noch falsch ist.* Frauenoffensive, 1986, S. 15

mancherorts ausgerottet[13] und in Frankreich „[g]anze weibliche Linien […] ausgelöscht“[14] wurden: „Deutschland war neben der Schweiz jenes Land, in dem die Hexenverfolgungen aufkamen und ihr Epizentrum hatten“[15] – hier hat in manchen Dörfern nach den Hexenprozessen nur noch eine einzige Frau überlebt.[16]

Der Höhepunkt dieser Verfolgung, der übrigens nach unterschiedlichen Schätzungen neben 75 bis 90 Prozent Frauen auch Männer zum Opfer fielen, fand also nicht, wie viele meinen, im „finsteren Mittelalter“ statt, das im Übrigen bei Weitem noch nicht so finster war – und die kirchlichen und weltlichen Obrigkeiten gingen dabei häufig Hand in Hand und sehr systematisch vor.[17] Doch darüber später im Buch mehr.

Es folgte das Zeitalter des Kolonialismus, in dem die Kolonialherren überall auf der Welt unzähligen Völkermord an UreinwohnerInnen verübten beziehungsweise die Befehle für den systematischen Mord erteilten, wie zum Beispiel von deutscher Seite aus der Genozid an den Nama und Herero in Namibia, der bis heute noch nicht in aller Konsequenz von Deutschland anerkannt wurde. Bei diesen auf absolut grausame Weise verübten Genoziden überall auf der Welt sind Millionen Menschen ermordet worden[18] und sie sind bis heute nicht annähernd aufgearbeitet oder angemessen anerkannt. Das ist ein sehr großes, schweres Thema, dem ich in diesem Buch sicher nicht gerecht

13 Vergleiche hierzu Rune Blix Hagen: *Witchcraft Criminality and Witchcraft Research in the Nordic Countries aus: The Oxford Handbook of Witchcraft in Early Modern Europe and Colonial America.* Oxford University Press, 2013

14 Mona Chollet: *Hexen – Die unbesiegte Macht der Frauen.* Edition Nautilus, 2020, S. 20

15 ebenda, S. 19

16 ebenda, S. 20; vergleiche hierzu ebenfalls: Silvia Federici: *Caliban und die Hexe – Frauen, der Körper und die ursprüngliche Akkumulation.* 8. Auflage, Mandelbaum, 2020; Barbara Ehrenreich und Deirdre English: *Hexen, Hebammen und Krankenschwestern.* Frauenoffensive, 2001

17 Gunnar Heinsohn und Otto Steiger: *Die Vernichtung der weisen Frauen – Hexenverfolgung, Menschenproduktion, Kinderwelten, Bevölkerungswissenschaft.* 14. Auflage, Area Verlag, 2005; Erika Wisselinck: *Hexen – Warum wir so wenig von ihrer Geschichte erfahren und was davon auch noch falsch ist.* Frauenoffensive, 1986

18 Gunnar Heinsohn: *Lexikon der Völkermorde.* Rowohlt, 1998

werden kann – und über das die ganze Menschheit hoffentlich einmal gemeinsam wird trauern können. Das wünsche ich mir jedenfalls …

Allein im 20. Jahrhundert gab es zwei Weltkriege mit unzähligen Toten und Schwerverwundeten, nicht nur unter den Soldaten, sondern auch unter allen anderen Menschen, die aber die meisten Kriegsdenkmäler nicht erwähnen. Auch heute noch leiden und sterben vor allem die ganz „normalen" Menschen („Zivilbevölkerung" genannt) in den Kriegen dieser Welt, an denen auch deutsche Unternehmen viel verdienen … Und schließlich gab es noch die Zeit des Nationalsozialismus, in der etwa sechs Millionen jüdische Menschen ermordet wurden. Dazu kommen die nichtjüdischen Toten und Verfolgten: russische und andere Kriegsgefangene, polnische Menschen, politisch Verfolgte, Sinti und Roma, homosexuelle Menschen, Menschen mit sogenannter Behinderung und zahlreiche weitere.

Am Beispiel der Vergangenheit dieses Landes, in dem wir jetzt leben, wird überaus deutlich, welche weitreichenden Auswirkungen Kolonialismus, Krieg, Faschismus, Rassismus, Frauenhass und die daraus resultierende Gewalt haben und welche Folgen bis heute jeder Hass auf diejenigen hat, die zum Beispiel als „anders" oder „fremd" erklärt werden.[19]

Die Verfolgung und Ermordung unzähliger Menschen gehört zu unserer Geschichte und muss mit einbezogen werden, um einen Teil des schweren Umgangs mit Tod in diesem Land zu erklären. Die letzten Überlebenden der Verfolgung aus unserer nahen Vergangenheit leben noch unter uns. Genauso wie die letzten Täter und die letzten Überlebenden der Kriegsjahre, die all die Grausamkeiten des Krieges noch miterlebt haben. Viele waren als Kind auf der Flucht und haben Schreckliches erlebt und mit ansehen müssen. Etliche Frauen haben (nicht nur im Krieg) Vergewaltigungen und sexualisierte Gewalt überlebt und ihr ganzes Leben zu vergessen versucht – bis sie manchmal im Alter tatsächlich alles vergaßen. Diesen Eindruck hatte ich jedenfalls schon oft bei

19 Heute sind die Verhältnisse in der Bundesrepublik besser, jedoch lange noch nicht gut. Die Anzahl rassistischer und antisemitischer Angriffe steigt ebenso wie die der Femizide: Morde an Frauen, weil sie Frauen sind.

der Bestattungsbegleitung, wenn ich dabei die Lebensgeschichte so mancher alten Frau von den Angehörigen erfuhr.[20]

Die Nachkriegszeit war eine Zeit, in der über „diese Dinge" in der Regel nicht gesprochen wurde. Die meisten versuchten, die schlimmen Kriegserlebnisse zu vergessen, oder haben sie verdrängt, um zu überleben. Manche sind Kinder von den Verbrechern, die so viele Menschen ermorden ließen oder es in den Lagern persönlich getan haben. Manche sind Kinder, deren ganze Familien in den Lagern ermordet wurden. Soldaten kamen an Körper und Seele verwundet nach Hause.

All diese traumatischen Ereignisse hinterließen Spuren. Bei denen, die dies alles selbst erlebt hatten, aber auch bei ihren nach dem Krieg geborenen Kindern und Enkelkindern. *medica mondiale* ist eine feministische Frauenrechts- und Hilfsorganisation, die Frauen und Mädchen in Kriegs- und Krisengebieten unterstützt. Auf ihrer Website war im Dezember 2020 unter vielem anderen Folgendes zu diesem Thema zu lesen:

> „Um das Schweigen über ihre traumatische Familiengeschichte zu beenden, spricht die in Köln lebende Regisseurin Katja Duregger seit kurzem öffentlich über das Tabuthema Kriegsvergewaltigung. Ihre Großmutter wurde 1938 von italienischen Besatzern in einem Südtiroler Bergdorf vergewaltigt. In der Folge wurde ihr Vater geboren."[21]

Die Auswirkungen, die dies für so viele und über mehrere Generationen hinweg hatte und immer noch hat, reichen bis heute noch weit in unsere Gesellschaft, in unser heutiges Leben hinein. Und die Bedeutung von Vergewaltigung, die ganz gezielt als „Kriegswaffe" benutzt wird, wurde zum ersten Mal in den 1990er-Jahren einer breiteren Öffentlichkeit bewusst, als die furchtbaren Vergewaltigungslager im sogenannten Bosnienkrieg entdeckt wurden.

Über diese Gewalt, den Schmerz, das Entsetzen über die vielen Toten und die Trauer wurde zum damaligen Zeitpunkt und wird zu einem großen Teil bis

20 Martina Böhmer: *Erfahrungen sexualisierter Gewalt in der Lebensgeschichte alter Frauen – Ansätze für eine frauenorientierte Altenarbeit.* 2. Auflage, Mabuse, 2000

21 medica mondiale e. V., https://www.medicamondiale.org/nc/nachrichten/transgenerationales-trauma-wir-haben-so-viel-in-uns-vergraben.html (25.11.2020)

heute nicht gesprochen. Das war und ist einfach zu überwältigend. Verdrängung war meiner Ansicht nach oft die einzige Möglichkeit, mit dem Leben in der Besatzungszeit (in der häufig weitere, bis heute tabuisierte Gewalterfahrungen für Frauen hinzukamen) irgendwie weitermachen zu können, denn es ging in diesen ersten Jahren hauptsächlich auch darum, die Trümmer der Zerstörungen des Krieges aufzuräumen, nicht zu verhungern, nicht zu erfrieren und alles Notwendige zum Leben zu beschaffen, um einfach nur zu überleben. So konnte es geschehen, dass nach dem Krieg bei vielen unerträgliche Erinnerungen wieder angerührt wurden, sobald nahestehende Menschen starben.

Ein natürlicher Tod, der zum normalen Kreislauf des Lebens gehört, konnte von all der erlebten Gewalt und den sinnlosen schrecklichen Toden so vieler Menschen überschattet werden. Die Eltern und Großeltern waren deshalb oft nicht in der Lage, einen natürlichen, unbefangenen und angstfreien Umgang mit Tod und Trauer zu vermitteln. Auf allem lastete das Schweigen. Kinder aber spüren gerade das Unausgesprochene der Erwachsenen um sie herum sehr stark. Es ist davon auszugehen, dass sie das namenlose Entsetzen spürten und die Trauer, die nicht gefühlt werden durfte und zum Schock erstarrte, den viele in sich tief vergraben hatten. Sie nahmen die bedrückende Last der niemals ganz zu verarbeitenden Erlebnisse wahr, die so viele Eltern und Großeltern in sich trugen – und so manche trugen diese Last weiter. Niemand konnte mit den Kindern darüber reden und das hat vielen natürlich Angst gemacht. Die Erwachsenen haben zu dieser Zeit sicher so manches Mal bei Bestattungen nicht nur um die jetzt gerade zu betrauernden Toten geweint, sondern auch um jene furchtbaren Erlebnisse und um die Toten, um die sie während der Kriegsjahre nicht trauern konnten – auch um jene, die sie gar nicht persönlich kannten, aber nach einem Bombenangriff auf der Straße sehen mussten …

Ähnliches erleben wir auch heute noch bei Trauerfeiern: So manche weinen und trauern bei diesen Gelegenheiten wohl noch um etwas, für das es zu einer anderen Zeit keinen Raum gab. Sehr oft erzählen uns Menschen, die wir begleiten durften, von lange zurückliegenden Abschieden, bei denen sie nicht so trauern konnten, wie es gut für sie gewesen wäre. Aber Trauer braucht Raum und Zeit – und eine angstfreie Begleitung.

Vielen Menschen fällt es auch heute noch schwer, über den eigenen Tod zu sprechen, mit ihren Kindern oder ihren Lieben über ihre Bestattungswünsche zu reden, sich ihre Bestattung überhaupt vorzustellen, selbst dann, wenn sie schon sehr alt oder sehr krank sind. Das wird auch heute noch oft vermieden, manchmal von beiden Seiten: den Jüngeren wie den Alten. Die meisten Menschen wollen sich lieber nicht damit befassen, dass sie selbst oder geliebte, nahestehende Menschen einmal sterben könnten. Indem sie Gedanken daran oder Gespräche darüber nicht zulassen, glauben sie sich vielleicht davor sicher. Etwas, das in weiter Ferne liegt oder anderen zustößt.

Ein solches Verhalten ist aber meist ein deutliches Zeichen von Angst. Und Angst vor Sterben und Tod bedingt leider auch Angst vor dem Leben.

Fern vom eigenen Zuhause: Krankenhaus, Heim, Bestattungsunternehmen ...

„Wie kam es, dass das Sterben langsam immer weniger weder örtlich noch zeitlich ins Leben passt, zunächst während das Herz noch schlägt und dann, wenn es nicht mehr schlägt?“[22]

In den 50er- und 60er-Jahren fanden Geburt, Sterben und Tod mehr und mehr im Krankenhaus statt. Aus Tischlereien, die vorher nur den Sarg angefertigt hatten, weil die Menschen alles andere noch selbst übernahmen, entwickelten sich Bestattungsunternehmen. Zunächst um die Jahrhundertwende in den Städten und nur für reiche Menschen, später für alle BürgerInnen und schließlich auch auf dem Land. Für alle, die vorher noch mitten im Leben eingebettet waren: alte, kranke, sterbende, sogenannte „behinderte“ und kleine Menschen wurden nun mehr und mehr die jeweiligen Institutionen (Krankenhaus, Kindergarten, Alten- und Pflegeheim, Behindertenheim etc.) geschaffen und das Leben wurde weiter aufgeteilt in Lohnarbeit und unentlohnte Hausarbeit (Care- bzw. Sorge-Arbeit), öffentliches und privates Leben. Menschengruppen wurden nach Alter, Fähigkeiten und kategorisierten Bedürfnissen sortiert, voneinander getrennt in Einrichtungen untergebracht und von Fachpersonal betreut. Diese Trennung der Lebensbereiche und die Einteilung der Menschen, die uns heute so selbstverständlich scheint, gehört in dieser Weise also noch nicht lange zu unserem Leben und ist auch eine Folge der zunehmenden Industrialisierung.

22 Diese schöne Frage stellte mir Franziska Brugger, eine meiner Lektorinnen, während der Entstehungsphase des vorliegenden Buches.

Auf dem Land ging diese Entwicklung langsamer voran. Manche erinnern sich sogar noch an die Zeit, als die Menschen zu Hause geboren wurden und zu Hause gestorben sind, an die Zeit der Hausaufbahrung und der Totenwache, über die ich später in diesem Buch noch sehr ausführlich schreiben werde. Damals gab es noch mehr Raum und Zeit für das Sterben mitten in unserem alltäglichen Leben.

Gleichzeitig wird der Glaube an die Wunder der modernen Medizin und ihr Einfluss immer stärker. Waren manche alte Menschen in meiner Kindheit noch der Überzeugung, dass es besser ist, einen Arztbesuch oder gar einen Krankenhausaufenthalt zu vermeiden, um gesund zu bleiben, so hat sich das nach dem Zweiten Weltkrieg drastisch geändert. Verbunden mit einer zumeist sehr unkritischen Fortschrittsgläubigkeit und der allgemeinen Bewunderung der technischen Entwicklungen verloren die Menschen nach und nach viel von ihrem ursprünglichen Vertrauen in alte Hausmittel und ihre eigenen Fähigkeiten, viele Krankheiten zu überstehen, wenn sie zu Hause gut versorgt werden, gesund und zufrieden leben können, ihr Immunsystem stärken und sich genügend Ruhe gönnen können (was alles heute wieder neu entdeckt wird als wesentliche Grundlagen für das, was wir Gesundheit nennen). Die Anforderungen der Arbeitswelt im „Wirtschaftswunderland“ und das Konkurrenzdenken in einer wachsenden Konsumgesellschaft haben die früher funktionierenden Gemeinschaften und Nachbarschaftsnetzwerke geschwächt. Das war vor allen Dingen eine Entwicklung im Westen Deutschlands. Ostdeutsche berichten unter vielem anderen auch von einer größeren Solidarität in einer nicht auf wachsenden Konsum ausgerichteten Gesellschaftsform, die aber trotzdem noch sehr patriarchal (und sehr totalitär) war, denn Frauen konnten zwar in allen Berufen selbstverständlich arbeiten, die Kinder waren währenddessen in Einrichtungen untergebracht, nur leider waren sie auch hier am „Feierabend“ für die (ebenso unbezahlte) Sorge-Arbeit zu Hause weitgehend allein zuständig. Kleinfamilien ersetzten in dieser Zeit immer mehr die Großfamilie, und so war es auch rein praktisch gar nicht mehr so einfach möglich, sich um Menschen mit besonderen Bedürfnissen zu Hause zu kümmern. Zudem lebten auch immer mehr Menschen allein.

So verschwand sehr viel, was das Leben ausmacht, aus dem alltäglichen Lebensumfeld: wie ein Kind geboren wird, wie ein Mensch zu Hause stirbt und noch drei Tage lang zu Hause aufgebahrt wird, wo sich alle in Ruhe verabschieden können, wie es ist, mit sogenannten „behinderten" Menschen alltäglich zu leben und zu arbeiten, welche Freude Kinder und alte Menschen zusammen haben können, wie Kranke und Alte zu Hause gepflegt werden, wie Jugendliche mehr und mehr in das soziale Leben integriert werden und verantwortungsvolle Aufgaben übernehmen können … Auf diese Weise ging immer mehr von dem verloren, was alte Menschen aus ihrer Lebenserfahrung beitragen können – die Ältesten – und was eine Gesellschaft von jungen Menschen und auch kleinen Kindern lernen kann.

Selbst die notwendige und wichtige Entstehung von Hospizen und Geburtshäusern ist Bestandteil dieser Trennung in verschiedene Lebensbereiche. Aus der Erfahrung als Bestatterin und Geburtsbegleiterin weiß ich jedoch, wie wichtig Hospizhäuser, (die meist ehrenamtliche) Hospizarbeit, Palliativstationen und Geburtshäuser in der heutigen Zeit sind, denn sie schaffen einen wichtigen Raum zwischen der medizinischen Klinik- und Pflegeroutine und dem Zuhause, in dem die meisten Menschen unter den heutigen Umständen nicht mehr in der Lage sind, sich gleichzeitig, und in der Regel *allein*, neben der Lohnarbeit um Haushalt, Kinder, alte Menschen, Menschen mit besonderen Bedürfnissen und kranke Menschen zu kümmern (und in der Mehrheit tun das immer noch Frauen). Auch deshalb ist es für viele nicht (mehr) möglich, zu Hause in Ruhe und gut begleitet zu gebären – oder in Ruhe und gut begleitet zu sterben. Leider wurde mit dieser Entwicklung die Angst vor dem Gebären und dem Sterben zu Hause ohne den medizinischen Interventionsapparat einer Klinik immer größer – und diese Angst wird meiner Erfahrung nach bis heute auch bewusst geschürt.

Auch die Hospize, in der Form, wie wir sie heute kennen, wurden aus der dadurch entstandenen Not geschaffen. Die Landesarbeitsgemeinschaft Hospiz Brandenburg e. V. schreibt dazu:

„Ein starker Impuls kam aus England, wo Ciceley Saunders durch ein Erlebnis im Umgang mit einem sterbenden Patienten die Hospizidee ‚gebar' und sich fortan dafür stark machte. Ursprünglich Krankenschwester, absolvierte sie eine Ausbildung zur Sozialhelferin und studierte einige Jahre später noch Medizin, um ihr Ziel, ein Hospiz zu gründen, zu erreichen. Im Jahre 1967 wurde in London das St. Christopher's Hospice eröffnet, dem sie bis 1985 als medizinische Direktorin vorstand und sich gänzlich als Pionierin der Hospizbewegung einbringen konnte.

Die Schwere des Themas, persönliche Betroffenheit, Ängste und daraus resultierendes Schweigen oder besser eine weit verbreitete Sprachlosigkeit erschweren bis heute den hospizlichen Diskurs. [...]
Diese Bürgerbewegung entwickelte sich in den 1970er Jahren noch zaghaft, in den 1980er und 1990er Jahren jedoch stärker zu einer Bewegung, die sich gegen die als unwürdig empfundenen Sterbesituationen, vorwiegend in Krankenhäusern und Pflegeeinrichtungen, stellte und es sich zur Aufgabe machte, die Tabuthemen Tod und Sterben aufzubrechen und der häufigen Isolation sterbender Menschen etwas entgegen zu setzen: Sowohl durch das persönliche Engagement vieler ehrenamtlicher BegleiterInnen in der Häuslichkeit und in Einrichtungen (ambulante Hospizarbeit) als auch durch den Aufbau von Einrichtungen als Hort eines menschenwürdigen Umgangs mit Sterbenden (stationäre Hospize). Die Einbeziehung und gleichzeitige Begleitung Angehöriger, Nahestehender oder Freunde ist dabei von Anfang an wesentlich. Daher ist es naheliegend, dass auch Trauer und Abschied schnell zum festen Bestandteil hospizlicher Arbeit wurde."[23]

Im Grunde gehören all diese Bereiche – vom Beginn bis zum Ende eines Lebens – zusammen. Wie würde eine Welt aussehen, in der Menschen allen Alters in verschiedenen Lebenssituationen und mit ihren unterschiedlichsten Fähigkeiten und Bedürfnissen zusammenleben und sich umeinander kümmern würden? Mehrgenerationenhäuser und Gemeinschaftsprojekte aller Art auf dem Land und in den Städten sind hier schon ein guter Anfang. Und es gibt noch viel zu lernen, wie wir (wieder) ein ganz neues Zusammenleben entwickeln – frei von den Hierarchien, der Enge und den Zwängen, die oft in den früheren Großfamilien herrschten und die besonders das Leben von Frauen erschwerten. Wie würde das wohl aussehen, wenn wir dem Wissen wieder Raum geben, dass die Kleinen sehr gerne und mit großer Freude lernen, wenn wir ihnen die Möglichkeit geben, dies in Freiheit zu tun, wenn wir die kleinen Menschen, unsere Kinder, ernst nehmen, wenn wir uns alle und alles Leben auf dieser Erde ernst nehmen?

Aus der Vergangenheit lernen, um die Zukunft zu schaffen, in der wir alle gut miteinander leben können ... Ich bin mir sehr sicher, dass wir uns das

23 LAG Hospiz Brandenburg e. V., https://www.lag-hospiz-brandenburg.de/themen_hospizidee_geschichte.html (25.11.2020)

im Grunde unseres Herzens alle wünschen. Es ist möglich, diesem Herzenswunsch zu folgen und ihn zu unserer Wirklichkeit zu machen. Jetzt ist die Zeit.

Für die Menschenrechte der Toten: Die juristische Versachlichung

Dies ist ein „Plädoyer" für die Würde der Toten – für die Würde alles Lebendigen. Die Toten gehören für mich zum Leben. Warum die Lebendigkeit hier unbedingt dazugehört und wie wir auch tote Menschen bei diesem Übergang als sehr lebendig erfahren, darüber werde ich in diesem Buch an verschiedenen Stellen noch ausführlicher erzählen. Und deshalb verstehen wir BARKE-Bestatterinnen uns auch als eine Art „Anwältinnen" für die Würde der Toten, was unser Beweggrund für die vielen Vorträge und Seminare ist, die wir überall in Deutschland halten. Seit Beginn der BARKE-Arbeit geben wir unser spezielles Wissen in vielen Fortbildungen an HospizmitarbeiterInnen, Palliative-Care-PflegerInnen, Ärztinnen und Ärzte sowie Hebammenschülerinnen weiter, halten öffentliche Informationsvorträge rund um das Thema Bestattung und bieten seit Kurzem auch eine eigene Unterweisung in Übergangsbegleitung in unserem Haus an.

Tote Menschen werden in der Fachsprache übrigens allgemein als „Leichen" bezeichnet; ein Begriff, den ich möglichst vermeide, weil er suggeriert, dass „die Leiche" schon nicht mehr der Mensch ist, der soeben gestorben ist. Ich sage gerne „die Toten" oder „die/der Tote". Das ist für mich ein schönes Wort, in dem „Tod" enthalten ist, ein Wort, mit dem ich die Toten würdigen möchte – und auch durch diese klare Benennung will ich Tod wieder mehr ins Leben hineinnehmen. Ein anderes übliches Wort ist: die/der Verstorbene. In manchen Bestattungsgesetzestexten der Bundesländer wurde „Leiche" inzwischen schon durch diesen Begriff ersetzt.

Auch Tote sind und bleiben unserer Ansicht nach Menschen und sollten entsprechend respektvoll behandelt werden. Aber juristisch gesehen ist eine tote Person eine Sache.[24] Diese Rechtslage spiegelt eine gesellschaftliche Perspektive

24 Brigitte Tag: „Aber auch die Straftatbestände des Diebstahls, § 242 StGB, oder der Unterschlagung, § 246 StGB, kommen nicht in Betracht. Diese das Eigentum schützenden Straftatbestände sind u. a. deswegen nicht anwendbar, *weil es sich bei den Leichen*

und hat gleichzeitig diese Sicht mitbestimmt: Der Körper ist „nur die Hülle“, schnell und hygienisch zu entsorgen, der Geist ist die Essenz der Person[25], die nach dem Tod sofort aufhört zu existieren oder als Seele die „Hülle“ sofort verlässt. Somit ist auch rechtlich eine „Leiche“ keine Person mehr. Uns geht es vor allem darum, dass sich der aktuell noch übliche Umgang mit den Toten grundlegend ändert, denn das gesellschaftliche und kulturelle Verhältnis zu den Toten und der daraus folgende ganz praktische Umgang *mit* den Toten spiegelt in aller Schärfe den Umgang mit jeder Form von Lebendigkeit.

Deshalb müssen wir auch immer wieder davon berichten, wie er tatsächlich ist, der Umgang mit den Toten. Wir erzählen davon, was wir „hinter den Kulissen“ erleben, und konfrontieren die Menschen mit unliebsamen Wahrheiten, die sie dazu auffordern, Eigenverantwortung zu übernehmen und das Recht auf Würde für sich selbst und ihre Angehörigen zu fordern: das Recht auf Würde im Leben, im Sterben, in Krankheit, in Pflege, in Abhängigkeit – in jedem Zustand, in jedem Alter, in jeder Situation, also auch nach dem Tod, in dieser so wichtigen Übergangszeit zwischen Tod und Bestattung, bis wir als körperliche Essenz unseres Wesens der Erde, dem Feuer, den Elementen übergeben werden und in den großen Kreislauf zurückkehren, in dem keine Energie jemals verloren geht.

zwar um Sachen handelt [Hervorhebung von A. H.], sie aber anders als im Tatbestand vorausgesetzt herkömmlicherweise nicht im fremden Eigentum stehen, sondern herrenlos sind.“ Brigitte Tag: *Rechtliche Aspekte im Umgang mit dem toten Körper. Eine thematische Einführung* aus: Dominik Groß, Andrea Esser, Hubert Knoblauch, Brigitte Tag (Hg.): Tod und toter Körper – Der Umgang mit dem Tod und der menschlichen Leiche am Beispiel der klinischen Obduktion. Kassel University Press, 2007, S. 104, https://www.uni-kassel.de/upress/online/frei/978-3-89958-338-0.volltext.frei.pdf (25.11.2020)

25 Beim Wort „Mensch“ im Singular haben wir in der Regel vor unserem inneren Auge nicht alle Geschlechter präsent, daher spreche ich manchmal von „Person“; das meine ich jedoch ganz gewiss nicht unpersönlich.

„Nur die Hülle"? Folgen der Spaltung von Körper, Geist und Seele

Es ist hierzulande weitverbreitet, an einem Totenbett oder am Sarg zu sagen: „Das ist ja jetzt nur noch die Hülle." – Dies ist tröstend gemeint. Viele sind davon überzeugt, dass die Seele oder die Essenz des Menschen sehr schnell nach dem Tod fortgehe oder der Mensch, die Persönlichkeit, nun eben einfach nicht mehr da sei. Dies richtet sich unter anderem danach, welche Glaubens- oder Weltvorstellungen die Menschen haben, aber auch danach, in welcher Kultur sie aufgewachsen sind. Ab und zu hören wir auch, meist außerhalb einer Bestattungsbegleitung: „Mir persönlich ist es egal, was nach meinem Tod mit mir geschieht. Wichtig ist das ja nur für meine Nächsten."

Die meisten Menschen wissen in der Regel nicht, wie der übliche Umgang mit den Toten hier ist. Wenn alle über ausreichende Informationen verfügten, würden manche vielleicht anders darüber denken.

Die Sichtweise, dass nach unserem Tod nur eine leblose Hülle (unser Körper) zurückbleibt, entspricht der Überzeugung einer Trennung von Körper, Geist und Seele. Viele bezweifeln auch das Existieren einer Seele. Bleibt also die Trennung von Körper und Geist. Und der Geist ist nach wie vor das wesentlich höher bewertete menschliche Sein.

Der Körper ist dieser Annahme nach nur so etwas wie ein Hilfsmittel, eine Maschine, die funktionieren muss. Körperlichkeit ist uns entfremdet: etwas, das optimiert werden muss, nie ganz perfekt ist, nicht immer einwandfrei funktioniert, das uns bei schlimmen Krankheiten sogar „verraten" kann oder gegen uns arbeitet. In ihren Körpern fühlen sich wenige ganz zu Hause. Wenige sind immer glücklich und zufrieden mit ihren Körpern, vor allem Frauen, die dem künstlich erzeugten Ideal niemals ganz entsprechen können.

Dankbarkeit für das Wunder unseres Körpers wird nicht gerade kulturell unterstützt. Kein Wunder also, dass wir uns im Tod auch schnellstmöglich davon trennen wollen?

Aber – ist das wirklich möglich? Wer sind wir? Wo ist der Sitz dieses „Geistes", wenn manche ForscherInnen mittlerweile herausgefunden haben, dass wir nicht nur mit unserem Gehirn, sondern auch mit unserem Darm[26] „denken"

26 Giulia Enders: *Darm mit Charme – Alles über ein unterschätztes Organ*. Ullstein, 2017; Robynne Chutkan: *Das Mikrobiom – Heilung für den Darm: Der revolutionäre Weg*

und von riesigen unterschiedlichen (Bakterien-)Völkern besiedelt sind, ohne die wir nicht leben könnten?

Was macht mich aus? Wann und wie sterben diese Völker in mir, die doch auch „Ich“ sind, zumindest ein großer Teil von mir, und nach meinem Tod erst mal munter weiterleben? Gibt es ein abgrenzbares „Ich“ überhaupt? Oder bin ich viele und das nicht nur auf der rein biologischen Ebene? Ist meine Essenz in jeder Zelle, da dort doch auch meine DNA ist, mein „Bauplan“? Und wann sind wir tot, wenn selbst die Medizin diesen Zeitpunkt nicht genau bestimmen kann und dafür derzeit den Hirntod als Maßstab definiert hat? – Das sind Fragen, auf die es keine einfachen Antworten gibt.

Und wie gehen wir mit unseren Körpern um? Wie gehen wir mit unseren Toten um? Welchen Umgang lassen wir zu? Welche Folgen hat diese Spaltung von Körper, Geist und Seele? Was macht das mit uns, wenn der Geist sehr hoch bewertet ist, der Körper aber „nur die Hülle“ und die Seele den Religionen oder der Psychologie zugeordnet wird? Welche Auswirkungen hat die Spaltung von Leben und Tod, das gewaltsam erschaffene Konstrukt der Gegensätze Mensch und Natur, schwarz und weiß, Gut und Böse, männlich und weiblich …?

Eine der in meinen Augen passenden Beschreibungen von Tod ist: radikale Veränderung des Zustandes. – Ich nehme diesen Zustand als sehr lebendig wahr. Aber es bleibt auch immer etwas nicht erklärbar und nicht begreifbar. Tote Menschen sind für mich nie „nur eine Hülle“. Schon allein deshalb nicht, weil mir die Abwertung der Körper, die darin zweifellos mitschwingt, missfällt. Woher sonst kommt das „nur“?

Unsere Körper sind der Ausdruck unseres Wesens. Ohne sie könnten wir nicht auf dieser Erde leben, nicht mit unseren Sinnen all die Schönheit um uns wahrnehmen, wir könnten schlicht nicht da sein. Wir sind körperliche Wesen. Körper gehören geehrt und gewürdigt. Mit Respekt und Achtung behandelt. Mit Liebe und Dankbarkeit für dieses Wunder des Lebens, das sich durch unsere Körper offenbart. Die Toten können uns das Wunder des Lebens begreiflicher machen – wenn wir es zulassen.

zu neuer Gesundheit von innen heraus. Unimedica, 2017; Emeran Mayer: *Das zweite Gehirn – Wie der Darm unsere Stimmung, unsere Entscheidungen und unser Wohlbefinden beeinflusst.* Riva, 2016

Bei Toten, die einer aufwendigeren Versorgung bedürften, damit Angehörige am offenen Sarg von ihnen Abschied nehmen könnten, wird häufig gesagt, das ginge nicht mehr, die Toten seien kein schöner Anblick und man solle sie doch so in Erinnerung behalten, wie sie zu Lebzeiten waren. Das ist leider kein guter Rat, auch wenn er vielleicht manchmal gut gemeint scheint.

Viele Menschen haben mir erzählt, dass sie es nie wirklich ganz glauben konnten, wenn ein Mensch aus ihrem Leben einfach so verschwand, und andere ihnen sagten, dass er nun tot sei. Selbst dann, wenn sie bei der Beerdigung dabei waren und den geschlossenen Sarg sahen. Das allein reicht oft nicht. Denn uns Menschenwesen, die wir immer mit unseren Sinnen zu begreifen versuchen, wird der Abschied sehr schwer bis unmöglich gemacht, wenn wir unsere geliebten Nächsten nach ihrem Tod nicht mehr sehen, sie nicht berühren dürfen, um wirklich im wahrsten Sinne des Wortes begreifen zu können, dass sie nicht mehr leben.

So wird Trauer häufig zu einem unverarbeiteten, vielleicht sogar traumatischen Ereignis und das Loslassen, das Verabschieden gelingt manchmal ein Leben lang nicht. Beispielsweise sind die Bilder, die sich Angehörige nach einem Unfalltod in der Vorstellung machen, in der Regel schlimmer, als es der tatsächliche Anblick je hätte sein können. Gerade nach einem plötzlichen Unfalltod, der nur von der Polizei „übermittelt“ wird, ist der Schock sehr groß. Hier kommt es auch sehr entscheidend darauf an, wie sensibel, erfahren und mitfühlend diejenigen sind, die diese schlimme Nachricht überbringen müssen. Dazu auch eine Studie in Kapitel V: Wenn Kinder sterben: Die tiefe Weisheit der Mütter – die darin dargestellten Ergebnisse gelten unter anderem auch für Angehörige, die jemanden nach einem plötzlichen Tod verabschieden müssen.

Unserer Erfahrung nach ist die friedliche und schöne Ausstrahlung der Toten auch nach einem Unfall deutlich sicht- und spürbar. Die (manchmal sehr anspruchsvolle) Versorgung übernehmen wir in diesen Fällen alleine. Die Angehörigen werden von uns einfühlsam vorbereitet und über alles informiert. Nie haben wir es erlebt, dass die Angehörigen es bereut hätten, noch einmal zu ihren Toten gegangen zu sein – im Gegenteil: Danach konnten auch sie ihren Frieden finden – so wie ihre Toten.

Die Heilkraft eines gut begleiteten Abschieds ist besonders nach einem Tod durch Unfall oder einem plötzlichen Tod sehr stark zu spüren. Denn unsere Körper, unsere Herzen lassen sich nichts vormachen. Wir reagieren in der

Regel alle auf einen toten Menschen, als wäre da noch die Person, die sie zu Lebzeiten war. Und das ist gut so. Dafür brauchen wir Raum und Zeit. Im Leben, wie im Tod. Denn so ist es bei allen Übergängen.

Nach unserem Tod wechseln wir nicht von einer Sekunde auf die andere den Zustand. Tatsächlich brauchen wir – das hat mich meine Erfahrung und meine Körperweisheit gelehrt – eine Weile, um aus dem gelebten Leben zu gehen, dieser radikalen, unaufhaltsamen Veränderung zu folgen und uns von allem, was uns lieb war, zu verabschieden. Ich verstehe unter dieser Art von Wissen kein „[...] intellektuelles Wissen, sondern ein Wissen, das ganzheitlich, körperlichgeistigemotional in uns gründet, als eine wahrhaftige, umfassende Erfahrung“[27].

Übergänge angemessen begleiten

Übergänge gibt es viele in einem Leben. Doch sie werden bei uns nur noch selten und nicht mehr ausreichend oder angemessen begleitet, ausgenommen vielleicht die Heirat.

Aber auch dies sind Übergänge: das Geborenwerden, der Übergang vom Kind zur/zum Jugendlichen, die erste Menstruation, das Erwachsenwerden, das Ende der Schulzeit, der Auszug aus dem Elternhaus, der Beginn der eigenen Lebensgestaltung, eigene Projekte, Umzug, (Lohn-)Arbeitsplatzwechsel, eventuell das Elternwerden, die Wechseljahre, das Älterwerden, der Auszug der eigenen Kinder, eventuell das Großelternwerden, der Eintritt in den sogenannten Ruhestand ... Immer wieder beginnt ein neuer Lebensabschnitt, das Alte will verabschiedet werden, große Veränderungen begleiten uns ... All dies braucht eigentlich gute Begleitung: die Übergangsbegleitung.

Vor allem Jugendlichen an der Schwelle zum Erwachsenwerden und Frauen in den Wechseljahren mangelt es heutzutage meist daran. Ich halte dies für einen der Gründe, warum Jugendliche aller Gesellschaftsschichten sich so häufig in Alkoholexzesse stürzen – und sich und andere dadurch leider immer wieder in lebensgefährliche Situationen bringen. Sie spüren die Grenze, wollen

27 Ute Manan Schiran: *Am Küstensaum der Zeit– Gedanken zu einer sinnlich-spirituellen Praxis jenseits bestehender religiöser/säkularer Systeme/2 Essays.* München, 2008, S. 53

sie erfahren und wissen nicht, wie. Es gibt keinen Halt, keine gesellschaftliche Übereinkunft und keine wirklich tragenden Traditionen mehr, wie junge Menschen diesen Übergang durchleben können und willkommen geheißen werden in ihrer neuen Verantwortlichkeit, an ihrem neuen Platz in der Gemeinschaft.

Übergänge sind immer sehr besondere und sehr verletzliche Zeiten in unserem Leben. Nach dem Tod einer engen Freundin, eines geliebten Partners, einer sehr nahen oder sehr wichtigen Person in unserem Leben brauchen wir eine entsprechende Unterstützung, damit wir in einem gut geschützten und einfühlsam begleiteten Raum durch den Schmerz gehen, trauern und den Gefühlen Ausdruck geben können … erleben, erfahren, mit allen Sinnen versuchen zu begreifen, was das bedeutet, dass die Geliebte, der liebe Mensch nun tot ist. Unwiderruflich.

Was bedeutet Übergangsbegleitung? Dies wird vielleicht am besten am Beispiel des Rituals der Hochzeit deutlich: Die Heirat ist derzeit das größte, bedeutungsvollste und fast das einzig übrig gebliebene überkonfessionelle Übergangsritual zu Lebzeiten in dieser Gesellschaft. Die wesentlichen Merkmale dieses Rituals sind: die Vorbereitung darauf, ein besonderer festlicher Rahmen, spezielle Kleidung, ein genau festgelegter Zeitraum und Ablauf, meist werden viele Menschen dazu eingeladen und nehmen aktiv daran teil. Sie bezeugen dieses große Ritual, bei dem zwei Menschen ihre Verbindung öffentlich feiern und würdigen, dass sie gemeinsam ihr Leben miteinander teilen, füreinander da sein wollen in guten wie in schlechten Zeiten. Ein Versprechen, das, wie die meisten hoffen, ein Leben lang gehalten wird oder eben so lange, bis die Wege sich wieder trennen. Zum Ritual gehört zum Beispiel das Aussuchen des Brautkleids: ein Raum, in den die zukünftige Braut meist ihre allernächsten Lieben mitnimmt und in welchem sie, vielleicht zum ersten Mal in ihrem Leben, als Frau wahrgenommen und willkommen geheißen wird. Die BegleiterInnen, meist Frauen, spiegeln ihr und sagen ihr: Wie schön, dass es dich gibt! Wir sehen deine Freude und deine Angst, deine Tränen und deine Schönheit als Frau, deine Berührbarkeit und dein Hoffen auf ein glückliches Leben an der Seite deines Partners oder deiner Partnerin! Oft wird geweint und viele sind berührt von diesem Moment, in dem etwas sehr Wesentliches geschieht: Bewusst und mit offenem Herzen wird diese Frau bei einem für sie wichtigen Schritt in ihrem Leben wahrgenommen und gewürdigt.

Hört sich ganz einfach an, passiert aber leider sonst viel zu selten im Leben der meisten Menschen, obwohl solch ein Ritual nicht nur auf die Paarbeziehung beschränkt sein sollte. In der Einfachheit liegt übrigens oft ein großer Zauber, eine tiefe Weisheit und Kraft.

Bei der Trauung gibt es sogar Trauzeugen, selbst im Standesamt. In diesem bedeutungsvollen Ritual wollen zwei Menschen ihrer Verbindung einen offiziellen „Segen“ geben, egal, ob konfessionell oder nicht. Sie wollen von anderen gute Wünsche für ihren gemeinsamen Weg und sie wollen für diesen Schritt die Würdigung ihrer Familien, Freundinnen und Freunde sowie der gesamten Gesellschaft – und dies bekommen sie auch in aller Regel, vor allem dann, wenn sie heterosexuell sind. Aber auch lesbische und schwule Verbindungen bekommen durch die Heirat inzwischen eine größere gesellschaftliche Akzeptanz und Würdigung als noch vor ein paar Jahren und das ist für alle Menschen sehr wichtig.

Das Bezeugen dieses Schrittes bei diesem Übergang ist ein sehr wichtiger Akt und macht das Geschehen in vieler Hinsicht erst real für diejenigen, die diesen Schritt nun wagen. Es verankert diesen großen Schritt, diesen Beginn in der Wirklichkeit ihres Lebens. Diese ZeugInnenschaft hat in vielen Lebenssituationen eine sehr entscheidende Bedeutung. Auch das Bezeugen von schlimmen Dingen, wie zum Beispiel Gewalterfahrungen, ist sehr wichtig ...

Kritisch anzumerken ist bei der Heirat natürlich, dass noch immer zu oft ein starker gesellschaftlicher Druck zwei Menschen zur Heirat nötigt, dass Frauen mehr geachtet sind, wenn sie „ordentlich“ verheiratet sind, und leider noch immer dadurch stärker von der Gesellschaft akzeptiert werden als unverheiratete Frauen, die von vielen Seiten damit genervt werden, wann sie den „Richtigen“ denn nun finden. Ebenso kritisch sehe ich, dass andere Lebensformen weder gesetzlich noch gesellschaftlich gleichwertig anerkannt sind: unverheiratete Paare, Menschen in selbst gewählten und für sie bedeutsamen Lebens- und Wohngemeinschaften, Menschen, die sich gemeinsam um Kinder und/oder pflegebedürftige Menschen kümmern, ohne deshalb in Paarbeziehungen zu leben, Menschen, die sich ohne PartnerIn um Kinder kümmern (sogenannte Alleinerziehende) usw.

Aber am Beispiel des Rituals der Heirat wird sehr deutlich, was wirklich im Übergang wichtig ist: eine bestimmte Vorbereitung, ein besonderer Zeitraum, der sehr bewusst gestaltet und begangen wird – und ganz wichtig: andere, die bezeugen und spiegeln, dass es real ist, dass jetzt ein neuer Lebensabschnitt beginnt, dass alle Gefühle da sein dürfen und willkommen sind. BegleiterInnen, die diesen Raum und diese Zeit schützen, die im vollen Umfang und ganz ohne Wertung anerkennen, wissen und sich davon berühren lassen, was es bedeutet, diesen Schritt zu wagen, der immer auch ein Schritt ins Unbekannte ist und deswegen Mut erfordert: entweder die Verbindung mit einer anderen Person öffentlich zu würdigen und zu feiern – oder wahrhaftig und ganz in Berührung damit zu gehen, dass ein geliebter Mensch gestorben ist. Und das bedeutet für die BegleiterInnen immer: mit dem Herzen in Berührung zu gehen – im Falle einer Bestattung mit der Trauer und dieser/diesem Toten. Denn nur dann können sie wirklich angemessen begleiten. Es bedeutet auch, die Menschen zu bestärken, in der Situation des Übergangs ihren eigenen Weg zu gehen, herauszufinden, was für ein Weg das ist, ihre Wahrnehmung dafür zu stärken, was für sie in dieser Situation stimmig ist, und sie zu unterstützen, einen Ausdruck dafür zu finden. Es bedeutet, jedes Mal von Neuem offen zu sein für den Weg der Begleiteten, nicht zu werten und die eigenen Erfahrungen nie als allgemeingültige Prognosewerkzeuge zu benutzen für das „richtige Ergebnis" eines Überganges. Eine ganz klassische Trauerkarte kann ein ebenso stimmiger Ausdruck sein wie ein Sarg, bunt beschrieben mit guten Wünschen aller Abschiednehmenden. Mit erdigen Gummistiefeln vom Acker und nur mit den TrauzeugInnen zum Standesamt zu gehen kann genauso stimmig sein wie die Hochzeit im Wasserschloss mit Smoking, Brautkleid und 200 GästInnen.

Übergangsbegleitung[28]

Wir nehmen die Toten wieder in unsere Mitte
und heben für diesen Moment
die zerstörerische Trennung von Leben und Tod auf.
Leben und Tod – Geburt und Sterben gehören zusammen,
gehören zu unserem Leben,
gehören in unsere Mitte.
Jeder Tod macht uns die kostbare Einmaligkeit unseres Lebens bewusst
und jede Geburt lässt uns das Wunder des Lebens neu erfahren.
Die Ehrfurcht vor Leben und Tod lehrt uns Respekt vor der Natur, der Erde,
die uns nährt,
und den Frauen, durch die alle Menschen geboren werden,
die ein tiefes Wissen über Geburt und Tod – über die Lebensübergänge – in sich tragen.

Trennung, Abschied und Trauer gehören zu unserem Leben, wie der stetige Wandel,
der das Einzige ist, dessen wir uns wirklich sicher sein können.

Ein endgültiger Abschied beim Tod von einer uns nahestehenden Person kann nur dann wirklich gut in das Leben integriert werden, wenn auch die Verstorbenen wieder einen Raum in unserem Leben bekommen – wenn möglich noch bevor wir sie zu Grabe tragen, in diesen so wesentlichen und wichtigen Tagen zwischen Tod und Bestattung, in denen die wichtigsten Trittsteine für den Weg der Trauernden gelegt werden können.

28 Eine Essenz; von mir aufgeschrieben nach den ersten sieben Jahren BARKE (2006).

BegleiterInnen können hier wesentlich zur Heilung des tiefen Schmerzes und des Schocks beitragen, wenn sie ohne Angst oder Ekel in Berührung mit den Toten gehen, die Verstorbenen mit Liebe und Respekt behandeln und selbstverständlich die Angehörigen ermutigen,
mit ihren Toten zu sein.
Berührung auf allen Ebenen geht nur mit bedingungsloser, allumfassender Liebe, die alle Menschen, alle Lebendigkeit mit einbezieht – und Tod als eine Seite des Lebens begreift.

Da sein. Sich einlassen. Sich berühren lassen,
von allem, was in diesem Moment ist.
Das ist Begleitung, die von Herzen kommt
und einen heilsamen Raum für den Abschied schafft.

Hygienische Totenversorgung: Zwischen Notwendigkeit und Körperverletzung

Heute werden die Toten in der Regel nicht mehr gewaschen. Es gibt den Beruf der Leichenwäscherin/des Leichenwäschers nicht mehr (den gab es tatsächlich in den Kliniken bis in die 1970er-Jahre noch). In den Kliniken und Pflegeheimen haben die Pflegekräfte dafür meist zu wenig Zeit. Die reicht ja kaum noch für die lebenden PatientInnen. Es ist ein Skandal, wie wir als Gesellschaft mit der so wichtigen Pflegearbeit umgehen, dass Kliniken wirtschaftlich arbeiten müssen und deshalb vor allem Pflegepersonal einsparen, obwohl seit Jahren klar ist, dass viel mehr Pflegekräfte nötig wären, um dieser verantwortungsvollen Arbeit gerecht zu werden und dabei menschlich zu bleiben: sowohl gegenüber den Pflegenden als auch denjenigen gegenüber, die der Pflege bedürfen. Die unterschiedliche Bewertung von (Lohn-)Arbeit in unserer Gesellschaft ist nicht nur in finanzieller Hinsicht noch lange nicht annähernd gerecht oder nachvollziehbar. Da mit dem Tod auch die Krankenversicherung endet, gibt es kein Geld, mit dem die Arbeitszeit von Pflegekräften finanziert werden könnte, um die Toten zu versorgen und Angehörige in die (meist vorhandenen) Abschiedsräume zu begleiten, wenn sie in Ruhe Abschied nehmen wollen.

Denn in Kliniken müssen die Verstorbenen meist sehr schnell nach dem Tod in die Pathologie gebracht werden oder dorthin, wo sich die Leichenkühlräume (und meist auch die Abschiedsräume) befinden. Diese Räume sind in aller Regel irgendwo ganz abseits im Keller, neben Lagerräumen, Wäscherei, Putzmitteln, Müllentsorgung etc.

Hier beginnt schon deutlich zu werden, dass Tote offensichtlich ähnlich wie Müll eingeordnet werden, etwas, das sicher und schnell entsorgt werden muss – unserem Blick entzogen, möglichst weit weg geschafft. In den medizinischen Ausbildungen kommt der Umgang mit Verstorbenen (außerhalb von Obduktionen) und mit trauernden Angehörigen nicht oder nur sehr rudimentär vor, wie uns von Pflegenden, Ärztinnen und Ärzten in unseren Fortbildungen immer wieder berichtet wird. Im normalen Klinikbetrieb und in den medizinischen Ausbildungen geht es in erster Linie darum, PatientInnen am Leben zu erhalten, und darauf muss sich konzentriert werden. Für Sterbe- oder Trauerbegleitung ist da kaum Raum und Zeit. Erst langsam beginnt hier ein Bewusstseinswandel, der auch die Möglichkeit miteinbezieht, dass es nicht immer nur ein medizinisches Versagen ist, wenn Menschen – trotz aller Bemühungen – sterben, und dass es eine durchaus sehr menschliche Entscheidung sein kann, irgendwann, nach gemeinsamer Beratung mit PatientInnen und Angehörigen, mit der Behandlung aufzuhören. Manche Kliniken haben deshalb Palliativstationen eingerichtet, wo nur noch das medizinisch Nötigste gemacht wird, zum Beispiel eine Schmerzbehandlung, und wo mehr Raum für die notwendige menschliche Sterbebegleitung ist.

Auch wenn sich hier glücklicherweise langsam ebenfalls etwas ändert, bestimmt Ekel noch häufig den Umgang mit toten Menschen, und das Versorgen der Toten gilt bei uns in der Regel noch als eine niedrig bewertete Tätigkeit, etwas, das kaum jemand gerne und freiwillig tut. Dies wird im abgrenzenden Verhalten deutlich: Schutzkleidung und andere „Hilfsmittel" schaffen eine gewollte (und hygienisch nur in seltenen Fällen notwendige) Grenze zwischen Lebenden und Toten. Die in der Regel schnelle und auf das Nötigste reduzierte „Versorgung" der Toten und die Angst vor Berührung führen leider oft zu einem gefühllosen und rauen Umgang mit den Toten und dann verkommt diese wesentliche Aufgabe zur würdelosen Müllentsorgung in Leichensäcken aus Plastik – oder im besten Fall zu einer schnellen, sachlich-technischen Abfertigung, der eine Entmenschlichung der Toten zugrunde liegt, die sich auch auf die mit ihnen Umgehenden auswirkt.

Natürlich kommt es auch hier, wie überall, immer auf die einzelnen Personen an und darauf, welchen menschlichen Umgang sie für sich innerhalb dieses Systems der Entfremdung von Tod finden. In letzter Zeit begegnen uns häufiger als früher MitarbeiterInnen in der Pathologie, in Krematorien, auf Friedhöfen und von Bestattungsunternehmen, die einen guten und menschlichen Umgang pflegen.

Es ist mir sehr wichtig, hier deutlich zu machen, dass sich meine Kritik nicht an einzelne Menschen richtet, die beruflich mit Sterben, Tod und Toten zu tun haben, sondern an unsere gesamte Gesellschaft, die Tod und alles, was damit zu tun hat, noch immer zu sehr aus dem alltäglichen Leben drängt und damit von uns abgetrennt hat. Dadurch wird eine Haltung gefördert, in der Menschen lieber nichts davon wissen wollen und dies an andere dafür Zuständige abgeben. Diese abgespaltene Haltung findet sich dann leider noch zu häufig im praktischen Umgang mit den Toten wieder. Durch die damit leider auch verbundene Abwertung werden Menschen, die beruflich mit Toten zu tun haben, gesellschaftlich damit allein gelassen. Ihre Arbeit wird noch nicht angemessen geschätzt und unterstützt – und es besteht die Gefahr, dass sie in dem von ihnen erwarteten emotional distanzierten Umgang mit den Toten ihr Mitgefühl und ihre Würde verlieren.

Zur allgemein üblichen hygienischen Totenversorgung gehören Utensilien, die im Fachhandel für Bestattungsunternehmen gekauft werden können. Dazu zählen unter anderem chemische Geruchsumwandler, Augenklappen aus Plastik, Klebstoff für das Verschließen von Augenlidern und Lippen, Kinnstützen aus Plastik und vieles mehr. Diese oben und im Folgenden genannten Mittel benutzen wir in unserer Bestattungsarbeit in der BARKE nicht und führen auch keine entsprechenden Handlungen an den Verstorbenen aus, weil wir diese grundsätzlich als unnötig erfahren haben und als zu körperverletzend empfinden. Wir gehen davon aus, dass die meisten dieser und anderer „Hilfsmittel" dafür vorgesehen sind, um die Anzeichen des Todes weniger sichtbar, weniger wahrnehmbar zu machen: Die Plastikaugenklappen sind mit kleinen Dornen versehen und werden unter die Augenlider geschoben, damit das Einsinken der Augen von außen nicht mehr sichtbar ist. Und auch, damit die Lider geschlossen bleiben. Doch die Augen der Toten sinken in aller Regel sehr langsam ein. Oft ist das in den ersten Tagen nach dem Tod kaum wahrnehmbar. Es ist einfach eines der vielen sichtbaren Zeichen von Tod. Normaler Sekundenkleber wird benutzt, um Augenlider und Lippen von Verstorbenen zu verschließen, denn manchmal ist dies ohne solche Hilfsmittel einfach nicht möglich. Aber beim Schlafen ist der Mund auch manchmal entspannt und leicht geöffnet und auch leicht „blinzelnde" Augen müssen bei den Toten nicht erschreckend wirken, vorausgesetzt, dass die Angehörigen dabei gut begleitet werden, mit ihnen darüber gesprochen wird und somit eine unbefangene Begegnung mit ihren Toten unterstützt wird. Wenn wir als Bestatterinnen ganz natürlich damit umgehen, erleben wir, wie viele Angehörige bei den leicht geöffneten Augen ihrer Toten schmunzeln können und Bemerkungen machen wie: „Sie wollte ja auch im Leben immer genau mitbekommen, was um sie herum geschieht. Warum sollte das jetzt anders sein?"

Die verschiedenen Kinnstützen aus Plastik, damit der Kiefer fest geschlossen bleibt, hinterlassen sichtbare Eindrücke in der Haut und graben sich tief unter das Kinn ein, sehen meist unbequem und selten schön an den Verstorbenen aus. Der Mund wird auch manchmal mithilfe einer kaum sichtbaren Technik zugenäht.

Es ist in Bestattungsunternehmen auch oft üblich (und dies wird in der Ausbildung zur Bestattungsfachkraft gelehrt,) Drähte zu benutzen, mit deren Hilfe die Körperöffnungen der Verstorbenen (Mund-, Nasenhöhlen, Genitalbereich) mit Zellstoff ausgestopft werden, damit schon im Voraus verhindert wird, dass eventuell Körperflüssigkeiten austreten können. Solche „Hilfsmittel" werden auch in so manchem aufgeschlossenen Institut verwendet, das ansonsten eine gute und unterstützende Begleitung der Trauernden und den Abschied von den Verstorbenen in eigenen, schön gestalteten Abschiedsräumen anbietet. Dieser Umgang mit den Toten gilt nach wie vor als „seriös und fachlich kompetent", um die Lebenden vorsorglich vor allen Anzeichen des Todes zu bewahren.

Die Angst und der Ekel vor den (möglichen!) sichtbaren Zeichen des Todes, der Veränderung, des Verfalls, der Verwesung ist so groß, dass alles getan wird, um dies schon vorbeugend zu verhindern, wenn die Verstorbenen für eine offene Aufbahrung vorbereitet werden sollen. Sehr häufig aber geschieht diese natürliche Veränderung nach dem Tod sehr langsam und muss nicht erschreckend sein. Unsere Versorgung ähnelt daher eher der Versorgung Lebender, die Pflege brauchen: ein kleines zusammengerolltes Handtuch oder ein anderes Tuch unterm Kinn (und das nur, wenn der Kiefer sonst zu sehr aufgehen würde), aufsaugende, flüssigkeitsdichte Krankenunterlagen im Bett, meistens nur eine Einlage in der Unterhose anstatt der inzwischen obligatorischen Windel.

Wenn, was eher selten der Fall ist, eine Veränderung sehr schnell gehen sollte, so erklären wir auch hier den Prozess den Angehörigen, nehmen die Angst davor und entscheiden gemeinsam, wie die Zeit des Abschiednehmens in angemessener Reaktion darauf beendet wird, zum Beispiel durch das Schließen des Sarges, auch um die Würde der Verstorbenen zu wahren, die in dieser Veränderung nun vielleicht nicht mehr von allen gesehen werden wollen. Unserer Erfahrung nach ist aber in aller Regel genug Zeit für den Abschied.

Mittlerweile werden auch hierzulande Techniken der Konservierung von Verstorbenen angeboten wie das sogenannte „Modern Embalming" (deutsch: Moderne Einbalsamierung). Dieses Verfahren ist in den Vereinigten Staaten und in England schon seit Jahrzehnten üblich. Dabei wird das gesamte Blut aus dem Körper der Toten abgepumpt und gleichzeitig werden die Adern des toten Menschen mit einer meist formaldehydhaltigen (oder einer anderen chemischen) Konservierungsflüssigkeit gefüllt. Die Verstorbenen sind dadurch für eine unbestimmt lange Zeit konserviert und verändern ihren Zustand nicht mehr. Sie sehen auch nicht mehr tot aus, sondern tatsächlich leblos.

Bei einem toten Mann, der so behandelt wurde, weil er aus dem Ausland mit dem Flugzeug hierher rückgeführt wurde, habe ich diese künstliche Leblosigkeit sehr stark empfunden. Nach dem Öffnen des verlöteten Zinksarges roch es stechend nach Formaldehyd. Sein Körper fühlte sich nicht wie ein natürlicher menschlicher toter Körper an, sondern wie aus einem „Kunststoff" gemacht. Ich habe etwas an ihm wahrgenommen, das sich wie eingesperrt anfühlte: Seine Seele? Seine Essenz? Ich frage mich: Wie geht ein natürlicher Übergang in solch einem Zustand?

Nun gibt es seit ein paar Jahren auch noch die Thanatopraxie. Hierunter fällt auch die „Wiederherstellungskosmetik" von Unfallopfern, aber nicht wie in der Medizin bei Lebenden, sondern eher mit Mitteln aus dem Baumarkt. Es kann in Ausnahmefällen Situationen geben, bei denen die Anwendung einer dieser Methoden tatsächlich hilfreich und zum Beispiel das Vernähen von Wunden eventuell erforderlich ist. Aber ich verwehre mich entschieden dagegen, diese (zudem sehr teuren) Behandlungen als einzige oder beste Weise darzustellen, wie ein „guter Abschied am offenen Sarg" ermöglicht werden kann, ohne den Angehörigen zu erklären, was genau dabei mit ihren Toten geschieht. Unter „Einbalsamierung" und „Wiederherstellungskosmetik" stellen sich die meisten Menschen wohl etwas anderes vor: Einbalsamieren wird von vielen mit duftenden Ölen assoziiert und Kosmetik mit abdeckendem Make-up und Schminken.

Wir Bestatterinnen von der BARKE machen die Erfahrung, dass die sichtbaren Zeichen der Veränderung und manchmal auch der – in der Regel wirklich oft nur leichte – Geruch der Verwesung (der übrigens meist erst einige Tage nach dem Tod wahrnehmbar wird, wenn überhaupt) den Angehörigen auch helfen können, zu begreifen, warum sie ihre Toten gehen lassen müssen, warum die Verstorbenen nun bestattet werden müssen.

Wenn sich Verstorbene durch konservierende Methoden nun gar nicht mehr sichtbar und fühlbar verändern, wird uns das Begreifen von Tod erschwert und damit auch das Abschiednehmen. So wird aus einem natürlichen

Prozess eine künstlich erzeugte Starre, eine erzwungene Bewegungslosigkeit auf dem bewegten und bewegenden Weg hinaus aus diesem Leben.

Es stellt sich mir die Frage, wie viel wir in diesem kostbaren, lebendigen Leben noch durch „Plastik" ersetzen wollen. Und warum wir die Erde noch zusätzlich mit Konservierungsmitteln vergiften sollten, wenn wir stattdessen die Möglichkeit haben, ihr nach unserem Lebensende durch unsere Körper wertvolle Nährstoffe zurückzugeben, aus denen neues Leben wächst.

„Nur nichts anmerken lassen!" – Fehlende Anerkennung und Unterstützung im beruflichen Umgang mit Tod

Über den Umgang mit toten Menschen wird hierzulande allgemein wenig gelehrt. Erst seit wenigen Jahren gibt es eine gesetzliche Ausbildung zur Bestattungsfachkraft. In den existierenden Ausbildungen werden hauptsächlich die abgrenzenden Maßnahmen mit den bereits beschriebenen üblichen Utensilien vermittelt, die auf der Angst und dem Ekel vor dem Kontakt mit toten Körpern und ihrem Verfall basieren, und viele andere, in aller Regel unnötige und meines Erachtens körperverletzende Vorgehensweisen (siehe voriges Unterkapitel).

Andere, die in ihren Berufen regelmäßig und oft mit Toten in Kontakt kommen, wie zum Beispiel Pflegende, Ärztinnen und Ärzte, SanitäterInnen und Feuerwehrleute, haben in ihren Ausbildungen selten genug über den Umgang mit Toten und Trauernden lernen dürfen. MitarbeiterInnen von Friedhöfen und Krematorien bekommen in der Regel keine spezielle Ausbildung. FriedhofsmitarbeiterInnen[29] haben uns schon davon erzählt, was sie erleben müssen, wenn sie zum Beispiel in der Mittagspause mit ihren Friedhofsjacken, die mit dem Schriftzug „Friedhof" bedruckt sind, in den Supermarkt gehen, um sich etwas zu essen zu kaufen: Viele Menschen gehen ihnen dann – auch heute noch! – ängstlich oder gar entsetzt aus dem Weg. Allein die Vorstellung, dass diese Menschen beruflich mit Tod zu tun haben und durch ihr Erscheinen

29 In diesem Bereich sind bisher, außer im Verwaltungsbereich, noch sehr wenige Frauen tätig. Ich habe noch nie eine Friedhofsmitarbeiterin gesehen, die ein Grab geöffnet und wieder geschlossen hat („Grab öffnen und schließen" sind Friedhofsfachbegriffe für: ein Grab ausheben und dieses später wieder mit Erde auffüllen).

im alltäglichen Leben Tod symbolisch sozusagen unerwartet dort hineinbringen, erschreckt nach wie vor noch viele.

Die meisten wollen in ihrem Alltag nicht mit Tod konfrontiert werden, selbst wenn es nur die Begegnung mit einem Friedhofsmitarbeiter ist, der früher „Totengräber" genannt wurde. Und genau das gehört auch heute noch zu ihrer Tätigkeit: die Toten zu begraben. Eigentlich eine wichtige und ehrenvolle Aufgabe, auf die FriedhofsmitarbeiterInnen stolz sein können (und manche sind es glücklicherweise auch). Aber das schnelle Zubaggern des Grabes, in der Regel natürlich erst, wenn nach dem Begräbnis alle Trauergäste schon gegangen sind, vermittelt diesen Eindruck nicht wirklich. Und es ist schade, dass auch diese Handlung aus unserem Blickfeld verschwunden ist und uns weitestgehend aus den Händen genommen wurde: das Begraben.

Gleichzeitig ist es völlig normal, dass wir in den Medien sehr häufig mit gewaltsamen, unnatürlichen Todesfällen, teilweise mit sehr erschreckenden Bildern, überflutet werden. Die fiktiven Bilder aus Krimis, reißerischen Thrillern und Horrorfilmen, aber auch die realen Bilder von blutüberströmten Toten aus den Nachrichten über Terroranschläge und Kriegsgebiete haben sicher ihren Teil dazu beigetragen, dass Menschen oftmals eine völlig unrealistische Vorstellung vom ganz alltäglichen, natürlichen Tod und von toten Menschen haben. Nun kommen aber die Menschen, die beruflich mit Toten zu tun haben, auch aus der Mitte unserer Gesellschaft. Sie haben oft genau dieselben Ängste und auch manchmal Ekel vor der Berührung mit Toten. Es gibt Pflegende, denen es davor graust, nachts alleine Verstorbene nach unten und über die langen Kellerflure in den Kühlraum bringen zu müssen, den Ort, an dem die Verstorbenen in der Klinik bis zu ihrer Abholung durch ein Bestattungsunternehmen bleiben. Dort liegen häufig mehrere Verstorbene in den Kühlfächern (oder dem Kühlraum), auf Stahlblechwannen und mit Leintüchern zugedeckt.

Dass das auch anders zu organisieren ist, zeigen unter anderem seltene Ausnahmen von Kliniken, wie etwa die anthroposophischen Kliniken. In diesen befinden sich die in sehr schönen Farben gestalteten, oft in runden Formen gebauten (und gekühlten!) Abschiedsräume im Erdgeschoss, gut zugänglich für Angehörige und das Klinikpersonal. Denn dort verabschieden sich auch Pflegende, Ärztinnen und Ärzte von ihren verstorbenen PatientInnen. Ein anderer Umgang ist also durchaus möglich, schafft reale Erfahrungen statt medialer Schreckensbilder und tut auch den professionell Betreuenden gut.

In Pflegeheimen gibt es ebenfalls große Unterschiede, wie damit umgegangen wird, wenn eine Bewohnerin oder ein Bewohner gestorben ist. Manchmal ist der Umgang ganz offen und selbstverständlich, es wird ein Bild und eine Kerze aufgestellt, sodass alle anderen, die dort leben, ebenfalls Bescheid wissen. Manchmal dürfen die BewohnerInnen wie auch die Pflegenden noch einmal Abschied nehmen, die ja in einem sehr nahen Kontakt mit den Verstorbenen waren. In anderen Häusern werden wir von der Heimleitung verpflichtet, nur zu genau bestimmten Zeiten still und heimlich den Sarg über die Gänge in den Aufzug zu fahren, damit nur ja kein/e BewohnerIn eventuell beunruhigt werden könnte.

Dabei haben die Menschen, die wir auf diese Weise abholen müssen, manchmal lange Zeit in diesen Heimen gelebt. Es war ihr letztes Zuhause, aus dem sie dann klammheimlich verschwinden müssen.

Im Krematorium haben die MitarbeiterInnen[30] jeden Tag mit sehr vielen Toten zu tun. Sie bereiten sie zum Beispiel für die in den meisten Bundesländern vorgeschriebene zweite amtsärztliche Leichenschau vor (mehr dazu in Kapitel VII). In manchen Krematorien haben sie auch häufig Kontakt zu Trauernden, etwa bei dort stattfindenden Feiern oder wenn Angehörige bei der Einäscherung dabei sein dürfen: dem kurzen Moment, in dem die Verstorbenen im geschlossenen Sarg dem Feuer übergeben werden.

Die MitarbeiterInnen eines Krematoriums sind selbst oft berührt, wenn wir einen sehr kleinen Sarg bringen müssen oder bei tragischen Unfällen junger Menschen, und kommen so manches Mal an die Grenzen ihrer emotionalen und körperlichen Belastbarkeit. Ihnen wird viel zugemutet. Sie haben es auch manchmal mit Verstorbenen zu tun, die schon länger tot und sehr weit fortgeschritten in der Verwesung sind. Oder auch mit schwer Verletzten. Das ist für die meisten nicht einfach auszuhalten. In solchen Momenten haben wir schon manchen Mitarbeiter mit den Tränen kämpfen sehen.

30 Ich schreibe dies hier inklusiv für alle Geschlechter, aber leider ist mir noch in keinem Krematorium eine Mitarbeiterin begegnet, die sich um die Toten kümmert und für die Einäscherung zuständig ist. Es ist zu wünschen, dass auch hier bald mehr Frauen tätig sein werden und diese Arbeit die Anerkennung bekommt, die ihr gebührt.

Aber für das Äußern von Gefühlen ist dort kaum Raum und Zeit. Es ist eine technische und harte körperliche Arbeit. Und wie die Menschen, die dort arbeiten, damit klarkommen, ist in aller Regel „ihre Sache“. Da wird meist nicht darüber geredet. Da gibt es keine Supervision oder Seelsorge wie bei großen Unfällen. Und mit wem sollten sie außerhalb ihrer Arbeit auch darüber sprechen können, wenn wirklich kaum jemand etwas davon wissen will? Und wenn eher mit Entsetzen reagiert wird, was keine Hilfe ist für diejenigen, die das fast täglich aushalten müssen.

Als Gesellschaft lassen wir diese Menschen allein und würdigen sie nicht angemessen für diese große Aufgabe, die sie für uns alle übernehmen. Das gilt natürlich auch für viele andere Bereiche in unserem Leben und mündet einmal mehr in der großen Frage, wie mit der Aufteilung und Bewertung von – bezahlter und unbezahlter – Arbeit überhaupt umgegangen wird.

Festzuhalten bleibt, dass auch über diesen Bereich der Arbeit mit den Toten bisher noch viel zu wenig gesprochen wird. Ich wünsche mir, dass wir als Gesellschaft darüber reden und nachdenken, wie wir unsere Bestattungskultur so verändern können, dass sie menschlicher wird. Für alle.

III „Hebamme“ für die Toten

„Seelen-Hebamme“ und Übergangsbegleiterin

Ich erinnere mich noch daran, wie mir eine Lehrhebamme bei meinem verzweifelten Bemühen um einen Hebammenausbildungsplatz sagte: „Schlag dir das aus dem Kopf, Kind! Hebammenschulen nehmen zuerst die Mädchen mit den besten Beziehungen, zum Beispiel die Tochter des Oberarztes, und dann die mit dem besten Notendurchschnitt, vor allem in den naturwissenschaftlichen Fächern. Du hast nicht die geringste Chance, einen Platz zu bekommen!“ Niedergeschmettert stand ich da und konnte es nicht fassen, dass mir der Weg zu dem Beruf, den ich mir schon so lange und von ganzem Herzen wünschte, derart versperrt sein sollte.

Bald darauf wurde ich überraschend und ungeplant schwanger und war dennoch sofort glücklich über das Kind in mir, auf das ich mich vom ersten Moment an sehr freute. So habe ich also in den folgenden Jahren meine beiden Kinder zur Welt gebracht und den Vater, der damals noch studierte, geheiratet. Dadurch bekam ich die Gelegenheit, Schwangerschaft, Geburt und Kinder erst einmal selbst erfahren und erleben zu dürfen – und wie das ist: vom Paar zur kleinen Familie zu werden, gemeinsame Elternschaft, Mutter zu werden … Meine eigenen Erfahrungen mit Lebensübergängen. Und einige Jahre später wurde ich dann eine „Seelen-Hebamme“.

Wie die Geburtshebamme am Lebensbeginn die Neugeborenen empfängt, so empfange ich am Lebensende die Toten. Ich bin eine „Seelen-Hebamme“, eine Übergangsbegleiterin, eine „Hebamme“ für die Toten. Das ist meine Berufung, zu diesem Wirken wurde ich gerufen. „Hebamme“ beschreibt sehr genau, was meine Aufgabe ist. Bestatterin bin ich natürlich auch und das leidenschaftlich gerne. Aber diese hierzulande übliche Berufsbezeichnung beschreibt leider nicht annähernd, was diese Arbeit für mich bedeutet.

Tod ist eine Geburt hinaus aus diesem Leben. Immer wieder erzählen uns die nahen Angehörigen der Verstorbenen, wie es war in den letzten Tagen und Stunden vor dem Tod. Oft wird es wie „Wehen“ beschrieben, wie eine Krise, die viele Frauen von der Geburtsarbeit her kennen: Angst vor den Schmerzen, Sorge, es allein nicht schaffen zu können, Verzweiflung, überwältigende Gefühle, verloren im Strudel, hilfesuchend, anstrengende, schweißtreibende Arbeit, Hochleistungssport – und dann wieder das große Staunen, der Blick nach innen in die unendliche Weite … Übergang.

Manchmal braucht es eine Hand, die hält, manchmal hilft Singen oder einfach nur ruhiges Da-Sein, manchmal wollen welche ganz und gar in Ruhe gelassen werden, um sich ungestört konzentrieren zu können, um nicht zurückgehalten zu werden, von nichts abgelenkt – und sterben genau dann, wenn die Begleitenden nur mal kurz aus dem Zimmer gegangen sind. Andere sterben so schnell und plötzlich, dass es vielleicht auch für sie selbst völlig unvorbereitet und überraschend kam. Sterben und Geburt sind so vielfältig wie unsere Leben.

Nach dem Tod aber brauchen alle erst einmal Zeit und Ruhe. Das sagen wir auch den Angehörigen, wenn sie uns schon vor dem bald zu erwartenden Tod ihrer Lieben anrufen und wissen wollen, was sie tun müssen, wenn es so weit ist (siehe Kapitel VII: Wichtige Informationen für die erste Zeit nach dem Tod).

„Seelen-Hebamme“: Was bedeutet das für mich? Ich fühle mich den Toten sehr verbunden. Es ist eine große Liebe und Zärtlichkeit in mir für die Menschen, die über diese Schwelle gegangen, die gestorben sind. Sterben ist aktiv. Wir werden nicht gestorben. Nein, diesen letzten Schritt müssen wir selbst gehen, sei es langsam und bewusst oder plötzlich und unvorbereitet.

Gleichzeitig gibt es in mir eine große Liebe für die Lebenden, die den Schmerz aushalten, geliebte Menschen für immer gehen lassen zu müssen. Ich bin voller Respekt und Achtung für die Menschen in großer Trauer. Und für die Liebe und Wahrhaftigkeit, die ich hier so oft erleben darf. Die Menschen sind in ihrer Trauer berührend offen. Alles Unwesentliche, alle Oberflächlichkeit verliert an Bedeutung. Sie fallen aus der Zeit. Eine Ausnahmesituation, die schmerzt und doch so große Chancen bietet. Viele erkennen die Geschenke, die ihnen jene bereiten, die gerade gestorben sind. Das Wunder des Lebens ist nie stärker spürbar als in den Momenten der großen Übergänge Geburt und Tod. – Nie lernen wir mehr über uns selbst und das Leben als in diesen Momenten.

Als „Seelen-Hebamme“ und Übergangsbegleiterin bin ich mir dieser absolut besonderen Ausnahmezeit bewusst und ich bin *da*. Zurückhaltend und mit großer Kraft gebe ich Raum und halte ihn beweglich und sorge für Schutz. Dafür, dass sich ausbreiten darf, was den Trauernden hilft, weiterzuleben, und den Toten hilft, weiterzugehen auf ihrem Weg hinaus, geschützt und befreit, wirklich von Herzen gut verabschiedet.

Meine Aufgabe ist es, dass dieser Weg – dieser Übergang – frei und leicht zu begehen ist. Für die Toten. Und dass die Lebenden beim Abschied von ihren Toten wieder zurück ins Leben finden, in dem sie ganz in Berührung und in Kontakt gehen können mit ihren Toten. Sie in ihr Herz nehmen. Meine Arbeit webt und hebt Kollektiverinnerungen in diesem Land wieder ins bewusste Sein: die Erinnerung an unsere ursprünglichen und vergessenen Rituale, an unser Wissen um heilsame Abschiede. An unsere Verbindung mit allem Lebendigen.

Denn ich weiß in meinem tiefsten Inneren: Alles ist da. Auch die Erinnerung.

In uns. Um uns. Immer.

Andere Bilder: Von der Todin umarmt[31]

Tod –
la morte – die Todin
die andere Seite der Lebendigkeit
eine andere Form von Lebendigkeit
lebendiger Zustand
ohne sichtbare Bewegung
sehr viel Bewegung auf anderen Ebenen
radikale und absolute Veränderung und Auflösung
unaufhaltsam
unerbittlich
Übergang

wenn ich sterbe,
gebäre ich mich in eine andere Welt –
solange ich noch hier verweile,
will ich andere begleiten auf ihrem Weg hinaus –
an der Schwelle die Weite halten
und dafür sorgen, dass der Weg frei und leicht zu begehen ist –
dafür sorgen, dass der Übergang geschützt ist.

Das Geheimnis der Lebendigkeit liegt in den schönen starken Armen der Todin.
Das Geheimnis der Todin liegt in den schönen starken Armen der Lebendigkeit.

31 Ein Gedicht von mir aus der Zeit vor der Gründung der BARKE, als ich zur „Seelen-Hebamme“ berufen/gerufen wurde und mich auf den Weg machte, Bestatterin zu werden.

Frauenkönnen[32] und Frauenwissen um Geburt und Tod

Bei diesen beiden großen Übergängen braucht es eine sehr einfühlsame, liebevolle und gleichzeitig starke und sehr präsente Begleitung. Es ist für uns selbstverständlich, dass die Toten von Frauen versorgt und begleitet werden, denn Frauen wissen um die Übergänge Geburt und Tod.

In der hochsensiblen und sehr besonderen Übergangszeit nach unserem Tod, die zum Sterbeprozess dazugehört, brauchen wir alle Schutz, Liebe, Respekt und Achtung unserer Würde – ganz besonders notwendig ist dies für Frauen und Kinder, die in dieser Gesellschaft schon zu Lebzeiten in ihrer Würde zu oft nicht genügend geachtet oder verletzt werden. Die Ehrfurcht vor Leben und Tod lehrt uns Respekt vor der Natur, der Erde, die uns nährt, und den Frauen, durch die alle Menschen geboren werden und die ein tiefes Wissen über Geburt und Tod – über alle Lebensübergänge – in sich tragen.

Was meine ich mit „Frauenkörperwissen"? Es ist sehr schwierig, in der heutigen Zeit und in unserer Gesellschaft von Weiblichkeit zu sprechen, denn „männlich" und „weiblich" sind in solche Gegensätzlichkeit gezwungen worden, diese Begriffe sind so beschnitten und eindimensional, dass wir eigentlich fast nichts mehr darüber wissen können, was das denn tatsächlich bedeutet, als Mann oder als Frau geboren worden zu sein – oder als ein Geschlecht im Dazwischen. Denn es gibt viel mehr als zwei Geschlechter, und das auch schon rein genetisch/biologisch. Heute werden Menschen mit nicht „eindeutigen" Geschlechtsmerkmalen als intersexuell (zwischengeschlechtlich) benannt. Es gibt und gab aber auch schon immer Menschen mit „eindeutigen" Geschlechtsmerkmalen, die nicht in die gesellschaftlich vorgegebenen Geschlechtsrollen passen oder diese nicht übernehmen wollen, sei es äußerlich und/oder von ihrem Verhalten her. Es ist noch immer unmöglich, dass ein Junge im Kleid

32 Inspiriert von der „Frauenmesse rund um Leben und Tod im weiblich-kulturellen Umfeld – Begleitung – FrauenKönnen und FrauenWissen zu Tod und Sterben" im Frauenheilehaus in Wennenden, an der ich am 20./21.09.2003 als Fachfrau teilgenommen habe. Veranstalterinnen waren die Künstlerinnengruppe „die MedUSEN", Eva Brand, Varuna Reiner, Hanna Rothenbücher, und Arkuna e. V. (Frauenbildungszentrum Stuttgart).

in die Schule gehen kann, ohne damit rechnen zu müssen, als „schwule Sau“ beschimpft oder sogar geschlagen zu werden. Ebenso muss ein heterosexueller erwachsener Mann viel aushalten, wenn er sich in der Öffentlichkeit geschminkt und mit Hochsteckfrisur zeigt. Besonders dann, wenn er dabei auch noch einen Herrenanzug trägt und sich somit der „eindeutigen“ Zuordnung vollends widersetzt. Irritation, blöde Sprüche und Angaffen sind da noch die harmloseren Reaktionen.

Und eine Frau, die für einen Mann gehalten wird, wird in der Regel zunächst respektvoller behandelt und ernster genommen – bis sie als Frau erkannt wird, was dann wiederum ebenfalls leicht Aggressionen hervorrufen kann. Wie alles Uneindeutige, das nicht in die gesellschaftlich festgelegten Kategorien passt.

Bis heute sind diese Rollenvorstellungen sehr bestimmend und viele leiden darunter, dass sie (auch) diesen Erwartungen nicht entsprechen. Das hat sogar zur Folge, dass sich manche im „falschen Körper“ geboren fühlen und diesen operativ und hormonell an das andere (sozial definierte) Geschlecht anpassen lassen wollen. Dass das so einfach nicht ist, wie es gern dargestellt wird im Machbarkeitswahn und Forschungsdrang der Medizin, und dass es viele gesundheitliche, emotionale und psychische Folgen haben kann, wird nun auch vermehrt vonseiten der Betroffenen berichtet. Auch am Leid dieser Menschen zeigt sich, dass wir noch weit von der gesellschaftlichen Übereinkunft entfernt sind, alle in aller Vielfalt tatsächlich willkommen zu heißen – und zu wissen, dass jedes Menschenkind perfekt geboren wird, völlig egal, wie die Chromosomenzusammensetzung ist. Die Zuordnungen, in die wir „männlich“ und „weiblich“, „normal“ und „behindert“ usw. eingeteilt haben, müssen sich an die tatsächlich bestehende lebendige Vielfalt noch anpassen und die (hierzulande historisch erst seit relativ kurzer Zeit) konstruierten Gegensätze werden sich mehr und mehr auflösen.

Vielfalt existiert durch Unterschiede. Fangen wir also beim Körper an.

Im Körper einer Frau (mit Gebärmutter und Eierstöcken) gibt es eine Zeit lang einen Zyklus von Eisprung und Menstruation. Ein Potenzial, neues Leben zu erschaffen. Der Körper einer Frau ist nicht nur der „Brutkasten“: Sie erschafft das Kind, „baut“ es aus allen Stoffen ihres Körpers nach dem „Bauplan“, der genetisch von einem ihrer Eier und einem immer noch fälschlicherweise so bezeichneten „Spermium“ stammt. Biologisch betrachtet entspricht ein Spermium (= Samenzelle) dem pflanzlichen Pollen und nicht dem Samen. Die Frau nährt das in ihr entstehende Kind neun Monate lang auf vielen Ebenen. Es ist eine Herzensverbindung ganz besonderer Art. Zusammen mit der Geburt ist das eine sehr große Leistung, die immer noch zu selten wirklich angemessen gewürdigt, sondern stattdessen entweder als „Heilige Mutterschaft" äußerst zwiespältig und scheinheilig überhöht wird (ohne dass sich dies tatsächlich in einem respektvollen Umgang widerspiegelt) oder als rein biologische Funktion von ihr abgeschnitten und damit gleichzeitig entwertet wird.

Schon die Geschichte unserer Entstehung, die so lange erzählt wurde, vom schnellsten und stärksten „Spermium", das in das Ei „eindringt", ist falsch. Das im Verhältnis riesige Ei lässt sich stundenlang von Tausenden von „Spermien" umschwimmen, die es vorher mit seinem Duft angelockt hat. Eine lange Zeit der Kommunikation findet statt. Irgendwann *lässt* das Ei ein „Spermium" *hinein*. Das ist ein gewaltiger Unterschied.

Der monatliche Zyklus birgt in sich schon viel vom Werden und Vergehen: In unseren Körpern reift, meist über einen langen Zeitraum eines Frauenlebens, jeden Monat ein Ei heran. Die Gebärmutter baut dafür jedes Mal ein dickes, weiches Nest. Wenn das Ei nicht befruchtet wird, dann fließt es mit diesem Nest durch unser Blut aus unserem Körper. Dabei muss sich die Gebärmutter zusammenziehen und das kann Schmerzen bereiten, ähnlich wie bei einer Geburt.

So ist in unseren Körpern eine Weisheit vom Gebären und Sterben im Kleinen immer vorhanden. Auch bei Frauen, die nie ein Kind zur Welt bringen werden, und auch bei Frauen, die ihre Gebärmutter durch eine Operation verloren haben: Als (genetische) Information wirkt dieses Körperwissen in uns Frauen in jeder Zelle. Sich diese Körperweisheit bewusst zu machen und danach zu forschen, sie wieder mehr an die sichtbare Oberfläche in uns zu bringen, ist eine Notwendigkeit in diesen Zeiten.

Dieses spezielle Körperwissen, dieser uns immer wieder erinnernde Zyklus: Wie die Möglichkeit von neuem Leben willkommen geheißen, wie es unter bestimmten Bedingungen tatsächlich erschaffen und zur Welt gebracht wird und wie die Lebensmöglichkeiten aber auch wieder losgelassen und im „roten Lebensfluss", unserem monatlichen Blutfluss, verabschiedet werden und wie wir sie sterben lassen können – dieses Wissen sollte auch auf anderen Ebenen wieder aktiviert werden und in andere Bereiche einfließen. Besonders effektiv fließt dieses Wissen wieder ins Leben der Gemeinschaft auf dieser Erde zurück, wenn unser Mensblut aufhört zu fließen, in und nach den Wechseljahren, der sogenannten Menopause, wenn Frauen durch diesen ziemlich umwälzenden Übergang gehen, sich danach ihr Wissen und ihre Erfahrungen ganz neu zusammensetzen, sie sich im Zuge dessen über ihre Weisheiten sehr viel klarer werden und diese der Welt zur Verfügung stellen wollen – und das zum Glück auch immer mehr tun auf dem Beginn des Weges zu einer „Ältesten“, die früher bei uns und heute noch in anderen Kulturen auf der Erde hochgeschätzt war und ist. Das Wissen um diese Körperweisheiten kann uns anders handlungsfähig machen in der Welt. Es ist ein Wissen, das gebraucht wird in dieser Zeit. Es schafft ein tiefer gehendes Bewusstsein für Geburt, Leben, Sterben und Tod – zum eigenen Wohl und zum Wohle alles Lebendigen auf dieser Erde.

Durch diese Fähigkeiten ist in uns Frauen ein anderes Bewusstsein für die Kostbarkeit des Lebens grundsätzlich vorhanden. Wir überlegen eher, ob eine neue Entwicklung allem Lebendigen mehr nützt oder mehr schadet. Meines Erachtens haben wir dadurch alle Grundlagen, um Menschen durch diese Übergänge zu begleiten.

Was die besonderen Fähigkeiten von Männern anbelangt: Zu ihrem speziellen Körperwissen, das dem Wohl alles Lebendigen dient, müssen sie selbst (wieder) den Zugang finden und es ist höchste Zeit, dass sie entsprechend handeln. Es täte ihnen nicht nur sehr gut, ihre fürsorglichen Seiten mehr zu leben, es sollte zu ihren selbstverständlichen Pflichten gehören, die Sorge-Arbeit verbindlich zur Hälfte mit zu übernehmen. Es ist an der Zeit, dass Männer entscheidend dafür sorgen, dass *alle* Männer Frauen ernst nehmen und sie unterstützen.

Nicht nur wir Frauen tragen Verantwortung für das weitere Leben auf dieser Erde. Auch und gerade die Männer in ihren privilegierten Positionen sind in der Pflicht, dafür zu sorgen, dass Frauen grundsätzlich geehrt und geachtet werden. Es ihre Pflicht, fürsorglich und langfristig zum Wohle alles Lebendigen zu handeln. Und bei allen Entscheidungen das Wohl der nächsten sieben Generationen im Blick zu haben, wie es ihnen von den Ältesten aus einer anderen Zeit oder von einem anderen Ort auf der Erde geraten wird. Das ist funktionierende Nachhaltigkeit im ursprünglichsten Sinne. Wir Menschen sind alle HüterInnen und BewahrerInnen dieser Erde.

Ich bin froh, dass ich solche Männer persönlich kenne und dass ich von einigen auf dieser Welt weiß, die dieses Wissen weitertragen, wie zum Beispiel Kuyuux Ilarion Larry Merculieff von den Aleuten.[33]

Wir können dafür sorgen, dass alle auf dieser Erde glücklich leben können. Und das werden wir auch tun.

Unser Umgang mit den Toten: Herzensberührung

Ich nenne es auch: das Geschenk der Toten. Wir berühren sie mit dem Herzen und sie berühren uns in unseren Herzen.

Die universellen und uralten Menschheitsrituale wie die Totenwaschung, das Begleiten bei diesem Übergang und das ausreichende Raumgeben für Trauer, sodass sich in ihr auch das Glück entfalten kann – all das ist „Hebammen-Arbeit". Die traditionelle Kunst der Übergangsbegleitung.

Alles, was während dieser Zeit im Kontakt mit den Toten geschieht, sind wichtige Rituale, die jedes Mal neu entstehen, mit immer wieder ähnlichem Wiedererinnern, aber doch bei allen Toten einzigartig. In diesem geschützten Raum und in dieser von uns gut begleiteten Zeit mit den Toten können sich die Angehörigen von allen Vorstellungen über Tod frei machen und einfach nur spüren, was in diesem Moment ist, ihren Impulsen folgen – der Spur ihres Herzens folgen und ihre eigene uralte Körperweisheit erinnern …

Wenn wir den Toten wieder den Raum geben, uns von ihrem besonderen Zauber berühren lassen und unsere Herzen dafür öffnen, dann werden wir reich beschenkt. Und das ist die beste Voraussetzung dafür, dass Trauer zu der lebendigen Kraft wird, die uns hilft, weiterzuleben.

› *Für mich ist ein Ritual eine Handlung, die dabei unterstützen kann, Gefühle, Wünsche und Bedürfnisse sichtbarer und begreifbarer zu machen. In einem Ritual schaffen Menschen eine Struktur, einen Rahmen, der hält und Schutz gibt. Wichtig ist, dass die Struktur dabei immer so beweglich bleibt, dass sie sich den Bedürfnissen der Menschen und ihren Impulsen in der jeweiligen Situation anpassen kann.*

33 Hier zwei Filme: Kuyuux Ilarion Larry Merculieff: *Indigenous Voices.* https://www.youtube.com/watch?v=RMkKrq_cruU und Wisdom Weavers of the World: *Wisdom Weavers of the World.* https://www.wisdomweavers.world (08.03.2020).

Sehr genau vorgegebene, immer gleich ablaufende Handlungen, deren Sinn nicht (mehr) nachempfunden werden kann, sind meiner Erfahrung nach eher weniger hilfreich.

Was wir von den Toten gelernt haben: Die Totenwaschung

Gleich zu Beginn eine Information zu einem immer noch weitverbreiteten, sich hartnäckig haltenden Gerücht: das „Leichengift“. Es gibt definitiv keines. Tote Menschen (und andere tote Lebewesen) sind normalerweise zu keinem Zeitpunkt nach dem Tod „giftig“. Sie zu berühren, auch ohne Handschuhe, ist in der Regel gesundheitlich völlig unbedenklich. Auch eventuell austretende Körperflüssigkeiten oder Gerüche sind ungefährlich. Ausnahmen gibt es nur bei wenigen Infektionserkrankungen, die nachweislich nach dem Tod noch übertragbar sein können (laut Infektionsschutzgesetz). Dann gelten schon zu Lebzeiten besondere Hygienevorschriften und wenn sie eingehalten werden, ist auch ein Abschied von diesen Verstorbenen noch möglich.

Verstorbene Menschen, die in der Erde begraben werden (bei einer Erdbestattung), verwandeln sich wieder in Erde. Nur unsere Knochen bleiben lange erhalten. Unsere Friedhöfe sind unterirdisch nirgends vom Grundwasser abgetrennt. Wären tote Lebewesen an sich[34] giftig, wäre alles vergiftet, denn all das, was lebt, stirbt und wird wieder zur Erde. Der ewige Kreislauf.

Humus, die kostbare fruchtbare Erdschicht, entsteht aus allem, was gestorben ist. Also auch rein biologisch gilt: Ohne Tod kein Leben.

Als wir mit unserer BARKE-Arbeit anfingen, war immer klar, dass es zu unserem besonderen Herzensanliegen gehört, die Toten liebevoll und würdevoll zu versorgen. Entweder gemeinsam mit den Angehörigen oder auch allein, wenn

34 Ich spreche an dieser Stelle natürlich nicht von der Vergiftung, die wir selbst verursachen durch Medikamentenrückstände, Schwermetalle und andere Gifte, die wir und alle unsere Mitlebewesen inzwischen in unterschiedlicher Menge in unseren Körpern eingelagert haben. Dieses Problem ist mir bewusst. Trotz alledem ist es für das Leben notwendig, dass wir nach unserem Tod der Erde auf die eine oder andere Weise zurückgegeben werden.

dies gewünscht wird. In der ersten Zeit haben wir die Toten „so viel wie nötig, so wenig wie möglich" gewaschen, denn das Waschen ist ja nur manchmal und nur teilweise hygienisch notwendig. Aber von Anfang an haben wir den Toten fast immer ihre eigene Lieblingskleidung angezogen, anstelle der Totenhemden, die im Bestattungsfachhandel erhältlich sind, weil uns schon immer klar war, dass dies für ihre Würde und als Ausdruck ihrer Persönlichkeit besonders wichtig ist und wir uns dies für uns selbst auch wünschen würden.

Die eigene oder die selbst ausgesuchte Kleidung macht die einzigartige Persönlichkeit der Verstorbenen noch einmal sehr deutlich sichtbar. Gerade nach einer längeren Krankheitszeit im Pflegebett ist das besonders wichtig. Es ist ein wohltuendes letztes Bild für die Angehörigen, wenn die Toten noch einmal ganz in der ihnen eigenen Schönheit erstrahlen.

Manchmal haben die Toten ihr „Letztes Kleid" schon zu Lebzeiten selbst ausgewählt oder sogar eigens dafür angefertigt. Manchmal wünschen Angehörige anstelle der Kleidung ein weißes Leintuch oder ein spezielles Totentuch, in das ihre Toten liebevoll gehüllt werden sollen. Auch das kann sehr würdevoll sein.

Einer meiner Leitfäden für die BARKE-Arbeit ist es, so mit den Toten umzugehen, wie ich es mir für mich selbst und meine Lieben, ob lebend oder tot, auch wünsche und würdevoll finde. So begann unser Lernen von den Toten.

Die Totenwaschung gehört heutzutage in Deutschland schon sehr lange nicht mehr zum üblichen Umgang mit den Toten. Diese (fast) vergessene Tradition haben wir mit unserer Arbeit wieder aufgenommen.

Dabei erlebten wir immer deutlicher eine bestimmte Veränderung bei den toten Menschen, die ich hier beschreiben will: Wenn wir sie mit unseren warmen Händen berühren, immer mit dem offenen Herzen in Kontakt und in einer inneren Haltung der Ehrung ihrer Körper, dann wird innerhalb kurzer Zeit ihr Gesichtsausdruck weicher, die Totenstarre (eine zeitweilige Unbeweglichkeit der Gelenke und Muskeln) löst sich meist sehr schnell, ebenso scharfe Falten und verkrampfte Hände – es scheint, als würden die toten Menschen noch auf unsere Berührung reagieren, und wir können spüren, wie sich durch das behutsame Waschen und das sanfte Berühren die Körper immer mehr entspannen. Manchmal helfen wir dabei mit langsamen Bewegungen, ähnlich der Feldenkrais-Methode.

Auf diese Weise enthüllte sich uns der Sinn dieses uralten Rituals: Wir können den Toten mit diesem letzten Liebesdienst dabei helfen, noch mehr in den Tod hinein loszulassen und sich ganz diesem neuen Zustand hinzugeben.

Die rituelle Totenwaschung ist bis heute noch Bestandteil vieler Religionen und Kulturen der Menschheit. Und sie war es auch bei uns bis weit in das 20. Jahrhundert hinein, als die Hebammen, die Weisen Frauen, oft noch beide Übergänge begleitet haben, die sich so ähnlich sind: Geburt und Tod.

Bis zu dieser Zeit wurden die meisten Menschen zu Hause geboren und durften auch in der Regel zu Hause sterben. Die Frauen, häufig die Hebammen, sorgten für die Totenwaschung, so wie sie auch die Neugeborenen wuschen. Danach wurden die Toten traditionell drei Tage und Nächte zu Hause aufgebahrt. Auch die traditionelle Totenwache während dieser Zeit wurde hauptsächlich von Frauen gehalten. Nachbarinnen brachten Essen und kümmerten sich um die wichtige Grundversorgung der Trauernden, damit sie in dieser Ausnahmesituation Raum für den Abschied hatten. Das christliche Rosenkranzbeten bei der Totenwache, das Singen und Klagen der Frauen erinnert an eine Kultur, wie sie es zum Beispiel in Griechenland heute noch gibt: die sogenannten Klageweiber, die über den Abschied von den Toten klagen und so die Trauer der nächsten Angehörigen mittragen, indem sie der persönlichen Trauer einen viel weiteren (Klang-)Raum geben (dazu mehr in Kapitel IV: Trauer: Die Kraft, die uns hilft, weiterzuleben).

Wenn wir Bestatterinnen der BARKE für eine Bestattung sorgen, dann laden wir die nahen Angehörigen immer dazu ein, uns zu begleiten, bei der Totenwaschung dabei zu sein und mitzumachen, wenn sie den Impuls dazu spüren. Bei den meisten Menschen braucht es Ermutigung zu diesem Schritt, denn die wenigsten hatten vorher eigene Erfahrungen mit dem Tod nahestehender Menschen, viele haben Angst davor oder hatten schon schlimme Erlebnisse. So gehört es auch zu unserer Begleitung, dass wir den Menschen alles in Ruhe erklären, auch ihre – nicht immer laut gesprochenen, aber doch vorhandenen – Fragen beantworten und ihnen auf diese Weise wieder behutsam einen natürlichen Umgang mit Tod und den Toten nahebringen.

Als erfahrene und gut ausgebildete Übergangsbegleiterinnen geben wir den Menschen viel Sicherheit, Ruhe und Zeit und öffnen den Herzensraum, in dem wirkliche Berührung erst möglich wird, auch für die, die „einfach nur" dabei sein mögen, wenn wir ihre Toten liebevoll, langsam und behutsam waschen, mit

Öl salben und ihnen sanft und vorsichtig die eigene Kleidung anziehen, ihnen diesen letzten Liebesdienst erweisen, ihre Persönlichkeit ehren und ihre Körper achten und würdigen – diese Wunder, die wir sind: immer absolut einzigartig.

Für die Waschung bringen wir unseren großen „Hebammen-Korb“ mit. Darin sind: große und kleine weiche Stoffhandtücher und mehrere Stoffwaschhandschuhe, eine Waschschüssel, Bio-Waschlotion, Bio-Körperöle, Bio-Duftöle, Kamm und Verbandsmaterial, falls nötig, und vieles mehr …

Der Körper ist bei der Waschung dabei in der Regel immer größtenteils dort mit den großen weichen Handtüchern oder einem Leintuch bedeckt, wo wir gerade nicht waschen, damit die Toten nie ganz entblößt liegen müssen. Gewaschen und versorgt wird nur so viel, wie in diesem Moment und für diesen Menschen im jeweiligen Zustand sanft gut machbar ist, oder entsprechend der Persönlichkeit, wenn wir zum Beispiel von den Angehörigen wissen, dass dieser Mensch körperliche Berührung nicht gerne mochte. Alles geschieht in der Achtung ihrer Würde.

So – und nur auf diese achtsame Weise – wird die Totenwaschung zu einem heilsamen Ritual, das die Angehörigen mit großer Dankbarkeit erfüllt: für dieses große Geschenk, das uns die Toten immer offenbaren, wenn sie auf diese Weise geehrt werden. Hier wird vielen Lebenden auch klar, dass sie mit sich selbst und ihren Körpern, mit ihrem Leben nun achtsamer sein wollen. – Die kostbare, unwiederbringliche Zeit mit den Toten ist ein Raum für das Wiedererinnern alten Wissens.

Oft sind es die Frauen, die mit uns gemeinsam die Toten waschen, ihre Körper liebevoll mit Öl salben, sie in ihre Lieblingsgewänder kleiden, manchmal in ihr eigenes Kissen betten und mit ihrer Lieblingsdecke zudecken. Manchmal tun wir dies auch alleine oder im Beisein der Angehörigen. Manchmal läuft dabei leise Musik im Hintergrund, die sie selbst mitgebracht haben, manchmal ist es ganz still, manchmal werden dabei Geschichten aus dem Leben der Verstorbenen erzählt, manchmal wird leise geweint.

Beim Versorgen ist auch in diesem Moment noch deutlich zu spüren, was die Toten brauchen und was ihnen „guttut“ – hier können wir wieder lernen, unseren Impulsen und unserer Wahrnehmung zu vertrauen. Dieses liebevolle Versorgen mit viel Zeit berührt sehr tief, macht Herzen weit und offen und ist ein gerade auch in tiefer Trauer beglückendes und heilsames Geschenk für die Lebenden – und nicht nur in meiner Wahrnehmung auch sehr deutlich ein Geschenk für die Toten.

„Was ist das: Totsein?“ Von einem sehr lebendigen Zustand

Viele möchten hier vielleicht fragen: „Warum ist das denn wichtig für die Toten? Was können die Toten denn noch davon spüren?“ Aber woher wissen wir das? Was wissen wir über die Wege der Seelen? Was wissen wir über die Zeit des Übergangs? Was bedeutet es, tot zu sein? *Wann* sind wir tot?

Tod ist ein lebendiger Zustand. Kein Gegensatz zum Leben – und doch handelt es sich um einen unumkehrbar vollkommen anderen Zustand als das Leben. Nicht wirklich zu verstehen und nicht vollkommen zu erklären. Wir können nur lernen, über dieses Wunder genauso zu staunen wie über das Wunder Geburt. In den nun bald 22 Jahren meiner Arbeit mit den Toten haben mir Angehörige nach dem Waschen und Ankleiden immer wieder Sätze wie diese gesagt: „Jetzt sieht er viel entspannter aus.“ – „Oh, jetzt erkenne ich sie wieder, jetzt ist sie wieder ganz sie selbst!“ – „Ich kann spüren, dass er angekommen ist und seinen Frieden gefunden hat.“ Oder: „Jetzt lächelt sie auf einmal und sieht ganz zufrieden aus.“ Das sind alles keine wissenschaftlichen Beweise. Aber mir reicht es, um zu wissen, dass unsere liebevollen Berührungen bei der Totenwaschung auch bei den Toten ankommen, auf welchem Weg auch immer.

Hier ein Briefwechsel mit Frau M., deren Vater wir begleitet und bestattet haben. Mit ihrer freundlichen Erlaubnis darf ich aus ihrem Brief zitieren. Ich hatte am Grab, wie schon oft, meinen „BARKE-Grabsegen“ gesprochen. Das tue ich auf Wunsch der Angehörigen oder auch dann, wenn ich die Trauerfeier leite. Frau M. hat mich nach der Bestattung ihres Vaters per Mail gefragt, ob sie diese Worte schriftlich zur Erinnerung von mir bekommen könnte, worauf ich ihr antwortete:

„Liebe Frau M.,

es tut mir leid, ich verstehe Ihren Wunsch, aber ich kann Ihnen meinen BARKE-Grabsegen nicht senden. Ich habe ihn vor vielen Jahren geschrieben und spreche ihn jedes Mal ein wenig anders. Immer in der Herzensverbindung mit den Toten und der Erde mit ihren elementaren Kräften und der Körperweisheit: die Grundlagen unserer Arbeit. Die Worte des Grabsegens sind ein Geschenk, das durch unsere besondere Begleitung der Toten hörbar in die Welt gekommen ist und sie

benötigen einen besonderen Umgang, damit der Zauber nicht verloren geht. Es kommt sehr darauf an, wer sie wie und von welchem Boden aus spricht. Ein Teil des Grabsegens ist:
,Wir sind Erde.'
Was das wirklich bedeutet, muss vom derzeit herrschenden Teil der Menschheit erst wieder im ganzen Körper gefühlt und gelebt werden, damit diese unfassbare Zerstörung ein Ende haben wird.
Durch das Sprechen des ,Segens' bei einer Bestattung gebe ich meinen Teil dazu, denn es kommt immer etwas davon im Herzen der Menschen an – aber am besten wirkt das in Verbindung mit den Toten, die wir begleiten. Sie unterstützen dieses Wirken immer.
Ich hoffe, Sie haben Verständnis!
Alles Gute!
Mit herzlichen Grüßen
Ajana Holz"

Darauf erhielt ich einige Zeit später einen handschriftlichen Brief von ihr. In diesem beschreibt sie sehr gut, wie der Abschied für sie und für ihre Familie war und wie sie sich in den Monaten danach gefühlt hat. Ich finde es sehr kostbar, solche persönlichen Erfahrungen aus der Perspektive der Abschiednehmenden hier in diesem Buch teilen zu dürfen:

„Liebe Frau Holz,
[...]. Ich kann sehr gut verstehen, dass Sie den Grabsegen nicht aufschreiben und weitergeben können, und ich danke Ihnen für die ausführlichen Zeilen.
Es hat mich sehr berührt, dass der Segen für die Toten ist und die Erde und das Bewusstsein der Lebenden, die Erde zu schützen. Ich danke Ihnen für den Satz: ,Wir sind Erde.' Damit kann ich viel anfangen.
Ich möchte Ihnen und Frau Altenhöfer[35] noch einmal ganz herzlich danken für

35 Gwendolin Altenhöfer ist meine sehr geschätzte langjährige Freundin, Kollegin und Mit-Bestatterin, eine wahrhaft berufene Übergangsbegleiterin.

die wunderbare, liebevolle und spirituelle Begleitung meines Vaters und unserer Familie.
Ich habe meine Mutter selten so lebendig erlebt wie das erste Halbjahr nach der Einsargung und Totenwaschung meines Vaters. Und auch ich habe mich bei meinem Besuch bei Ihnen in Schwäbisch Hall in Ihrem Haus und bei meinem Vater, in dem hellen freundlichen Raum, gut aufgehoben und geborgen gefühlt.
Ich glaube, auch für meinen Vater war es ein Geschenk, bei seinem Übergang in dieser sicheren, verständnisvollen, wissenden Atmosphäre begleitet zu sein. Ich wusste ihn in guten Händen, und ich habe an seinem Sarg stehend eine Ruhe gespürt, die ich im Zusammenhang mit ihm so nicht kannte. Auch die Trauerfeier haben Sie und Frau Altenhöfer liebevoll und würdevoll getragen. Die ‚Blumenwiese‘[36] *und das schlichte Bild meines Vaters waren wunderschön. Durch Ihre besondere, spirituelle Begleitung ist der Tod für mich wieder lichtvoller und natürlicher geworden. Vielen Dank.*
Ihre Begleitung und die Erlebnisse durch den Tod meines Vaters haben mich geöffnet für mehr Wissen über Tod und Übergang und ich möchte Sie fragen, ob Sie Ihr Wissen in irgendeiner Weise auch […] weitergeben […].
Ich würde mich sehr freuen, Ihnen in irgendeiner Weise wieder zu begegnen. Ich wünsche Ihnen alles Gute für Ihre besondere Arbeit,
mit herzlichen Grüßen,
A. M.“

In diesem Brief werden für mich einige der „Geschenke der Toten“ sehr deutlich, die bei den Lebenden ankommen können, wenn sie gut begleitet Zeit mit ihren lieben Verstorbenen bekommen und ein persönlich stimmiger Abschied ermöglicht wird. Frau M. beschreibt die Lebendigkeit ihrer Mutter nach dem gemeinsamen Waschen und Betten in den Sarg sowie ihr eigenes Empfinden von Aufgehobensein und Ruhe, als sie bei ihrem toten Vater verweilt. Immer wieder hören und sehen wir Ähnliches bei Angehörigen, die wir dabei begleiten, noch einmal mit ihren Toten zu sein. Eine Lebendigkeit, eine große Kraft,

36 ein besonders gestalteter Blumenschmuck für die Urne

die sich entfaltet und sie weiterträgt – oft zu ihrer eigenen Verwunderung, hatten sie doch eher mit Schwere und niederdrückender Traurigkeit gerechnet, wenn sie es wagen, die geliebten Menschen als Tote zu sehen oder gar zu berühren. Und nicht zuletzt öffnen sich durch diese Erfahrung oft Türen für die Menschen, sie machen sich auf den Weg, mehr herauszufinden über den Tod und das Leben, wie Frau M. es zum Abschluss ihres Briefes für sich zum Ausdruck bringt.

DIE BARKE: Totenschiff auf dem Totenfluss

Natürlich hat der Name „DIE BARKE“ ganz wesentlich mit dem kleinen Holzboot zu tun, an dessen Seite ich bei der Begleitung der Frauenstatuette aus Holz zum ersten Mal so deutlich spüren konnte, dass hier mein Platz ist. Mythologisch betrachtet ist die Barke überall auf der Welt zu finden. Sie ist das Totenschiff, das die Toten über den Totenfluss bringt, auf die andere Seite: vom Land der Lebenden ins Land der Toten. Die Barke und der Fluss, auf dem sie fährt, sind uralte Symbole für diesen großen Übergang. Der Fährmann/die Fährfrau begleiten auf diesem Weg.

Eine der bekanntesten Sagen aus der Mythologie erzählt vom Fluss Styx, der die Grenze zwischen der Welt der Lebenden und dem Totenreich Hades bildet. Die Toten werden von Charon, dem Fährmann/der Fährfrau, auf einer Barke über den Fluss hinüber auf die andere Seite gefahren. Damit sie Charon bezahlen konnten, wurde den Toten eine Münze (Obulus) unter die Zunge gelegt und mit in ihren Tod gegeben. Dieser Brauch fand sich noch lange in vielen Kulturen.

Die Barke ist für mich auch Symbol für das letzte Gefährt, in das die Toten gelegt werden. Sie ist ein anderes Bild für den Holzsarg: das letzte Bett, die letzte Behausung, ein Seelen-Boot. Und eine Wiege lässt sich ebenfalls darin sehen … Anfang und Ende, geborgen und geschützt.

Wir werden auch oft gefragt, ob ein Sarg gesetzlich vorgeschrieben ist (ja, das ist er in der Regel – dazu mehr in Kapitel VII: Rechtliches: Darf ich … einen Sarg selber bauen? …). Viele Menschen haben Angst vor der Vorstellung, dort einmal hinein zu müssen.

Doch diese letzte „Behausung“ ist auch Schutz. Vor den unerwünschten Blicken der neugierigen Unbeteiligten, vor ihrem Entsetzen, das aus der Angst vor Tod erwächst, vor der schweren Erde beim Begräbnis …

Bei der Feuerbestattung liefert er das Holz, das zur Verbrennung tatsächlich benötigt wird. Ein Sarg gibt auch Geborgenheit. So können wir die Toten sicher und geborgen tragen.

Wir lassen schon seit Jahren bei Seminaren die TeilnehmerInnen im Sarg „Probe liegen“, wenn sie besondere Angst davor haben. Das haben wir auch schon manchmal bei einer Bestattungsbegleitung gemacht. Einmal hatten wir gerade den Sarg in die Wohnung gebracht, um die alte verstorbene Dame behutsam dort hinein zu betten, als ihre Tochter uns darum bat, vorher selbst darin liegen zu dürfen. Sie fand die Vorstellung, in einem geschlossenen Sarg zu sein, schon ihr Leben lang ganz schrecklich und wollte ihre geliebte Mutter am liebsten gar nicht in dieses scheinbar enge und dunkle Gefängnis geben.

Also legte sie sich hinein, auf die weiche Matratze aus Holzwolle in Vlies, mit weißem Baumwolltuch bezogen, auf das weiche Baumwollkissen, gefüllt mit duftenden Sägespänen. So bereiten wir selbst das letzte Bett im Sarg immer liebevoll: bequem und natürlich.

Dann wollte sie, dass wir den Deckel über ihr schließen. Wir taten, wie geheißen, und mussten noch versprechen, den Deckel sofort wieder zu öffnen, wenn sie es nicht mehr aushielt. Danach blieb es lange still. Wir klopften vorsichtig und fragten, ob alles in Ordnung sei. Sie sagte ja und sie wolle noch ein wenig länger so verbleiben. Als wir den Deckel nach einer Weile auf ihr Signal wieder anhoben, lag sie ganz entspannt und mit einem seligen Lächeln darin und sagte: „Das war so schön! Diese Ruhe …! Die Dunkelheit und der Sarg haben sich überhaupt nicht beengend angefühlt. Da war ganz viel Raum. Ich fühlte mich sehr geborgen.“ So konnte sie viel leichteren Herzens ihre geliebte Mutter mit uns zusammen sanft in diesen Sarg betten – und den Deckel schließen, bevor wir ihre Mutter, auf diese Weise nun gut geschützt im Sarg, durchs Treppenhaus des Mehrparteienwohnhauses hinausgetragen haben in unseren Bestattungsbus.

Mobil & bundesweit: Ein anderes Netzwerk

Seit 1999 fahren wir überallhin in Deutschland, um Menschen zu begleiten – die Lebenden und die Toten, denn beide Seiten nehmen voneinander Abschied – bei diesem wichtigen Übergang, in der kostbaren Zeit zwischen Tod und Bestattung, in der die ersten Trittsteine auf dem Weg der Trauer gelegt werden.

Wir organisieren, begleiten und leiten jeweils vor Ort die gesamte Bestattung. Wenn wir gerufen werden, wird erst einmal Wesentliches am Telefon geklärt. Dann machen wir uns in unserem weinroten BARKE-Bestattungsbus auf den Weg mit dem Sarg, unserem „Hebammen-Korb" und allem, was zur Bestattung benötigt wird, und bleiben circa ein oder auch mal zwei Tage vor Ort, um alles in Ruhe zu besprechen und den Abschied zu begleiten. Falls eine Übernachtung nötig wird (meist ab ca. 300 Kilometern Anfahrt), kümmern wir uns im Vorfeld selbst darum, damit die Privatsphäre der Trauernden gewahrt bleibt. Je nachdem übernachten wir dann in einem Hotel oder einer Pension, manchmal auch in einer Ferienwohnung. Wir kommen durch unsere mobile Bestattungsarbeit an viele verschiedene Orte, in große und kleine Städte, und in kleine Dörfer auf dem Land. Nicht nur zu Bestattungen: Wir werden auch deutschlandweit zu Vorträgen und Fortbildungen eingeladen.

Wir übernehmen alles, was andere Bestattungsunternehmen auch tun: Formalitäten bei Behörden, Organisation der Feier, Überführung der Verstorbenen zum Friedhof oder Krematorium und vieles mehr. Wenn gewünscht, übernehmen wir auch die Leitung der Feier und halten die Rede (mehr dazu später im Buch) und fahren dafür auch manchmal ein zweites Mal an diesen Ort. Trotz unseres viel größeren Aufwandes auf vielen Ebenen liegen unsere Kosten im durchschnittlichen Bereich der deutschen Bestattungsunternehmen und wir geben selbstverständlich bei Beratungen und bevor wir zu einer Bestattung fahren detaillierte Kostenberechnungen.

DIE BARKE ist ein bundesweit mobiles Bestattungsunternehmen, weil wir so auch das Netz im ganzen Land weben und auf diese Weise helfen, überall Erinnerungen wieder ins Bewusstsein zu heben, die in Vergessenheit versunken sind. In dem wir überall dort hinfahren, wohin wir gerufen werden, können wir überall den Menschen Mut machen und sie dabei unterstützen, die eigenen Wege zu gehen beim Abschied. Zum Beispiel sich wieder auf alte, fast vergessene Traditionen wie die Hausaufbahrung zu besinnen. So können wir an vielen Orten dabei helfen, die Angst vor Tod zu verlieren. In dieser langen Zeit konnten wir schon an einigen Orten Veränderungen anregen, die auch andere Menschen ermutigt haben, sich beim Abschied von lieben Menschen nicht alles aus der Hand nehmen zu lassen und diesen letzten Weg so zu gestalten, wie er denjenigen, die gestorben sind, wirklich entspricht. Und genau das hilft auch den Trauernden. Auf unseren Wegen durch dieses Land haben wir ein Stück weit das kollektive Bewusstsein und unsere Bestattungskultur mit verändert. Und tun das weiterhin.

„Ist das nicht zu schwer?“ Warum das Mütter und Pflegende selten gefragt werden

Ein Frage, die immer wieder auftaucht. Ganz langsam beginnt sich da aber etwas zu ändern, weil glücklicherweise immer mehr junge Frauen diesen Beruf ergreifen, seitdem er seit 2007 nun ein offizieller Ausbildungsberuf ist.

Die körperlich schwere Arbeit, die Frauen alltäglich ziemlich unbeachtet tun, wie zum Beispiel Kinder tragen, Kinderwägen und Einkäufe schleppen, sämtliche Versorgungsarbeiten zu Hause bis hin zur häuslichen Pflege der Eltern, wird dagegen als selbstverständlich vorausgesetzt und weder hinterfragt, noch bezahlt. Auch dadurch haben Frauen in der Regel nur eine sehr kleine bis gar keine Rente: Die Folge für viele ist Armut im Alter.

Genauso ist es in der Pflegearbeit: Da wird von Frauen ganz selbstverständlich schwere körperliche Arbeit verlangt. Die gesellschaftliche Wertung spiegelt sich hier wider: Im gesamten Care-Bereich (Care = Sorge und Pflege) wird relativ wenig oder nichts verdient, aber sehr viel verlangt, denn das ist eine traditionell „weibliche“ Arbeit. Aber wenn Frauen in traditionell „männlichen“ Bereichen arbeiten, dann werden ihre Fähigkeiten schnell infrage gestellt und sie bekommen oft nicht den gleichen Lohn.

Als Bestatterinnen haben wir es natürlich auch mit schwerer körperlicher Arbeit zu tun. Wir müssen Verstorbene vom Bett oder der Stahlwanne (in der Klinik) in den Sarg umbetten und sie manchmal durch enge Wohnungen oder Treppenhäuser tragen. Sehr oft gibt es zu kleine Aufzüge, sogar noch in manchen Pflegeheimen. Das professionelle Meistern der Herausforderungen im Alltag unseres Berufes beinhaltet auch, dass wir die Toten sicher, sanft und würdevoll aus dem Haus tragen.

Ein Transport nur im Plastikleichensack ist normalerweise unnötig und Angehörigen sollten solch quälende Erinnerungen, wenn möglich, erspart werden. Wir haben gutes Handwerkszeug wie zum Beispiel einen Sargwagen und für schwierige Fälle eine Bergungsbahre (mit drei Sicherheitsgurten) und können das in aller Regel damit ohne Probleme auch zu zweit meistern.

Aber oft genug sind Angehörige gerne bereit, zum Beispiel mit uns gemeinsam ihre Verstorbenen aus dem Haus zu tragen, denn auch das ist ein letzter Liebesdienst. Manche können sich nicht vorstellen, beim Waschen und Ankleiden dabei zu sein, finden aber in der Möglichkeit die Toten zu tragen ihre Form, aktiv Abschied zu nehmen und in Berührung zu gehen. In jedem Fall hilft es vielen, bei diesen Schritten mitmachen und mitgehen zu können.

IV Für eine lebendige Bestattungs- und Trauerkultur!

Trauerfeiern: Bunte Feiern des Lebens

Eine Trauerfeier ist immer auch eine Feier des Lebens der Verstorbenen. Es ist eine Abschiedsfeier, bei der die Menschen zusammenkommen, die diese Tote/diesen Toten gekannt haben. Hier wird das vielfältige Beziehungsgeflecht eines Menschenlebens sichtbar: (Wahl-)Familien, (Wahl-)Verwandte, aktuelle und Ex-PartnerInnen, Freundinnen und Freunde, Kinder, Stiefkinder, Patenkinder, Enkelkinder, KollegInnen, die Nachbarschaft, die Gemeinschaft … All diese Menschen sind für mich Angehörige. Manche sind näher verbunden, manche nicht so nah. Und das sehr oft völlig unabhängig vom legitimierten Verwandtschaftsgrad. Es gibt meist verschiedene Kreise um die Toten: nahe und entferntere Beziehungen … Manchmal sind aber in den offiziell entfernteren Kreisen ganz nahe und wichtige Beziehungen unsichtbar versteckt und umgekehrt. Daher ist es mir sehr wichtig, dass Angehörige immer diejenigen sind, die sich den Toten zugehörig und (seelen-)verwandt fühlen. Ob Herkunftsfamilie oder Wahlfamilie: Es sind diejenigen, die den Toten im Leben nahe waren, auf die eine oder andere Weise zu ihrem Leben gehört haben, die dieses Leben ein Stück weit miteinander gelebt haben. Angehörige sind die Menschen, die mit den Toten auf unterschiedlichste Weise verbunden waren und es immer bleiben werden: ein bunt schillerndes Netz, auch wenn das nur selten in einer Feier ganz sichtbar wird.

Die Trauerfeier ist die Zeit, in der öffentlich über die verstorbene Person gesprochen wird, nämlich dadurch, dass ihr Leben gewürdigt und aus diesem Leben erzählt wird. Meist tut das zum Beispiel nur die Pfarrerin, der Priester oder ein/e TrauerrednerIn. Manchmal reden aber auch Menschen auf einer Feier, die die Verstorbenen persönlich gekannt haben. Das ist oft sehr berührend.

Der Raum kann farbenfroh gestaltet werden, nicht nur mit Blumen, sondern auch mit Tüchern und anderen Elementen. Kerzen sind eigentlich immer dabei und geben ein warmes, tröstendes Licht. Das Anzünden von Kerzen kann auch in den Ablauf der Feier einbezogen werden: Menschen entzünden während der Feier einzeln oder in kleinen Gruppen kleine Lichter am Sarg oder der Urne. Langsam wird der Wandel hier und da in unserer Bestattungskultur auch sichtbar: Mehr und mehr kommt der Mut zur Farbe (anstatt oder zusätzlich zum traditionellen Schwarz), immer öfter gibt es persönlichere Gestaltungen und Elemente, bei denen die Trauergemeinde mit einbezogen wird. Lieblingsmusik wird gespielt, oder Lieblingslieder miteinander gesungen. Auch wenn es keine typische Trauermusik ist.

Das tut gut und hilft den Trauernden. Es ist wichtig, dass das Leben der Verstorbenen in dieser Feier noch einmal sichtbar und deutlich wird und die Persönlichkeit, das Wesen der Verstorbenen, das, was sie ausgemacht hat, ihre Einzigartigkeit in vielen Facetten noch einmal aufleuchten darf.

Wenn mehrere der Abschiednehmenden etwas erzählen oder ihre Briefe vorgelesen werden, setzt sich ein vielfältigeres Erinnerungsbild zusammen. Auf diese Weise hören manche zum ersten Mal etwas aus einem Teil des Lebens der verstorbenen Person, das sie so noch gar nicht gekannt haben: Die Familie erfährt vielleicht mehr von wichtigen langjährigen Freundinnen und Freunden, KollegInnen erfahren von der Kindheit und Jugend und vieles mehr. Es kann sehr bewegend und schön sein, wie sich diese Facetten aus den verschiedenen Lebensaltern und -bereichen zu einem größeren Bild zusammenfügen. So werden Geschichten und Erinnerungen miteinander geteilt. – Auf einer Trauerfeier sollten die Toten noch einmal in unsere Mitte genommen werden.

Mein „Hebammen-Wissen" sagt mir, dass auch die Toten hier noch einmal Abschied nehmen von ihrem Leben und ihren Lieben. Es ist eine Ehrung der Verstorbenen und ihres Lebens, wenn Geschichten aus ihrem Leben erzählt werden, Geschichten, wie sie die Lebenden erfahren haben – das schafft Raum für den Abschied. Dies kann zusätzlich dadurch unterstützt werden, dass die Feier so gestaltet wird, dass der Sarg in der Mitte steht und die Abschied nehmenden Lebenden in weiten Halbkreisen darum herum sitzen oder stehen.

Eine Trauerfeier kann grundsätzlich überall stattfinden. Es muss nicht in einer Friedhofskapelle, in einer Trauerhalle oder in der Kirche sein. Wir haben zum Beispiel in einem Kleingarten eine Trauerfeier organisiert und begleitet, weil ihr Garten der absolute Lieblingsplatz der verstorbenen Frau war und alle wussten, wie gern sie dort gewesen ist. Dort wurde auch der Sarg bemalt – von allen, die wollten – und so hatten auch die Kinder während der Feier etwas Schönes beizutragen und waren mittendrin.

Trauerfeiern können an einem geschützten Platz in der Natur stattfinden, im eigenen Garten oder in einem privaten Raum, im Nebenraum einer Gaststätte oder in einem Fest-/Gemeindesaal oder in einer Schulaula … Je nachdem, welcher Ort zur verstorbenen Person und ihren Lieben gut passt und wo es gut machbar ist.

Das und vieles andere können die Angehörigen selbst bestimmen. Manchmal ergibt sich neben der Gestaltung auch der Ort der Trauerfeier erst bei unserem ausführlichen Beratungsgespräch, wenn die Menschen wissen, dass sie die Wahl haben. Vieles kann dann in sehr kurzer Zeit mit unserer Hilfe organisiert werden.

Oft schon haben wir angeregt, zu einem bestimmten Zeitpunkt während der Feier mit den anwesenden Menschen einen Kreis um den Sarg zu bilden. Entweder in der Trauerhalle, wenn möglich, oder auch draußen auf dem Platz davor oder einem anderen freien Platz auf dem Friedhof oder im Wald bei Baumbestattungen.[37]

Bei Frauen, die selber Kreistänze getanzt oder geleitet haben, wurde auch schon ein langsamer einfacher Kreistanz im weiten Kreis um den Sarg getanzt oder die Menschen wiegten sich einfach nur zur Musik in diesem großen Kreis. Manchmal halten sich alle für einen kurzen Moment an den Händen. Der Kreis wird geschlossen. Alle sind miteinander verbunden.

Der Kreis ist eine wunderbare Form: Wir könnend dadurch ganz real noch einmal die Toten in unsere Mitte nehmen und wir sind selbst gehalten im Kreis. Das hilft den Trauernden und ist immer ein bewegendes Ritual.

Unter Ritual verstehe ich eine Handlung, die wir jedes Mal neu gestalten, im Gespräch mit den Angehörigen und damit immer zum Leben der Verstorbenen passend und immer sinnvoll für die lebenden Abschiednehmenden. Dies gilt natürlich für den Abschied am Totenbett oder am Sarg genauso wie für die Trauerfeier sowie den gesamten Ablauf der Bestattung.

37 Wie bereits an früherer Stelle erwähnt, gibt es hierzulande die Waldbestattungen unter Bäumen außerhalb von Friedhöfen ausschließlich für Urnen. Es gibt auch kleine lokale Anbieter und manchmal kann dadurch ein näher liegender Bestattungswald gefunden werden.

Nicht für alle ist der Kreis sinnvoll oder nicht immer ist er machbar. – Dies sind nur Anregungen, Einladungen, die helfen, das herauszufinden, was für die jeweiligen Menschen in ihrer momentanen Situation und für ihr Leben jetzt passt. Und das kann sich mit der Zeit verändern. Was ich mir heute wünsche, muss in 20 Jahren nicht unbedingt noch passend sein. Und auch so manche für lange Zeit mir Lieben und Nahestehende können bis zu meinem Tod schon lange aus meinem Leben verschwunden sein.

Viele Gestaltungsideen kommen von den Angehörigen selbst. Wir regen manchmal Ideen an und unterstützen alles, was möglich ist.

Einmal hat eine große Gruppe von Freundinnen einer Verstorbenen in der großen alten Trauerhalle, wie sie in manchen Großstädten auf Friedhöfen zu finden ist, um den Sarg herum Herbstblätter verteilt. Und das in großen Mengen, sodass der ganze Boden zu weiten Teilen um den Sarg herum damit bedeckt war. In diesem „Naturraum", den sie so schön geschaffen hatten, stellten sie auf Staffeleien und auf dem Boden ein paar der Kunstwerke der Verstorbenen aus.

Beeindruckt hat mich dabei unter anderem, in welcher Schnelligkeit und wie effizient die Frauen dabei waren: In großen Müllsäcken brachten sie das Laub, verteilten es und stellten die Gemälde und Kunstgegenstände auf. Nach der Feier haben sie alles genau so schnell wieder aufgeräumt, sodass in kürzester Zeit absolut nichts mehr zu sehen war – kein einziges Blättchen. Und das musste auch so sein, denn in großen Städten gibt es meist eine sehr enge Zeitvorgabe für und zwischen den Trauerfeiern.

Es war sehr schön für mich, einmal bei dieser Handlung, einen Raum zu bereiten, von außen zusehen zu dürfen. Das mache nämlich sonst immer ich bei den Trauerfeiern. Was so lapidar als „Dekorieren" bezeichnet wird, ist (nicht nur) in meiner Arbeit so viel mehr: Ich schaffe den Raum für diesen Abschied und dieser Raum ist immer einzigartig. Er ist so auch eine tragende Grundlage für die Abschiedsfeier, für die Menschen in ihrer Trauer. Mit verschiedenfarbigen Tüchern und Kerzen, Blumen und Pflanzen (vom Blumenladen oder aus dem Garten oder vom Feld – je nach Jahreszeit und Wünschen) und allerlei anderen Elementen schaffe ich jedes Mal vor der Trauerfeier den Raum, der für diese/n Verstorbene/n jetzt stimmig ist: sei es nun bunt oder ganz natur, in warmen Orange- und Gelbtönen mit dunklem Rot, nur Frühlingsgrün oder nur Bordeauxrot mit Weiß oder ganz schlicht und hell oder Silber und Dunkelblau oder Violett oder nur Weiß oder in allen Regenbogenfarben … Was auch immer gerade passend ist für diesen Menschen jetzt, üppig oder schlicht, viele Kerzen in allen Größen oder nur ein paar wenige, in Windlichtern, Laternen, Teelichter auf golden schimmernden Tellern …

Den Raum gestalten, die Farben wählen und zusammenstellen, das mache ich immer intuitiv und entsprechend den Informationen aus den Gesprächen mit den Angehörigen über die Verstorbenen. Und meinem eigenen Kontakt mit ihnen, wie ich sie erlebt habe bei der Totenwaschung, bei der wir fast immer dabei sind (außer in den seltenen Fällen, in denen die Angehörigen ihre Toten ohne unsere Hilfe versorgen).

Oft wird auch ein Foto der Verstorbenen vergrößert, gerahmt und auf eine Staffelei gestellt. Darum kümmern meist wir uns, wenn uns die Angehörigen das Foto übergeben. Manchmal werden sogar mehrere Fotos aus verschiedenen Stationen ihres Lebens aufgestellt. Es liefen auch schon Bildpräsentationen während der Trauerfeier, an die Wand in der Trauerhalle oder eine aufgestellte Leinwand projiziert, mit Fotos aus dem Leben der Verstorbenen. Diese Ideen kommen immer von den Angehörigen und sie kümmern sich dann auch meist und gerne selbst darum. Auch das ist eine Möglichkeit, noch etwas zu tun in dieser Zeit der Trauer. Für so manche ihr Ausdruck der Trauer und ihr letzter Liebesdienst.

Angehörige haben auch schon verlangt, dass das manchmal übergroße Kreuz in der Trauerhalle, das dort meist fest installiert ist, mit Tüchern verhängt wird. Ich finde, das ist ein legitimer Wunsch und die öffentlichen Trauerhallen auf Friedhöfen sollten neutral gestaltet sein, denn es gibt nicht nur christliche Menschen, sondern viele, die eine andere Religions- oder Glaubenszugehörigkeit haben, sich keinem spirituellen oder religiösen Glauben zugehörig fühlen oder ein ganz anders spirituelles Verständnis der Welt haben. Es zeugt nicht gerade von der gesetzlich verankerten Religionsfreiheit, wenn Menschen bei einer Bestattung das christliche Symbol aufgezwungen wird.

In der Schweiz wurde mir einmal die Trauerhalle in einer größeren Stadt gezeigt. Der Friedhofsmitarbeiter war sehr stolz darauf, dass die gesamte große lichterfüllte Halle und die klassisch bemalten Wände völlig frei von religiöser Symbolik sind. Damit dort eben alle auf ihre Weise Abschied nehmen können. Das fand ich sehr respektvoll und das wünsche ich mir auch für dieses Land hier mehr. Denn das Verhängen des Kreuzes kann christliche Trauergäste verletzen. Ein Schritt in die respektvolle Richtung für alle Seiten ist ein tragbares

Kreuz, da wir in einer sehr christlich geprägten Kultur leben. Und das gibt es mancherorts auch schon.

In manchen Orten in der Schweiz wird die Bestattung übrigens von der Stadt bezahlt. Darin enthalten ist unter anderem ein ganz einfacher Sarg und das Begräbnis mit Grabplatz auf dem Friedhof. Angesichts unserer explodierenden Friedhofs- und Grabgebühren und der Bestattungskosten wäre das für viele Menschen hierzulande eine sehr große Entlastung.

Auch wenn die Trauerfeier nicht bunt gestaltet wird, so ist doch zu wünschen, dass die Worte, die dort gesprochen werden, und die Musik, die ausgewählt wurde, das Leben und die Persönlichkeit des jetzt toten Menschen noch einmal lebendig werden lassen. Das ist wirkliche Würdigung der Verstorbenen und das hilft den Trauernden.

Schon ein einziges Gestaltungselement, zum Beispiel ein Lieblingslied, das gespielt oder gesungen und als solches auch angekündigt wird, kann den Unterschied machen zwischen einer unpersönlichen Feier und einem bedeutungsvollen Ritual, bei dem die Menschen sich wirklich berührt fühlen. Natürlich ist es oft genau dieses Berührtsein, wovor sich die Menschen fürchten. Manche sagen: Wenn ich dieses Lied höre, muss ich bestimmt weinen. Und das auch noch vor all den Leuten.

Ich habe jedoch noch nie Menschen sagen hören, dass sie ihren Mut bereut haben, etwas Persönliches in die Feier aufzunehmen. Im Gegenteil: Eine berührende und schöne Trauerfeier, bei der miteinander geweint werden kann, gibt wirklichen Trost und macht tatsächlich trotz aller Trauer auch glücklich. Das habe ich schon oft bei den Menschen, die ich begleitet habe, erleben dürfen.

Abschiedsreden: Die Ehre, aus dem Leben von ZeitzeugInnen erzählen zu dürfen

Manchmal ist es gewünscht, dass meine Kollegin oder ich die Trauerrede halten. Das ist für uns immer eine besondere und ehrenvolle Aufgabe.

In der Zeit der Begleitung erfahren wir oft viel aus dem Leben und über die Persönlichkeit der Toten. Wir sind nicht nur beim Trauergespräch bei den Angehörigen, wie das bei PfarrerInnen und TrauerrednerInnen sonst meist der Fall ist. Wir lernen die Angehörigen über einen längeren und sehr intensiven Zeitraum kennen. Wir haben die Toten (fast immer) berührt und getragen und in ihr letztes „Bett“: den Sarg gebettet. Nicht nur mit unseren Händen, auch mit unseren Herzen.

Wir haben die Tränen gesehen und das Lächeln bei bestimmten Erinnerungen und den Trost gespürt, den die Trauernden erfahren durften, die, von uns begleitet, bei ihren Toten waren.

Dann erzählen die Lebenden uns noch einmal in Ruhe die Lebensgeschichten, die bei der Feier erzählt werden sollen. Wir hören dabei auch vieles, was nicht für die Öffentlichkeit bestimmt ist. So bekommen wir ein Gefühl und einen tieferen Einblick in das Leben und können dann diesen Eindruck vermitteln, auch wenn bestimmte Dinge nicht in der Rede ausgesprochen werden.

Das ist immer ein Geschenk, dieses Vertrauen, das uns entgegengebracht wird. Und es ist ein Geschenk, was wir erfahren aus diesen Leben, von denen wir alle lernen dürfen.

ZeitzeugInnenberichte aus der Zeit des Krieges, wie Menschen Flucht erlebt haben, wie sie sich gegenseitig beim Überleben geholfen haben, wie Frauen als Mädchen so oft nicht das tun und lernen durften, was sie sich zutiefst gewünscht haben, weil sie heiraten sollten und deshalb vermeintlich eine Ausbildung Verschwendung gewesen wäre. Wie viel Potenzial an Wissen und Erfindungsgeist hier tatsächlich verschwendet wurde und immer noch verloren geht auf der Welt …

Wie diese Frauen dann doch ihren Weg gegangen sind und manchmal spät und trotz aller Hindernisse ihre Wünsche noch umsetzen konnten. Wie sie ihre Kinder unter oft unglaublich schlechten Bedingungen ernährt, versorgt und beschützt haben. Erfindungsreich, beherzt und mutig. Wie ein bescheidener Mann sein Leben riskiert hat, um ein paar jüdische MitbürgerInnen zu retten, einfach deshalb, weil sein Herz und sein Verstand ihm geboten, dies zu tun. Heldinnen- und Heldengeschichten erfahre ich hier immer wieder, die mich berühren und bewegen. Es ist so wichtig, von diesen Geschichten zu erfahren und sie öffentlich zu teilen. Gelebte Geschichte.

Eine besonders schöne Aufgabe beim Abschied von den Toten. Es ist uns immer eine Ehre.

Oft ist es auch sehr schön, wenn noch andere sprechen; diejenigen, die mit der oder dem Toten im Leben verbunden waren, sei es durch Arbeit, Freundschaft, gemeinsames Engagement oder anderes, wenn mehr Facetten von Beziehungen dieses Lebens sichtbar werden dürfen.

Wir bieten immer auch an, Briefe vorzulesen von denjenigen, die sich nicht vorstellen können, dass sie emotional dazu in der Lage sein werden, an diesem bewegenden Tag selbst zu sprechen oder aus Gründen des Alters, der Gesundheit oder der Entfernung nicht selber zur Feier kommen können. So werden ihre Stimmen und das, was sie zu erzählen haben, trotzdem gehört.

Der Raum der Stille ist auch eine schöne Handlung innerhalb einer Trauerfeier: Alle halten für wenige Minuten gemeinsam stille Andacht im Gedenken an die Toten. Wenn ich die Trauerfeier leite und/oder die Rede halte, lade ich zum Raum der Stille ein und beschreibe dies als eine Zeit für die eigenen Bilder, Erinnerungen und Gedanken an die Verstorbenen, Zeit für gute Wünsche und für alles, was noch nicht gesagt wurde, Zeit, um zu verzeihen oder um Vergebung zu bitten oder um sich zu bedanken …

Und manchmal, wenn wir das vorher mit den Angehörigen so besprochen haben und es gewünscht ist, lade ich auch dazu ein, dass noch etwas spontan gesagt und geteilt werden darf. Nicht selten gibt es dann noch unerwartete Beiträge, kleine, manchmal durchaus auch lustige Geschichten oder tief aus dem Herzen kommende Dankesworte an die Toten.

Bei einer Trauerfeier darf auch gelacht werden. Das müssen wir immer wieder betonen und so manches Mal die Erlaubnis dafür geben. Ja, eine Trauerfeier darf und sollte auch schön sein. Und wenn lustige Anekdoten erzählt oder über besondere Eigenheiten der Verstorbenen berichtet wird, bei denen viele lachen müssen, weil sie darin auch ihre eigene Erinnerung gespiegelt finden, dann ist das eine wunderbare, tröstende Verbindung für die Trauernden – miteinander und mit den Verstorbenen …

Unsere Leben und die der meisten Menschen sind ja hoffentlich nicht nur traurig und ernst gewesen. Lachen und Weinen gehört beides dazu. Auch und gerade bei einer Trauerfeier – der Feier eines Lebens.

Alte Traditionen werden wieder lebendig: Hausaufbahrung und Totenwache

Als ich mich auf den Weg machte, Bestatterin zu werden, wollte ich auch die beiden alten Traditionen Hausaufbahrung und Totenwache wieder in unser Leben, in unsere Bestattungs- und Trauerkultur hineinbringen. Viele Ältere erinnern sich noch daran, dass es auf dem Land früher üblich war, die Toten drei

Tage und Nächte zu Hause aufzubahren und so einen Raum für den Abschied zu schaffen. Alle, die die Verstorbenen gekannt hatten, konnten hier noch einmal Abschied nehmen, bevor der Sarg aus dem Haus getragen und zum Friedhof gebracht wurde. Erst nach und nach wurden sogenannte „Leichenhäuser“ auf den Friedhöfen gebaut.

Wenn wir heute den Menschen eine Hausaufbahrung anbieten, die Möglichkeit, sich in Ruhe von den Verstorbenen im eigenen Zuhause zu verabschieden, sind viele überrascht und denken, das sei verboten. Aber das ist es bis heute nicht. Wenn sich Menschen dann dafür entscheiden oder schon vorher wussten, dass sie das wollen, bringen wir die Verstorbenen auch von der Klinik noch einmal nach Hause (in das Zuhause der Verstorbenen oder das Zuhause der Angehörigen) und bereiten alles für die Hausaufbahrung vor.

Es ist oft eine besondere Logistik für die Hausaufbahrung nötig und damit haben wir viel Erfahrung: Für den Transport in engen Treppenhäusern oder engen Räumlichkeiten nutzen wir unsere Transportbahre, die einer (Berg-)Rettungsbahre ähnlich ist, nur mit undurchsichtiger (bei uns weinroter) Schutzhülle. Darauf sind die Verstorbenen sicher mit drei Gurten angeschnallt, sodass sie auch hochgestellt um enge Kurven getragen und dabei gleichzeitig würdevoll und sicher transportiert werden können, was im Sarg so nicht möglich ist: Bei zu großer Schräglage kommen die Verstorbenen darin ins Rutschen und können zum Beispiel mit dem Kopf an den Sargdeckel stoßen. Wir prüfen deshalb immer vorher Haustüren, infrage kommende Eingänge, Treppenhäuser, (selten vorhandene) Aufzüge, Zimmertüren, enge Flure usw. und bereiten je nach Situation unsere Transportbahre vor, wenn im Sarg nicht sicher transportiert werden kann. Unsere Wohnhäuser sind leider nicht immer so gebaut, dass Liegende (auch in Krankheitsfällen) gut getragen werden können. In unserer Transportbahre werden die Toten von uns vorsichtig in Leintücher gehüllt und bekommen ein Kissen unter den Kopf. So ist ein behutsamer, sicherer und würdevoller Transport für die Verstorbenen gewährleistet. Zusätzliche Logistik: Raumvorbereitung (Platz schaffen, unsere Aufbahrungspodeste aufstellen für den Sarg, mit schönem Tuch dekorieren u. a.), Wegvorbereitung (Dinge aus dem Weg räumen, Transportweg sichern, Schwellen miteinbeziehen u. a.), eventuell für Kühlung sorgen, sie aufstellen oder erklären und vieles mehr. Wir prüfen, sichern und besprechen immer im Einzelfall die gesamte Situation und jeden Schritt mit den Angehörigen und bei Bedarf mit den etwaigen anderen

HausbewohnerInnen oder anderen Beteiligten. Jede Situation ist anders und wir lassen uns voll und ganz mit unserer Erfahrung und unserem dafür nötigen Equipment auf jede neue Herausforderung ein.

Wenn wir die Verstorbenen nach dieser, für uns immer aufwendigen, Logistik nach Hause gebracht und aufgebahrt haben (im von uns vorbereiteten Bett oder im Sarg), findet hier die Versorgung statt, das wichtige Ritual der liebevollen Totenwaschung, oft zusammen mit Angehörigen, oder wir tun dies allein. Danach ist meist irgendwann die offizielle Zeit für den Besuch für die Toten.

Die Menschen im Umfeld, die von den nahen Angehörigen zum Abschied in ein Zuhause (das der Verstorbenen oder das der Angehörigen) eingeladen werden, reagieren sehr unterschiedlich. Für die meisten ist es nicht mehr vertraut und sie haben Angst vor dem nahen Kontakt mit den Toten in einer so ungewohnten Umgebung: nicht auf dem Friedhof, sondern in privaten Räumen. Sie können sich das gar nicht vorstellen und manche sind regelrecht entsetzt. Aber für diejenigen, die es wagen, zur Hausaufbahrung zu kommen, ist es in aller Regel eine schöne, tröstende Erfahrung, die sie in ihrer Trauer unterstützt und ihnen in guter Erinnerung bleibt. Nicht wenige nehmen dies dann zum Anlass, darüber nachzudenken, dass sie sich solch einen persönlichen Abschied in diesem geschützten Rahmen auch für ihre eigene Bestattung oder die Bestattung ihrer Lieben wünschen könnten. So hat dieses Erleben schon an einigen Orten nachhaltig die Bestattungskultur verändert. Und das ist ja eines meiner Herzensanliegen, was mich auch immer wieder sehr erfreut: einen Wandel in der Bestattungs- und Trauerkultur anzuregen.

Einmal, es ist schon ein Weilchen her, haben wir auf Wunsch des Sohnes für die Hausaufbahrung einer alten Dame gesorgt, die zu Hause gestorben war. Sie wohnte in einem Mehrfamilienmietshaus und es war, wie oft in solchen Fällen, nicht ganz einfach, den Sarg in ihre Wohnung zu bekommen. Dort haben wir sie dann schön versorgt, gebettet und aufgebahrt. Und wir verließen die Wohnung natürlich erst einmal ohne Sarg wieder. NachbarInnen, die dieses ungewöhnliche Vorgehen beobachtet hatten, verständigten die Polizei. Die beiden Beamten, die dann kamen, waren sehr höflich und erkundigten sich nach der Situation. Sobald sie hörten, dass ein Bestattungsunternehmen eingeschaltet ist, entschuldigten sie sich vielmals für die Störung des Abschieds und gingen sofort wieder. Diese Situation hatten wir in unserer langjährigen Arbeitserfahrung nur ein einziges Mal – und wir haben schon viele Hausaufbahrungen unterstützt und begleitet. Es ist erlaubt und es ist möglich, zu Hause Abschied zu nehmen.

Nachdem die Toten zu Hause aufgebahrt wurden, kann bei ihnen „Wache" gehalten werden. Die Zeit der Totenwache, die zum Beispiel in Friedhofsräumen auch stundenweise gehalten werden kann, ist ein Raum für den Abschied: „Gespräche" allein mit den Toten, Zeit für Trauer und Schmerz, Erinnerungen, Geschichten, Stille, Gesang, Geschenke an die Toten und von ihnen an die Lebenden … Begleitung für die Toten und für die Lebenden auf ihrem Weg des Abschieds … Trauer und Schmerz brauchen Raum, um die Kraft der Trauer zu spüren und um den Toten den Übergang so leicht wie möglich zu machen.

Die Totenwache ist ein altes Ritual, das früher während der Zeit der Hausaufbahrung abgehalten wurde. Damals wurden während dieser Zeit auch die Uhren angehalten, was bei Pendeluhren mit Glockenschlagwerk einen besonderen Effekt hatte: Die Zeit stand dann buchstäblich „still". Aber es wurden auch Spiegel verhängt, damit die Seele nicht verwirrt wurde und sich nicht verirrte auf ihrem Weg heim, und die Fenster geöffnet, damit sie leichter hinausfand.

Dies sind noch Reste einer alten Tradition der Seelenweg-Begleitung, die es in vielen Kulturen und Religionen der Menschheit auf unterschiedliche Weise bis heute noch gibt. Im Katholizismus gibt es noch einige Rituale vor und kurz nach dem Tod: die letzte Ölung, wenn das Sterben naht, und die Aussegnung, die oft geschieht, bevor die Toten zum Friedhof gebracht werden, also in früheren Zeiten zu Hause. Auch dies soll der Seele den sicheren Weg finden helfen. Während in meiner Weltanschauung dieses Ziel sehr offen ist und ich sehr neugierig darauf bin, was dann kommt, gibt es in vielen Religionen klare Vorstellungen darüber, wie dieses Jenseits aussieht.

Als Übergangsbegleiterin bin ich mir auf alle Fälle dieser besonders sensiblen und kostbaren Zeit der ersten Tage nach dem Tod bewusst. Und tief in meinem Herzen weiß ich, dass eine gute Begleitung und ein geschützter Zeit-Raum[38] auch für die Verstorbenen wichtig ist.

38 Beides ist so wichtig: eine geschützte Zeit und ein geschützter, weit und beweglich gehaltener Raum.

Aber auch wenn es dazu viele Überlieferungen gibt, ist es für mich keine Zeit, in der feste Regeln eingehalten werden müssen, weil es sonst mit dem Übergang nicht klappt, sondern im Wesentlichen ein Raum, in dem alle auf ihre Weise Abschied nehmen können: allein und gemeinsam.

Es ist völlig in Ordnung, dass die Toten in diesem Raum auch zeitweise alleine, ohne Begleitung oder Besuch von Lebenden, sind. Meiner Wahrnehmung nach kann es durchaus gut für sie sein, ihnen ihren Raum zu lassen in ihrem Zuhause, von dem sie ja auch noch einmal Abschied nehmen. Und wenn Angehörige im gleichen Raum schlafen wollen, um die Toten in ihren Träumen zu begleiten, so ist auch das wunderbar. Wie immer gilt: den eigenen Impulsen folgen und tun, was sich gut anfühlt in jedem Moment. Es ist nicht verpflichtend oder notwendig, diese ganze Zeit „wach" zu bleiben, auch wenn es „Totenwache" heißt. Aber es kann sehr heilsam sein, allein und gemeinsam Zeit bei den Toten verbringen zu dürfen, während unmittelbar nebenan und um uns herum das Leben weitergeht: sich um das Essen für alle kümmern und miteinander reden, … ein bisschen schlafen oder ruhen, … gemeinsam Weinen und Lachen, … Geschichten erzählen und miteinander Fotos anschauen, … in Umarmungen gehalten werden, … im Garten ein Feuer machen … Und auch mitten in der Nacht noch einmal in aller Ruhe die eigene Zeit der „Totenwache" allein halten.

Leider ist es manchmal nicht möglich, Verstorbene gleich nach Hause zu holen oder uns gleich um sie zu kümmern und den Angehörigen sofort den Abschied zu ermöglichen. In vielen Kliniken dürfen BestatterInnen am Wochenende Verstorbene nicht abholen und unter der Woche nur während der manchmal recht knapp bemessenen Öffnungszeiten der Pathologie, wo sich in der Regel die Kühlräume für die Verstorbenen befinden.

Immer wieder äußern Menschen uns gegenüber den Wunsch, dass ihre Verstorbenen nicht in die Kühlzelle sollen. Dieser Wunsch wird uns manchmal schon zu Lebzeiten mitgeteilt und er ist vom Herzen her durchaus verständlich. Manche haben dabei aber auch sehr feste Vorstellungen von der klar begrenzten Zeit des Übergangs und davon, wie diese Zeit am besten begleitet sein sollte.

Meiner Erfahrung nach können der Abschied und die Übergangsbegleitung auch ein paar Tage nach dem Tod noch immer gleich wirkungsvoll geschehen. Und durch das liebevolle Berühren der Toten mit warmen Händen und warmem Wasser können wir sie auch weitestgehend wieder von der Kälte befreien und die Totenstarre, welche manchmal durch sie verstärkt wird, sanft wieder lösen. Nach meinem Empfinden von Leben und Tod helfen wir den Toten zu jedem Zeitpunkt nach ihrem Tod dabei, dem Weg hinein in diesen vollkommen anderen Zustand und dadurch hinaus aus dem Leben leichter folgen zu können.

Die für manche Menschen schlimme Vorstellung, geliebte verstorbene Menschen in so einer Kühlzelle zu wissen, wird auch durch Bilder aus den Medien untermauert: In fast jedem Krimi wird heute eine „Leiche“ in der Pathologie auf der Edelstahlwanne gezeigt, meist nackt. Über diese „Leiche“ wird dann gesprochen, als wäre sie kein Mensch mehr – was ja leider auch der heutigen Ansicht entspricht. Die „Leiche“ ist nur noch von Interesse als Objekt zur Untersuchung. Auf diese Weise wird den Toten ihr Menschsein genommen und dieser Umgang tut vielen Angehörigen schon in der bloßen Vorstellung weh. Wie wäre wohl der Umgang, wenn es eine allgemein gültige Übereinkunft gäbe, die Toten immer noch als Menschen anzuerkennen und sie entsprechend zu behandeln? Zu jedem Zeitpunkt? Zum Glück weiß ich, dass es PathologInnen (und PathologieassistentInnen) gibt, die die menschliche Würde der Toten wahren. Der Wandel ist im Gange.

Es gibt aber auch noch eine andere Ebene. Wenn die Toten in die Kühlzellen gebracht werden, treffen sie dort erstmals auf andere Tote – andere Menschen, die auch gerade erst in diesem anderen Zustand angekommen sind. Ich habe das klare Gefühl, dass die Toten selbst es gar nicht so schlimm finden in den Kühlräumen. Im Gegenteil: Sie können sich auf den anderen Ebenen über ihren neuen Zustand austauschen. Sie sind nicht allein.

In diesem Zusammenhang habe ich eine interessante Studie[39] gefunden, deren Zusammenfassung ich hier kurz zitieren möchte:

„Aus Erzählungen und der Forschung wissen wir, dass Hinterbliebene häufig davon berichten, den Verstorbenen gesehen, gehört oder seine Anwesenheit gespürt zu haben. Wir haben solche Erfahrungen vor dem Hintergrund von Trauer- und Heilungsprozessen untersucht.

39 Nadine R. Nowatzki und Ruth Grant Kalischuk: „Post-Death Encounters: Grieving, Mourning, and Healing“, in: *OMEGA*, Jg. 59, Nr. 2 (2009), S. 91–111

Hierzu führten wir ausführliche halbstrukturierte Interviews mit 23 Personen durch, die nach dem Tod eines geliebten Menschen eine solche Begegnung mit dem Verstorbenen erlebt haben. Die phänomenologische Analyse zeigte, dass die Teilnehmer einen Prozess durchliefen, in dem sie versuchten, diese Erfahrung in einen für sie sinnhaften Erklärungszusammenhang zu bringen. Die Begegnungen wirkten sich tiefgreifend auf die Vorstellungen der Teilnehmer über ein Jenseits nach dem Tod aus und veränderten ihre Einstellungen zu Leben und Tod nachhaltig. Außerdem hatte es erheblichen Einfluss auf ihre Trauer. Insgesamt wurde festgestellt, dass diese Begegnungserfahrung eine heilsame Wirkung auf die Teilnehmer der Untersuchung hatte, indem sie zu einem Gefühl von Verbundenheit mit dem Verstorbenen beitrug. Wir folgern daraus, dass Fachkräfte aus dem Gesundheitswesen und psychosozialen Bereich besser über das Phänomen der Begegnung mit Verstorbenen informiert werden müssen, sodass Hinterbliebene in einer unterstützenden und verständnisvollen Atmosphäre von ihren Erfahrungen berichten können."[40]

Den Prozess der Verwesung, des körperlichen Verfalls, nenne ich auch den Weg der Verwandlung. Dieser Weg verläuft nicht linear, ist bei jeder und jedem Toten anders und dieser Prozess hält sich an keine Regeln, die für uns durch eventuelle Erkrankungen, medizinische Behandlung oder andere Umstände erklärbar wären. Und was uns dabei immer wieder sehr beeindruckt: auch nicht durch die Zeit, die nach dem Tod vergangen ist. Dies wissen wir, weil wir, zum Beispiel in der Klinik, manchmal erst Tage nach dem Tod zu den Toten dürfen, sie aus verschiedenen Gründen manchmal allein versorgen oder unter bestimmten Umständen zuerst eine Vorversorgung machen, bevor wir die Angehörigen zu ihnen begleiten. Dabei bekommen wir natürlich den (immer unterschiedlichen) Zustand des körperlichen Verfalls hautnah mit.

Ich erinnere mich hier an eine Frau, die sehr lange sehr einsam gelebt hat und dann nach ihrem Tod in ihrer Wohnung erst ein paar Tage später gefunden wurde. Wir versorgten sie allein, weil keine nahen Angehörigen da waren, und nach unserer liebevollen Versorgung (ohne „Hilfsmittel") sah sie schon wieder viel besser aus – richtig schön sogar. Das ist etwas, was meine Mitarbeiterinnen

40 zitiert nach Newsletter Trauerforschung im Fokus, http://trauerforschung.de/index.php/forschungsbereiche/auswirkungen/20-die-praesenz-eines-verstorbenen-wahrnehmen-trauer-und-heilung (25.11.2020)

und ich sehr oft erleben und was uns selbst auch immer wieder aufs Neue tief berührt …

Zehn Tage später war der Termin für die Trauerfeier festgesetzt und es sollte noch eine offene Aufbahrung kurz vorher geben, denn ihre Brüder, die aus einem anderen Land anreisten und die sie sehr lange nicht mehr gesehen hatten, wollten an diesem Tag noch einmal zu ihr. Ich war mir wirklich nicht sicher, ob das nach so langer Zeit noch möglich sein würde.

Am Tag der Trauerfeier öffneten wir den Sarg, natürlich bevor alle anderen da waren, um zu überprüfen, ob die Würde der Toten gewahrt bleiben kann, wenn sie offen aufgebahrt wird. Zu unserer großen Überraschung sah sie noch exakt genauso aus wie zu dem Zeitpunkt, nachdem wir sie vor zehn Tagen versorgt und gekleidet hatten. Keinerlei sichtbare Veränderungen hatten stattgefunden.

Der Prozess der Verwesung, der Verwandlung, geht meist langsamer, als viele Menschen vermuten. Aber zehn Tage nach dem Tod kann schon eine ziemlich lange Zeit sein – auch bei Kühlung. Manchmal kann es in besonderen Situationen sinnvoll sein, die Toten tatsächlich bis zur Bestattung einzufrieren, wenn die Möglichkeit dazu besteht. Das war in dieser Situation jedoch nicht möglich.

Es war sehr berührend, als ihre Brüder bei ihr waren und auch einige andere Menschen. Sie strahlte so eine Lebendigkeit aus, dass ich für einen Moment glaubte, die Bewegung des Atmens sehen zu können, und dachte, jetzt schlägt sie gleich die Augen wieder auf. – Für mich war es in diesem Moment sehr deutlich, dass sie auf ihre Brüder gewartet hat und dass das wichtig war: für sie und für ihre Brüder, die mir das auch nach der Trauerfeier tief berührt gesagt haben.

Ein anderes Mal begleiteten wir Eltern beim Abschied von ihrem verstorbenen Baby. Sie hatten ihr Kind direkt nach seinem Tod noch kurz im Krankenhaus gesehen und wollten auf unseren Vorschlag zuerst nicht eingehen, noch einmal zu ihm zu gehen, um sich in Ruhe zu verabschieden. Wir schlugen vor, dass sie sich trotzdem mit uns treffen könnten, dass wir das Baby vorher anschauen würden und uns mit ihnen dann besprechen, damit sie entscheiden könnten, ob wir es alleine in den Sarg betten und ihm noch ein paar kleine Geschenke mitgeben sollten oder ob sie dabei sein wollten. Als wir vor Ort waren, stellte sich heraus, dass das Baby dunkle Verfärbungen im Gesichtchen gehabt hatte, als die Eltern es zuletzt gesehen hatten. Die waren aber nun völlig verschwunden und die Haut war rosig und frisch. Die beiden waren so glücklich darüber, ihr Kind noch einmal sehen und in den Arm nehmen zu können. Sie wollten von uns wissen, wie es zu der Veränderung des Aussehens gekommen war. Wir hatten keine Erklärung dafür. Aber das spielte in diesem Moment dann auch keine Rolle mehr. Wichtig war nur, dass das kleine Wesen und seine Eltern sich dadurch noch einmal in Ruhe und von Herzen Lebewohl sagen konnten.

Ich werde nicht aufhören, diesen Wundern, die wir hier immer wieder erleben dürfen, Glauben zu schenken. Und ich will sie auch gar nicht mit wissenschaftlichen Erklärungen relativieren und ihnen damit den Zauber nehmen. – Auch das sind für mich die Geschenke der Toten.

Aber es kommt natürlich auch die andere Seite vor. Und wohlgemerkt: Beide sind extreme Seiten dieser Verwandlung!

Es gibt ganz selten auch Verstorbene, die sich innerhalb kurzer Zeit sehr stark verändern – und auch das hat mit den äußeren Umständen meiner Erfahrung nach ziemlich wenig zu tun. In der Regel bleibt dann zwar immer noch Zeit für die Nahestehenden, sich zu verabschieden, aber dann gehen diese Toten sehr schnell hinaus aus dem Leben. Hauptsächlich für den Schutz der Würde dieser Toten schließen wir dann den Sarg meistens endgültig. Aber auch hier machen wir Ausnahmen und falls Angehörige darauf bestehen, nachdem wir ihnen den Zustand sachlich genau beschrieben haben, öffnen wir den Sarg für Einzelne eventuell noch einmal. Durch unsere Information und Begleitung sind diejenigen, die sich trotzdem dazu entschlossen haben, auch nicht entsetzt über den Anblick. Das hängt aber alles, wie immer, ganz von der Situation ab.

Ich denke mir manchmal, dass diese Verstorbenen, die so schnell in die Verwandlung gehen, es nicht erwarten können: Sie wollen schnell gehen und sich so schnell wie möglich verwandeln. Sie haben eine andere Zeit des Übergangs.

Vielleicht haben sie sich schon ausreichend verabschiedet. Vielleicht drängt es sie aus anderen Gründen, die sich uns nicht erschließen. Aber auch das haben wir zu respektieren.

Mitten im Leben: Vom Abschied zu Hause

Private Räume sind fast immer der geschützteste und freieste Ort für die Abschiednehmenden und ihre Trauer. Hier gibt es keine zeitlichen Einschränkungen und das Leben kann „nebenan" weitergehen – die Toten werden noch einmal in das Leben mit hineingenommen und so geht Abschiednehmen leichter, auch wenn es paradox klingen mag.

Leider sterben – anders als es noch bis vor einigen Jahrzehnten üblich war – nur noch selten Menschen zu Hause. Wir bringen die Toten deshalb auf Wunsch von jedem Sterbeort noch einmal nach Hause und bieten dank unserer langjährigen Erfahrung mit Hausaufbahrungen eine umfassende Unterstützung.

Dann sorgen wir, wie überall sonst auch, für eine würdevolle Aufbahrung: Der Raum wird oft gemeinsam mit den Angehörigen mit Blumen, Kerzen oder Tüchern geschmückt, Fotos aus dem Leben der Toten und ihre persönlichen Sachen kommen manchmal dazu, der Raum wird je nach Wünschen erfüllt mit Düften, leiser Musik … und Stille.

Abschiednehmende versammeln sich um die Toten und schweigen, singen, musizieren oder erzählen Geschichten aus dem Leben der Toten, Abschiedsgeschenke werden mitgebracht, die in den Sarg gelegt oder später mit ins Grab gegeben werden, da wird auch gelacht und gescherzt über lustige Erinnerungen oder persönliche Eigenarten, da wird geweint und einander gehalten, manchmal sitzt jemand allein bei den Toten im stillen Zwiegespräch. Nebenan, im Wohnzimmer oder der Küche, versammeln sich andere, ein Kommen und Gehen, Essen für die Lebenden wird gebracht, Tee und Kaffee wird gemacht, auch hier wird viel erzählt, gelacht und geweint, oft breitet sich eine wunderbare Weite aus, in der alle Facetten des Lebens und der Gefühle gleichwertig und selbstverständlich Platz haben. Viele fühlen sich reich beschenkt von der Würde und der so unbegreiflich lebendigen Ausstrahlung der Toten, von dieser überwältigenden Lebendigkeit und Verbundenheit, die sich an einem Totenbett ausbreitet, in der die Abschiednehmenden mit ihrer Trauer und ihrem Schmerz gut aufgehoben sind, weit und beweglich. Unwesentliches und Oberflächliches verliert oft in dieser Zeit an Bedeutung. Das ganz Persönliche wird aufgenommen in einen viel größeren, weiteren Raum. In dieser Ausnahmesituation fallen alle aus der Zeit, für diesen Moment an der

Schwelle ist die Trennung zwischen Leben und Tod aufgehoben … Die Spur einer Ahnung, wie es sein könnte, verbunden mit Leben und Tod wirklich lebendig zu sein.

Praktische Tipps für die Hausaufbahrung

Zusätzlich zu unseren wichtigen Informationen für die unmittelbare erste Zeit nach dem Tod am Ende dieses Buches sind hier noch ein paar Tipps, die auf unseren Erfahrungen bei Hausaufbahrungen beruhen: Falls Menschen auf der Seite liegend oder mit stark angewinkelten Beinen gestorben sind, empfiehlt es sich, sie kurz nach ihrem Tod auf den Rücken zu legen. Das Blut zirkuliert nach dem Tod nicht mehr und sinkt nach unten, dadurch bilden sich die sogenannten „Totenflecken" – das sind bläulich bis dunkelrot gefärbte Hautpartien. Um möglichst zu verhindern, dass diese dunklere Färbung schon am Anfang im Gesicht erscheint, sollten Verstorbene auf dem Rücken liegen. Die Beine sollten, wenn möglich, gerade gelegt werden, weil sie sich eine Weile nach dem Tod durch die Totenstarre nicht immer ganz einfach gerade hinlegen lassen. Und wenn die Beine zu stark angewinkelt sind, haben es die Toten im Sarg meist nicht so bequem.

Die Totenstarre ist ein Prozess, der in der Regel ein paar Stunden nach dem Tod einsetzen kann und einige Zeit bestehen bleibt. Wir haben es auch schon erlebt, dass die Totenstarre nicht eingetreten ist. Das ist allerdings selten. Durch starke Kühlung, zum Beispiel in den Kühlräumen der Kliniken, kann die Totenstarre verlängert oder verstärkt werden. Es ist sehr unterschiedlich, wann, wie lange und wie stark sich die Totenstarre im Körper ausbildet. Durch sie werden die Muskeln fest und dadurch die Gelenke unbeweglich(er). Durch sanfte Massage und behutsames, langsames Bewegen der Glieder (ein bisschen wie bei Feldenkrais-Übungen) kann die Totenstarre weitestgehend gelöst werden. Besonders entscheidend ist hier natürlich, wie bei jeder Berührung, die Herzenswärme und die Herzensverbindung.

In den wärmeren Monaten ist es notwendig, dass ein Fliegenschutz im Zimmer der Verstorbenen angebracht wird, entweder vor den Fenstern/Terrassentüren oder als Moskitonetz über dem Bett aufgehängt oder als durchsichtiges Tuch zart über dem Gesicht liegend. Fliegen können sehr schnell Eier ablegen, vor allem an Augen, Nase und Mund, und das kann wiederum sehr schnell zu Madenbildung führen. Später schützt dann der geschlossene (und relativ dichte) Sarg davor.

Kühlung ist in der Regel nur im Sommer nötig. Hier kann sehr gut auch selbst gekühlt werden (z. B. um die Zeit zu überbrücken, bis wir da sind und unsere Kühlung mitbringen). Dafür eignen sich Kühlelemente (auch ohne Kühlbox erhältlich, z. B. im Baumarkt oder Campingfachhandel), die tiefgefroren in kleine Plastiktüten gehüllt werden, wegen der Kondenswasserbildung. Die Kühlelemente werden unter das Laken oder mit einem Tuch abgedeckt rund um die verstorbene Person verteilt und möglichst direkt an ihren Körper gelegt (mit dem Tuch dazwischen). Sie sollten etwa alle sechs bis acht Stunden (nach Gefühl und Außentemperatur) durch frisch gefrorene Elemente ersetzt werden. Es genügen dafür circa 20 kleine Kühlelemente. Der Vorteil dieser Kühlung: Sie ist absolut still. Jedes elektrische Kühlgerät macht Geräusche. Trotzdem bringen wir natürlich in den heißen Monaten unser transportables Kühlgerät und auch unsere Kühlelemente zu einer Hausaufbahrung mit.

Während der kälteren Monate sollte die Heizung in dem Zimmer, in dem die Verstorbenen liegen, ausgeschaltet und in der Nacht das Fenster offen (gekippt) gelassen werden. So erhalten wir eine natürliche Kühlung. Die Lebenden müssen sich in dieser Zeit im Abschiedsraum dann etwas wärmer anziehen. Die Verstorbenen sollten, wenn möglich, in einem gut zugänglichen Raum für die Abholung aufgebahrt werden.

Falls ein Mensch zu Hause gepflegt wurde, ist er oder sie wahrscheinlich schon auf sogenannte Krankenunterlagen gebettet oder trägt sogar eine Windel. Blase und Darm können sich nach dem Tod entleeren, weil die Schließmuskeln sich dann entspannen. Oft ist das aber nicht mehr viel, weil die Menschen sehr häufig schon lange vorher aufgehört haben, viel zu essen, ob durch Krankheit oder durch hohes Alter. Mit dem Essen und Trinken aufzuhören, gehört zum natürlichen Sterbeprozess. Zur Sicherheit empfiehlt es sich, eine wasserdichte und aufsaugende Unterlage unter die Körpermitte zu legen.

Wenn es nicht schon der Fall ist, ist es gut, den Kopf etwas höher zu betten, entweder mit einem Kissen oder durch Höherstellen des Kopfendes am (Pflege-)Bett. So kann zum Beispiel ein kleines zusammengerolltes Handtuch (oder ein anderes Tuch) zwischen Kinn und Brust gelegt werden, damit der Kiefer nicht zu weit aufklappt. Der Mund und auch die Augen dürfen ein bisschen offen sein, falls sie nicht schon geschlossen waren oder ganz leicht und sanft zu schließen sind. Unser Mund ist beim entspannten Schlafen auch oft leicht geöffnet. Manche Verstorbene haben die Augen ein bisschen offen beim Sterben, ganz wenige sogar richtig weit. Nichts daran muss erschreckend oder unschön sein. Es ist vielmehr für uns und für die Angehörigen meist sehr berührend, in ihren Augen den Blick in die unermessliche Weite zu sehen – nach weit draußen und tief nach innen gleichzeitig …

Wenn wir dann da sind, entscheiden wir immer gemeinsam mit den nahen Angehörigen, wie es am besten ist, für die Würde dieser verstorbenen Person in der jeweiligen Situation zu sorgen, und was wir sanft und behutsam dafür tun können, bevor die anderen Menschen kommen, um Abschied zu nehmen und die Toten ein letztes Mal zu sehen – der letzte „Besuch“ für die Toten.

Wenn es einer verstorbenen Person sehr wichtig war, immer gut geschminkt und schön frisiert zu sein, dann bekommt sie das natürlich auch auf ihrem Totenbett. Da ist es dann hilfreich, wenn wir wissen, wie sie sich immer geschminkt und frisiert hat. Oft sind auch Angehörige dabei, die das wissen und uns dabei unterstützen. Wir fragen dann auch nach dem persönlichen Make-up, dem eigenen Lippenstift und allen anderen Utensilien. Wir haben aber für alle Fälle auch selber Make-up, Lippenstift und Puder dabei. Manchmal lassen sich die Haare zum Beispiel mit einem Trockenshampoo unkompliziert wieder frisch machen. Alles, was nötig werden könnte, bringen wir in unserem „Hebammen-Korb“ mit. Auch den Föhn, falls wir die Haare nass waschen.

Und wenn ein Mann, zum Beispiel nach einem tödlichen Herzinfarkt, ganz blau im Gesicht ist, dann schminken wir ihm auf Wunsch mit ganz normalem Make-up eine natürlichere Gesichtsfarbe. Alles, wie immer, abhängig von der jeweiligen Situation und in Absprache mit den Menschen, die wir begleiten. In der Regel sind wir auf alles vorbereitet und haben dabei, was gebraucht werden könnte.

Trauer: Die Kraft, die uns hilft, weiterzuleben

Trauer ist eine der grundlegenden Emotionen, ein sehr starkes Gefühl. Emotion – darin liegt Bewegung: Gefühle, die uns bewegen. Das sind vor allem die klaren, starken Gefühle wie Freude, Trauer, Glück, Hass, Schmerz, Zorn, Liebe … Gefühle, die so stark sein können, dass wir uns von ihnen überwältigt fühlen. Gewaltige Gefühle können auch gewaltige Kräfte sein. Kräfte, für die wir immer die Verantwortung tragen.

Aber auch Kräfte, die uns helfen, die uns tragen können. Trauer, die gelebt werden darf, gefühlt, ausgedrückt in den unendlich vielen Weisen, wie Menschen trauern, ist eine Kraft, die uns hilft, weiterzuleben.

In unserer Kultur haben wir gelernt, vor den großen Gefühlen Angst zu haben. Sie sind zu mächtig, zu lebendig, zu ausufernd. Sie müssen in Schach gehalten werden, gezähmt, kontrolliert, gemäßigt, an bestimmte Orte verbannt, nur zu bestimmten Zeiten erlaubt. Das gilt auch für überbordende Freude. Im Fußballstadion ist das erlaubt, aber auf der Straße, im Alltag oder im Büro wälzt sich niemand jubelnd auf dem Boden, weil etwas gelungen ist. Frauen sind andere Gefühlsausdrücke erlaubt als Männern. Jedem Geschlecht wurden (und werden leider immer noch) bestimmte Gefühle zugeordnet und andere verboten. Ein Mann darf beim Fußball einen anderen umarmen, anfassen und küssen, aber nicht auf der Straße oder bei der Arbeit. Zärtlichkeit unter Männern gilt noch weitverbreitet als „schwul“ und „unmännlich“ und beides wird als extrem abwertend und beleidigend für Männer verstanden. Hilflosigkeit, Tränen und Empfindsamkeit gelten ganz allgemein, jedoch hauptsächlich bei Männern immer noch häufig als Schwäche, die nur bei Frauen erlaubt ist.

Es gibt grundsätzlich aber bei allen eine sehr große Angst davor, Trauer zu fühlen. Und davor, mit trauernden Menschen in Kontakt zu kommen.

Viele Menschen halten es nicht aus, so großen Schmerz und tiefe Trauer in einer anderen Person zu sehen und zu fühlen. Sie fühlen sich hilflos. Es gibt keinen allgemein erlernten gesellschaftlichen Umgang mit Trauernden. Viele gehen ihnen einfach aus dem Weg – und isolieren sie damit ungewollt.

Oder verlangen von ihnen, nach einer bestimmten, relativ kurzen Zeit mit dem Trauern aufzuhören und wieder „normal zu funktionieren“, ins alltägliche Leben zurückzufinden. Notfalls mithilfe von Medikamenten. Oder Therapie.

Es scheint fast, als wäre Trauer eine Art Krankheit oder eine vorübergehende psychische Störung. Trauer stört das „normale“ Leben.

Es gibt keine (längere) Beurlaubung für Trauer, sondern höchstens Krankschreibung. Und gegen jede Art von Schmerz gibt es schließlich Schmerzmittel und bei unerträglichen Gefühlen Beruhigungsmittel.

Diese Hilfe kann in gewissen Zeiten tatsächlich ein Segen sein. Manchmal brauchen wir Hilfe genau in dieser Form. Jede Hilfe, die wir gerade bekommen können. Auch wenn sie als Medikament einen Preis in Form von starken Nebenwirkungen hat, müssen wir manchmal abwägen, was schlimmer ist: die Nebenwirkungen oder die Folgen eines unerträglichen Leidens, die unter anderem zum Suizid führen können.

Wir haben leider kaum noch gemeinschaftlich gelebte Traditionen, die uns in unserer Trauer unterstützen und sie mittragen. Die Bedeutung des Trauerjahres ging verloren: Die nächsten Angehörigen trugen für ein Jahr schwarze Kleidung – das Zeichen des Trauerjahres, damit alle wussten, dass sie noch nicht wieder ganz am gesellschaftlichen Leben teilnehmen wollen, aber gerne auf ihre Trauer angesprochen werden dürfen.

Früher gab es, und in manchen Teilen der Erde findet man sie auch heute noch, die Tradition der Klageweiber. Das sind Frauen, die rituell die Totenklage begehen und auf diese Weise die Trauernden und die Toten begleiten. Mit lautem Schreien, Weinen, Tanzen, Gesang und dem Rezitieren bestimmter Verse sind sie zum Teil bei der Aufbahrung der Toten oder auch beim Gang zum Grab dabei. Ohne selbst Trauernde zu sein, geben sie der Trauer einen größeren, weiteren Raum und verschaffen so der Trauer vielfältigen und starken Ausdruck mit dem ganzen Körper: Sie raufen sich zum Beispiel die Haare und schlagen sich auf die Brust.

Dadurch wird die Trauer der Angehörigen in einen viel größeren Raum aufgenommen und in diesem mitgetragen. Sie sind nicht mehr allein mit ihrem Wehklagen und Weinen. Sie sind nicht die Einzigen, die sich so verletzlich zeigen müssen und gehört werden. Sie können sich in diesem Raum viel mehr trauen, ihrer Trauer Ausdruck zu verleihen.

Und der Kraft der Trauer werden viel mehr Körper zur Verfügung gestellt. So müssen die Trauernden nicht alles nur in ihren Körpern fühlen. Trauer wird auf diese Weise nicht nur als persönliches Gefühl erlebt, von dem wir uns überfordert und überwältigt fühlen, sondern wird gemeinschaftlich ausgedrückt und mitgetragen. Das haben Menschen laut historischer und archäologischer Forschung früher in weiten Teilen der Erde so gemacht und es ist auch heute noch in manchen Kulturen sicher eine sehr sinnvolle Weise, Trauernde zu unterstützen.

Uns hier erscheint diese Tradition heute fremd, beängstigend, übertrieben und hemmungslos. Denn wir leben schon sehr lange mit der Unterdrückung der kraftvollen Emotionen und sind von solchen alten Traditionen abgeschnitten. Wir müssen erst wieder lernen und erfahren, dass Trauer ein Schmerz ist, durch den wir hindurchkommen können. So wie der Geburtsschmerz. Das sind Erfahrungen, die uns stärken können, aber uns leider viel zu oft genommen werden.

Eine wichtige Erfahrung im Leben ist, und das gilt nicht nur für Trauer: Es geht vorbei. Die Tränen versiegen immer wieder, auch wenn es manchmal so scheint, als würden wir nie wieder aufhören können, wenn wir einmal damit begonnen haben. Die Leere und der große Schmerz werden langsam weniger, die Pausen dazwischen werden länger. Vorausgesetzt, wir konnten Abschied nehmen und diesen Abschied auch wirklich zelebrieren. Das ist auch nachträglich möglich, falls es keinen Raum für den Abschied gab. Wir müssen die Trauer bewusst erleben und fühlen und uns für den Abschied einen Rahmen schaffen, einen Ort, eine Zeit, eine Handlung – was auch immer jetzt gerade für uns passt und Sinn macht.

› *Trauern bedeutet auch, uns hineinzuwagen ins Maul der Drachin. Uns von ihr verschlingen zu lassen.*
Es gehört Mut dazu, durch den Schmerz zu gehen. Sich verbrennen zu lassen.
Es ganz und gar zuzulassen. Sich hinzugeben. Zusammenzubrechen.
Und sich den Raum und die Zeit zu nehmen, so lange nicht mehr zu „funktionieren“, wie es braucht, um wieder zurück ins Leben zu kommen.
Das ist keine Schwäche. Das ist die Stärke zur Hingabe an eine große Kraft, die uns hilft, weiterzuleben. Dafür brauchen wir Raum, Zeit und Unterstützung. Und das Wissen aus Erfahrung, der eigenen oder der von anderen, dass wir auch durch dieses tiefe Tal kommen werden, dass auch dies vorbeigehen wird.
Dass die Abstände langsam länger werden zwischen den tiefsten Abgründen.
Dass wir jedes Mal ein bisschen schneller durch die Abgründe kommen.
Dass wir uns langsam immer besser auskennen in dem tiefen Tal. Und immer besser wissen, wie wir da hindurchkommen.
Dass wir dabei an Stärke und Weisheit gewinnen. Und dass immer wieder auch die Freude kommt über das, was gut war, die schönen Erinnerungen, die nicht ausgelöscht werden können durch den Schmerz und die Verzweiflung der tiefen Trauer.

Manche sagen, dass sie nicht weinen wollen am Totenbett oder am Sarg, um die Toten nicht zurückzuhalten. Um sie besser gehen zu lassen. „Sie hätte das nicht gewollt, dass wir hier weinen!" – „Er wollte, dass wir nicht traurig sind, sondern uns freuen am Leben."

Ja, natürlich wünschen unsere Lieben uns ein glückliches Leben, wenn sie gehen. Das werden wir auch wieder haben. Aber das braucht Zeit.

Immer wieder sage ich dann: „Ihre Tränen sind sehr wichtig. Sie nähren das Wasser im Fluss, der die Toten hinüberträgt in das Land der Toten." Die Toten brauchen unsere frei fließenden Tränen und unsere tiefe Trauer. Sie sind die beste Begleitung für den freien Weg hinaus. Wohin auch immer … Ich bin jedenfalls schon sehr neugierig, wohin die Reise gehen wird.

Und – nicht zu vergessen – die frei fließende Trauer ist auch die beste Begleitung für die Lebenden wieder zurück in ihren Lebensfluss. Meine Erfahrung zeigt mir immer wieder: Was gut ist für die Toten ist auch gut für die Lebenden.

Wenn es jedoch Tränen werden, die die Toten hindern könnten zu gehen, weil das Weinen um die geliebten Toten zum Lebensinhalt wird, um vielleicht dem eigenen Leben auszuweichen – wenn es einfach nicht gelingen mag, in den eigenen Lebensfluss zurückzufinden, dann ist es wichtig, sich Hilfe zu suchen. Es gibt inzwischen vielfältige regionale Unterstützungsangebote: Gruppen von Trauernden in der gleichen Situation, Trauerbegleitung und spezielle Therapie.

Ich wünsche uns allen mehr Mut zu trauern – und den Mut, Trauernden unsere Unterstützung anzubieten und sie zu fragen, was sie gerade brauchen. Manchmal hilft es schon, sie mit Essen zu versorgen und für sie einzukaufen. Oder ihnen dabei zu helfen, die Hilfe zu finden, die sie gerade brauchen.

40 Tage nach dem Tod: Eine erste Schwelle

Vor Jahren habe ich von verschiedenen Seiten, auch von Angehörigen, gehört, dass es wohl in anderen Kulturen der Menschheit (vielleicht auch zu anderen Zeiten) ungefähr 40 Tage nach dem Tod noch einmal Rituale geben soll, die unterschiedlich gestaltet und gemeinsam begangen werden. Demnach geht die Seele etwa 40 Tage nach dem Tod weiter hinaus, weiter weg von den Angehörigen und dem Ort, der einmal ihr Zuhause war. Ich habe nicht weiter nach dem Ursprung dieser Vorstellung geforscht. Aber ich finde es einleuchtend, dass es hilfreich sein kann, sich konkret greifbare Schwellen zu setzen, um die verschiedenen Abschnitte des Trauerweges mit ihren verschiedenen Qualitäten begreifbarer und konkreter zu machen.

Die ersten – ich sage jetzt einfach mal – 40 Tage[41] nach dem Tod sind eine sehr intensive Zeit der Trauer und die Verstorbenen sind noch ganz nah zu spüren und alles erinnert schmerzvoll an sie. Gehen wir also einmal davon aus, dass es auch bei uns wieder eine Kultur gäbe, in der in dieser Zeit die Trauernden traditionell von jeder alltäglichen Arbeit befreit sind und an keiner gesellschaftlichen Verpflichtung teilnehmen müssen. Wie ein Schutzraum, ein Kokon, der nicht nur innen gefühlt, sondern im Außen mitgetragen und unterstützt wird.

Um den 40. Tag herum wird dann bewusst ein Ritual oder ein Fest gestaltet. Bei diesem kommt noch einmal, je nach Wünschen, der engere oder weitere Kreis zusammen.

Manche Angehörige, auch die, die keiner Religion angehören, erzählen uns, wie sie diesen Tag ganz bewusst zusammen mit ihren Nächsten begehen. Wir wissen zum Beispiel von gemeinsamen Wanderungen zu einem Lieblingsplatz der Verstorbenen in der Natur und anschließendem gemeinsamen Essen. Der Tag, diese Schwellenzeit, kann ganz individuell gestaltet werden. So kann bewusst eine Möglichkeit geschaffen werden, als Trauernde wieder langsam zurück ins Leben zu kommen und zu diesem Zeitpunkt noch einmal ganz bewusst Abschied zu nehmen.

Das Trauern ist dann natürlich noch nicht vorbei. Aber es wird so allen noch einmal gemeinsam bewusst, dass hier eine weitere Schwelle zu überschreiten ist: Die Toten gehen weiter hinaus aus dem Leben und die Trauernden wieder ein Stück weiter zurück in ihr Leben. – Es kann hilfreich sein, auch nach verschiedenen Zeitabständen solche Schritte gemeinsam zu begehen und zu feiern.

Manche Angehörige treffen sich am nächsten Geburtstag der Verstorbenen am Grab und zünden dort viele Kerzen an, vielleicht wird etwas gesungen,

41 Natürlich ist es gut und wichtig, aufmerksam auf die eigene Empfindung zu achten und Zeiträume für sich so einzuteilen, wie sie dazu passen.

Musik gespielt oder sie bringen Essen und Trinken mit, das dort gemeinsam verspeist wird, verbunden in der gemeinsamen Erinnerung an die Toten. Auch das kann guttun.

Solch ein Ritual kann auch allein begangen werden. Je nachdem, was gerade gebraucht wird. Wichtig ist es, die eigenen Rituale und Zeitpunkte zu finden, an denen eine weitere Handlung guttut, die hilft, auf dem Weg des Abschieds weiterzugehen. Eine weitere Schwelle bewusst zu überschreiten. Und weil wir es meist nicht gewohnt sind, unser Leben auf diese Art rituell zu gestalten und außerdem der Alltag und all die Anforderungen der Außenwelt ihren ganz eigenen Sog entwickeln können, sodass nie der richtige Zeitpunkt für dieses Ritual zu kommen scheint, kann es hilfreich und entlastend sein, sich einfach auf vorhandene Zeitpunkte zu beziehen und diese für sich als verbindlich zu erklären – wie die 40 Tage nach dem Tod, der Geburtstag der verstorbenen Person, das Trauerjahr oder auch andere, persönlich bedeutsame Daten.

Das Glück in tiefster Trauer: Warum sich Lachen und Weinen nah sind

Nach durchlebtem Schmerz kommt nicht nur Leere, sondern oft auch eine Erleichterung. Und in der Leere gibt es auch Raum für Unbekanntes, Neues oder Unerwartetes.

Im größten Schmerz ist immer wieder auch das Lachen und in der größten Trauer immer wieder auch das Glück zu finden. Gespeist von der Liebe, der Verbindung, den Erinnerungen und der Lebendigkeit unseres kostbaren Lebens.

Dieses Nahe-beieinander-Sein von Trauer und Glück, manchmal bis hin zur Euphorie bei längeren Hausaufbahrungen, erleben wir bei den Trauernden immer wieder. Das Glück, das genauso stark gefühlt wird wie die Trauer, ist auch das Glück über die geschenkte Zeit, die wir miteinander verbringen und teilen durften, das Glück über die Freundschaft, die langjährige treue Freundin, die große Liebe, den Gefährten, die wundervolle Partnerin, den alten Freund seit Kindertagen … Dieses große Glück wird uns in der Trauer bewusst und dann ist da oft alles gleichzeitig: der Schmerz, die Trauer, manchmal Wut und Verzweiflung, dass dieser Mensch jetzt nicht mehr da ist, die stille Freude der Erinnerungen, das Glück dieser kostbaren gemeinsamen Zeit, das Weinen und

Klagen darüber, dass etwas unwiderruflich vorbei ist … Aber etwas anderes geht einfach weiter: das Leben. Und das ist auch gut so. Das trägt uns wieder hinein. Das rettet uns manchmal: der ganz normale Alltag, die Kinder und ihre Leichtigkeit, mit der sie Trauer und Schmerz wieder zurückbringen ins Hier und Jetzt, um in jedem Moment das zu tun, was gerade zu tun ist. Und zwar manchmal in dieser Reihenfolge: miteinander reden, kochen, essen, schweigen, Abschied nehmen, trauern, reden, weinen, umarmen, spielen, lachen, vorlesen, aufs Klo gehen, waschen, kuscheln, weinen, trösten, reden, schlafen … Die Notwendigkeiten und Geschenke des Lebens.

Der folgende Brief ist mir sehr kostbar, weil er aus der Sicht einer Trauernden erzählt, was ihr in diesen Tagen zwischen Tod und Bestattung wichtig war und was sie als schrecklich empfunden hat bei einem früheren Abschied, der nicht gut verlaufen ist. Aus ihren Worten wird deutlich, wie heilsam ein guter Abschied sein kann, denn die schmerzlich fehlende Begleitung beim früheren Tod ihres Bruders, der sich das Leben genommen hatte, war ihr noch mit Schrecken in Erinnerung. Ihre Dankbarkeit, die sie hier zum Ausdruck bringt und die mich von Herzen freut, gilt nicht nur mir und meinen BARKE-Kolleginnen und sie ist nicht der Grund, warum ich diesen Brief hier teile. Diese Dankbarkeit ist der Ausdruck für die heilsame Wirkung des guten Abschieds, den sie von ihrer Mutter nehmen durfte, und dafür, wie sich dies sogar auf die Trauer um ihren Bruder ausgewirkt hat. Ich wünsche mir schon lange, dass angemessene und einfühlsame Begleitung beim Abschied in unserer Bestattungskultur wieder zur Selbstverständlichkeit wird. Gerade weil es solch eine weitreichende Wirkung auf das Leben hat …

„Liebe Frau Holz,
[…] Ich wollte mich bei Ihnen bedanken. Für Ihre Zeit, für Ihre Ruhe, für Ihr Da-Sein. Dafür, dass Sie mir einen Umgang mit dem Tod meiner Mutter und einen Abschied von ihr ermöglicht haben, der sicher nicht mehr selbstverständlich ist. Das weiß ich aus eigener Erfahrung. Und Sie können sich nicht vorstellen, wie dankbar ich dafür bin, dass ich damals über ein Projektgespräch in der Arbeit von Ihrem Bestattungsinstitut gehört habe. Und es mir gemerkt habe. Weil ich mir nach dem Tod meines Bruders geschworen habe, dass es nie wieder

‚irgendjemand' machen wird, dass ich mich in jeder Stadt, in der ich wohne, über Bestattungsinstitute informiere, um im Moment, falls er wieder auf mich zukommen sollte, vorbereitet zu sein.
Denn im Moment des Todes ist man zu allem in der Lage, aber nicht dazu, nach einem ‚passenden' Bestattungsinstitut zu suchen. Denn woher soll man auch wissen, was ‚passend' ist. Selten kommt man mit dem Tod in Berührung und die meiste Zeit möchte man ignorieren, dass es irgendwann einmal passieren wird. Woher soll man dann, wenn plötzlich ein geliebter Mensch von einem Tag auf den anderen gestorben ist, wissen, was man braucht? Woher soll man wissen, was es für Möglichkeiten gibt? Dass ich Abschied nehmen kann? Dass ich den Tod begreifen will. Und zwar mit all meinen Sinnen. Woher soll man wissen, dass ‚den Toten in Erinnerung behalten, wie er war, bevor er starb' nicht der richtige Weg für einen ist. Und dann kommt ein ‚Bestattungsinstitut von der Liste', wie damals bei meinem Bruder, das ihn einfach mitnimmt, sich mir nicht mal vorstellt, ihn abtransportiert und es nicht mal für nötig hält, mir zu sagen, wo sie ihn hinbringen. Ich musste dem Wagen hinterherlaufen, ihn anhalten und diese Frage stellen.
Wie beim Tod meiner Mutter musste auch mein Bruder zunächst ‚beschlagnahmt' werden.[42] *Am Tag seines Todes wurde ich in sein Zimmer geführt, um ihn zu identifizieren. Ich durfte ihn nicht berühren. Ich musste schnell wieder weg. Ich durfte nicht als Erste den Raum betreten, als seine Tür aufgebrochen wurde. Ein Mitarbeiter von der Kripo, der irgendwann kam und von dem ich viel Mitgefühl erfuhr, ermöglichte es mir und meinen Eltern, ihn nach zwei Tagen sehen zu dürfen, obwohl er noch beschlagnahmt war. Weil er wusste, wie wichtig das ist. Dennoch war es kein Abschiednehmen mit Zeit. Er wurde aufgebahrt, niemand durfte ihn waschen, keiner kam auch auf die Idee, sich diese Zeit zu nehmen. Es war schon ungewöhnlich, dass wir ihn überhaupt noch sehen wollten und durften. In diesem Moment war keiner von uns in der Lage dazu, solche*

42 Das gilt in der Regel für alle plötzlichen Todesfälle, für die es keine ZeugInnen gibt. Die Polizei muss dann erst die Umstände des Todes klären und die Staatsanwaltschaft gibt danach die Verstorbenen zur Bestattung frei.

Gedanken zu haben, zu äußern, niemand wusste, dass das geht und vielleicht auch wichtig ist.
Aus dieser Erfahrung erinnere ich mich an unser erstes Telefonat, als ich Ihnen erzählte, dass meine Mutter beschlagnahmt wurde und erst mal von einem Bestattungsinstitut ‚von der Liste' mitgenommen werden musste, da sie den Landkreis nicht verlassen und auch nicht zu Hause bleiben durfte.[43] *Ich war nicht in der Lage, an irgendetwas zu denken. Alles ist trotz meiner Erfahrung so unreal und man steht wieder da und hat keine Ahnung. Ich wusste nur ‚DIE BARKE' und ‚Bestattung in der Schweiz'. Das war der Wunsch meiner Mutter. Darüber hatte ich sogar noch mit ihr gesprochen, als ich erfuhr, dass das möglich ist.*[44]
Meine Mutter ging immer offen mit diesem Thema um. Manchmal erzählte sie unvermittelt, von einem Moment auf den anderen, wie sie beerdigt werden möchte. Oder schrieb mir auf einmal, aus heiterem Himmel, eine SMS, dass ich ihr versprechen muss, dass ich ihr Auto nicht sofort verkaufe, sondern noch fahre, falls ihr etwas passieren sollte. Meistens hat mich das überfordert. Denn als Letztes wollte ich darüber nachdenken, was ist, wenn ein weiterer geliebter Mensch mein Leben verlässt. Heute bin ich ihr dankbar für ihre Offenheit. Ich wusste zumindest sofort, was sie wollte, und musste mir darüber keinen Kopf zerbrechen. Ich wusste sofort, dass ich in ihrem Sinne handle, wenn ich bei Ihnen anrufe wegen der Bestattung in der Schweiz.
Und dann sagten Sie am Telefon zu mir mit einer Deutlichkeit: Mir ist am wichtigsten, dass Sie Abschied nehmen können. Und ich begriff erst nicht wirklich. Ich hatte sie am Sonntag gesehen, als sie starb, ich durfte sie sogar berühren und küssen, was ich bei meinem Bruder nicht durfte. Mit Ihrer Deutlichkeit wurde mir erst bewusst, dass das noch kein Abschied war. Und je mehr Zeit verging, desto bewusster wurde mir, dass auch ein ‚Nochmal-kurz-Sehen' kein Abschied für mich ist.

43 In solchen Fällen wird für die Abholung vom Sterbeort von der Polizei zuerst ein ortsansässiges Institut gerufen. Nach der staatsanwaltschaftlichen Freigabe dürfen die Angehörigen ein Bestattungsinstitut ihrer Wahl beauftragen.

44 Die Rede ist von einer Naturbestattung (siehe dazu Kapitel VII).

Ihre Unermüdlichkeit, mir diesen Abschied zu ermöglichen und nach Wegen dafür zu suchen, wozu ich selbst nicht in der Lage war, hat mir selbst dabei geholfen wahrzunehmen, dass es mir wichtig ist. In den ersten Tagen habe ich nichts wahrgenommen außer Schock und unermüdlichen Schmerz. Es ist schwierig zu beschreiben, ich hatte das Gefühl, dass Sie für die Rechte meiner Mutter und von mir kämpfen und vor allem unsere Bedürfnisse wahrnehmen, wo wir selbst nicht mehr in der Lage dazu sind. Dass Sie dafür kämpfen, diese Rechte und Bedürfnisse überhaupt wahrzunehmen und für mich zugänglich zu machen.

Schon zwei Tage bevor wir zu Ihnen fuhren, als Sie mir sagten, ich solle Kleidung raussuchen. Gerne etwas Festliches. So komisch es klingt, es war die erste Aufgabe, die ich schön fand, die ich genossen habe. Ich ging durch die Kleidung meiner Mutter mit dem schönen Gedanken, etwas Schönes für sie herauszusuchen. Es war wie ein Ritual, für das ich mir sehr viel Zeit nahm.

Als mein Freund und ich zu Ihnen fuhren, weiß ich noch, wie ich auf dem Weg dachte: ‚Vielleicht darf ich ja sogar beim Waschen und Anziehen dabei sein, das wäre schön.' Ich konnte es mir nicht recht vorstellen und verwarf diesen Gedanken wieder. Und dann sitze ich bei Ihnen und Sie bieten mir das an. Ich wusste nicht, ob ich das schaffe, aber ich wollte es so sehr. Ich weiß nicht, ob ich selbst danach gefragt hätte.

Es ist merkwürdig, dass wir im Moment des Todes dazu tendieren zu denken, dass alle anderen schon besser wissen, was gut ist. Und unsere Bedürfnisse entweder nicht wahrnehmen oder nicht dafür einstehen, weil einfach die Kraft dazu auch fehlt. Ich denke, da geht es nicht nur mir so. Jedes Mal, wenn es mir nachts schlecht geht (meistens ist das der schlimmste Moment des Tages), ich im Bett liege und nicht schlafen kann, mir Gedanken zum Tod meiner Mutter im Kopf kreisen, denke ich mich an Ihren Ort in Schwäbisch Hall zurück. Ich denke mich in das Zimmer, an das Waschen und Ankleiden meiner Mutter, an die Ruhe und Geborgenheit, die ich in diesem Raum gespürt habe. Vor allem an die Ruhe. Und den Frieden. In diesen fast vier Stunden war ich so ruhig innerlich wie in den ganzen Tagen zuvor und danach nicht. Die Momente mit meiner Mutter waren so kostbar. Zwischen dem ganzen Schrecken, den der Tod bringt, erfuhr ich ihn in diesen Stunden nicht als Schrecken. Ich empfand ihn als schmerzvoll. Aber nicht als Schrecken. Ich sah meine Mutter, wie schön sie war. Und wie friedlich sie war. Alle Schuldgefühle, die ich hatte, weil ich nicht zu ihr gefahren war, alle Vorwürfe, die ich kurz auch ihr machen wollte, dass sie mich nicht angerufen hat, dass sie mich beruhigt hat und auf meine Frage, ob ich vorbeikommen solle, nicht mit Ja geantwortet hat, aber besonders meine eigenen Vorwürfe mir gegenüber, waren angesichts der Schönheit, Ruhe und Friedlichkeit auf einmal bedeutungslos.

Ich bin so unendlich dankbar, dass Sie mir und meiner Mutter diesen Raum geschenkt haben. Als Sie mir sagten, dass meine Mutter jetzt bei Ihnen ist und nicht mehr bei dem anderen Bestattungsinstitut, war ich so beruhigt. Als ich dort war und wusste, ich lasse meine Mutter bei Ihnen und Sie sind dort, wenn ich es nicht bin, war das so beruhigend. Ich wusste, sie ist in guten Händen. Ich wusste, sie wird nicht als ‚Leichnam' behandelt, […] sondern als meine Mutter. Denn ihr Körper ist meine Mutter, auch wenn er medizinisch gesehen ‚leblos' ist, so ist er es doch nicht. Er ist oder war meine Mutter. Und dass Sie ihren Übergang nach ihrem Tod so liebevoll gestaltet haben, sie genauso wie mich begleitet haben, Hebammen waren für mich und auch meine Mutter, um auch ihr in diesen letzten Tagen auf Erden einen ruhigen, respektvollen und würdigen Übergang zu ermöglichen, dafür werde ich Ihnen für ewig dankbar sein.

Es hat mir noch einmal mehr bewusst gemacht, wie bedeutend dieser Übergang ist, wie wichtig es ist, den Tod zu integrieren, das Sterben zu integrieren, offen damit umzugehen. Diese Offenheit und das Integrieren, das Begleiten und der Übergang nehmen dem Tod ein Stück weit den Schrecken und wir begreifen, dass es, wie Sie zu mir sagten, nicht das Gegenteil von Leben ist, das hier im Leben keinen Platz findet. Ich hab eine Zeit meines Lebens in der Altenpflege gearbeitet und auch hier in verschiedenen Heimen die unterschiedlichsten Umgänge mit dem Tod und dem Sterben gefunden. Die einen haben es zelebriert, offen kommuniziert, gemeinsam gesungen und sich verabschiedet. Die anderen verschwiegen es, wenn jemand gestorben ist, weil sie Angst hatten, dass es ‚auf die Stimmung

der BewohnerInnen schlägt'. In keinem Heim war die Stimmung bedrückender als in diesem, in keinem war sie fröhlicher und liebevoller als in ersterem.
Ich hoffe, dass es noch mehr Orte wie diesen gibt, und noch mehr ‚Hebammen', wie Sie es sind, die sich für die Bedürfnisse des Sterbens und des Todes einsetzen und dazu beitragen, dass das Sterben, und der Tod, gelebt wird. Weil es Leben ist.
Herzliche Grüße von S. L."

V Von den sehr schweren Abschieden

Plötzlich, unerwartet und viel zu früh ...

... das ist der Tod von nahestehenden Menschen zwar immer, selbst dann, wenn es alte oder schwerkranke Menschen sind. Nie ist der Zeitpunkt des Todes vorherzusehen, selbst wenn alle schon länger wussten, dass es dem Ende zugeht. Trotzdem kann es die Lebenden im Herzen unvorbereitet treffen, denn wenn eine geliebte oder wichtige Person in unserem Leben stirbt, fühlt sich das oft anders an, als wir uns das vorher vorgestellt haben. Natürlich gibt es manchmal auch eine Erleichterung und auch Freude darüber, dass die Zeit der schweren Krankheit und der damit verbundenen Schmerzen nun vorbei ist. Und diese Freude ist natürlich auch ein Teil der Liebe für und der Trauer um diesen Menschen.

Aber dann gibt es leider auch die wirklich plötzlichen Tode, auf die tatsächlich niemand vorbereitet war – meist auch die nicht, die so plötzlich aus dem Leben gerissen wurden, zum Beispiel bei einem Unfall. Und dann gibt auch noch den Suizid: die Selbsttötung.

Dies ist für Angehörige in den meisten Fällen extrem belastend. Wenn Tod mit solch einer Gewalt in das Leben hereinbricht, ist eine sehr intensive und einfühlsame Begleitung für alle und auf allen Ebenen absolut notwendig. Auch hier brauchen beide Seiten eine wissende und besonders liebevolle Begleitung: die verstörten Lebenden und – für mich ganz eindeutig – auch die Toten.

In Erinnerung bleiben mir für immer einige tragische Geschichten. Sie bergen trotz des großen Unglücks auch viel Tröstendes und machen Mut auf dem Weg der Trauer.

Von Trauernden lernen

Die folgende Geschichte ist in jeder Hinsicht sehr außergewöhnlich und gerade auch deshalb sind hier wesentliche Erfahrungen zu finden, die helfen können: Ein junger Vater (gerade mal 33) und sein kleiner, beinahe dreijähriger Sohn sind bei einem Autounfall gestorben. Seine ebenfalls junge Lebensgefährtin und Mutter des kleinen Jungen ruft bei uns an. Sie hat noch einen (fast) siebenjährigen Sohn. Die Hälfte ihrer Familie ist jetzt plötzlich tot.

Eigentlich haben wir keine Zeit. Ich wollte am nächsten Tag DIE BARKE zumachen: lang verdienter Betriebsurlaub, den wir uns nicht jedes Jahr gönnen. Die Tickets sind schon lange gebucht. Ich freue mich auf den Urlaub bei Freundinnen in Portugal. Aber diese Geschichte ist zu schlimm. Die junge Frau bittet mich inständig zu kommen. Sie will unbedingt, dass wir ihren toten Gefährten und ihren toten kleinen Sohn zu ihr nach Hause bringen. Ich weiß aus Erfahrung, dass sie mit größter Wahrscheinlichkeit kein Bestattungsinstitut finden wird, dass sie bei diesem Abschied so unterstützt, wie sie es unbedingt will und braucht.

Der Urlaub wird (leider ersatzlos) gestrichen. Die Tickets verfallen. Wir bereiten alles vor für die weite Fahrt und die besondere Unfallversorgung und dafür, die Toten nach Hause holen zu können.

Sie sind seit dem Unfall bei dem Bestattungsunternehmen, das von der Polizei vor Ort beauftragt wurde, die tödlich Verunglückten vom Unfallort abzuholen. Diesen Notdienst können alle Bestattungsinstitute vor Ort übernehmen, denn im Krankenwagen dürfen die schon Verstorbenen nicht mehr transportiert werden. Sobald die Angehörigen von der Polizei über den Unfall informiert wurden, können sie natürlich das Bestattungsinstitut ihrer Wahl mit allem Weiteren beauftragen. Wir telefonieren deshalb natürlich auch mit dem Bestatter, bei dem wir die beiden Toten abholen müssen. Dort bekommen wir schon am Telefon gesagt, dass die Toten in „keinem guten Zustand" seien. Das erleben wir in solchen Fällen recht oft. Natürlich machen wir uns dann auch jedes Mal vorher Sorgen, ob es wohl möglich sein wird, dass die Lebenden ihre Toten noch sehen können, und wir hatten bei solchen Ankündigungen auch selbst schon Angst davor, wie es für uns sein wird, schlimm verletzte Tote zu sehen und zu versorgen.

Bis jetzt war es aber noch in jedem dieser Fälle so, dass der tatsächliche „Zustand" der Toten weitaus weniger schlimm war als alles, was wir uns bei den „Vorwarnungen" vorgestellt haben. Und so geht es auch den Angehörigen, denen nach einem Unfall häufig gesagt wird, ihre Toten seien nun „kein schöner Anblick" mehr, verbunden mit dem Rat, ihre Lieben doch lieber so in Erinnerung zu behalten, wie sie zu Lebzeiten waren. Als ob unsere Erinnerungen ausgelöscht werden könnten, wenn wir unsere Lieben erst einmal tot gesehen haben.

Mit den Bildern zu leben, die wir uns in unserer Vorstellung machen und die in der Regel viel schlimmer sind als die Realität, führt oft zu einem schockartigen Erstarren der Trauer in Entsetzen und kann Menschen ein Leben lang belasten. Manchmal quälen auch lange die Zweifel, ob die geliebte Person denn wirklich tot ist oder nicht doch jeden Moment wieder auftaucht und sagt: „Du, das war alles nur ein Irrtum, eine schlimme Verwechslung!", und dann eine unglaubliche Geschichte erzählt, warum sie so lange verschwunden war. Diese Zweifel widersetzen sich jeder Vernunft, die da sagt, das sei doch unmöglich. Und diese Zweifel entstehen nur aus dem fehlenden Abschied im direkten Kontakt mit den Toten. – Auch deshalb versuchen wir immer, diesen Abschied zu ermöglichen.

Es hat alles seine Zeit gedauert: Wir mussten auf die Freigabe der Staatsanwaltschaft warten, die bei jedem nicht natürlichen Tod durch äußere Gewalteinwirkung (Unfall, Suizid, Gewaltverbrechen) eingeschaltet werden muss, und wir mussten viele Stunden dorthin fahren.

In der Zwischenzeit haben wir viel telefoniert mit den zuständigen Stellen der Polizei und der Staatsanwaltschaft, damit die Freigabe möglichst schnell erfolgt, ohne die wir die Toten nicht abholen dürfen. In diesem Fall musste keine Obduktion angeordnet werden, denn die Todesursache und -umstände wurden durch die Unfalluntersuchung der Polizei geklärt.

Endlich konnten wir die beiden Toten, den großen und den kleinen, beim Bestatter vor Ort abholen. Sie waren dort in weißen Plastikbergungshüllen in der Kühlung untergebracht. Wir öffneten die Plastikhüllen und sahen auf einen Blick, dass sie beide noch in einem sehr guten Zustand für den Abschied waren: ihre Gesichter und Hände und der überwiegende Teil ihrer Körper äußerlich fast unverletzt.

Die Verletzungen waren, wie so oft bei tödlichen Unfällen, eher innerlich: Ein gebrochenes Genick, ein schweres Schädeltrauma und schwere innere Organverletzungen führen schnell zum Tod, auch ohne äußerlich sichtbare größere Wunden.

Wir sind verletzliche und zerbrechliche Wesen. Das macht mir jeder Unfalltod immer wieder sehr deutlich.

Die junge Frau, die darauf wartete, dass wir ihr ihre Toten nach Hause brachten, damit sie beginnen konnte, durch diesen schweren Abschied zu gehen, lebt in einer großen Lebensgemeinschaft auf dem Land. Sie war nicht allein in ihrer Trauer. Und ihrem Schmerz.

Mit ihr warteten viele auf diese beiden Toten aus ihrer Mitte. Viele kümmerten sich um die junge Frau und ihren anderen Sohn. Während dieser circa zwei Tage, die es dauerte, bis wir endlich ihre Toten nach Hause bringen konnten, hatten einige mit weißem Stoff und Weidenzweigen eine sehr schöne lichte und runde Zeltkuppel auf eine Holzplattform in dem großen Gemeinschaftsgarten gebaut. Diese Holzplattform hatte der so plötzlich gestorbene junge Mann zusammen mit seinem älteren, fast siebenjährigen Sohn noch kurz vor dem Unfall selbst fertiggestellt.

So wurde gemeinsam ein wunderschöner geschützter Raum draußen im Schatten unter hohen Bäumen bereitet, wo die beiden empfangen und der Abschied auf die erdenklich wunderbarste Weise zelebriert werden konnte. Und das geschah während der folgenden drei Tage und Nächte dort.

Doch bevor wir dorthin kamen, brauchten wir noch einen Raum, in dem wir die Toten versorgen konnten. Das tun wir in diesen Fällen fast immer allein. Jemand aus der Gemeinschaft hat uns dafür einen Raum zur Verfügung gestellt und wir begannen mit der besonderen Versorgung und dem Vorbereiten der beiden für die Abschiednahme. Das ist immer auch eine sehr emotionale Arbeit für uns: Blut abwaschen und zum Beispiel Glassplitter vorsichtig entfernen, eine hoch anspruchsvolle und äußerst behutsame Bettung der Körper bei Knochenbrüchen, Wunden verbinden …

Wenn ich die Knochenbrüche spüre, die „zerbrochenen“ Körper in meinen Händen, dann fühle ich diese Erschütterung in meinem ganzen Körper. Diese Gewalt, die dieses Leben genommen, diesen Körper zerstört hat. Ich weine auch manchmal bei diesen Versorgungen. Und der Schock, der zu diesem Tod führte, geht auch durch meinen Körper. Und fließt weiter in die Erde …

Schließlich war es so weit. Wir brachten die beiden, in einem großen und einem kleinen hellen und unbehandelten Kiefernholzsarg, nach Hause.

Empfangen wurden wir von einer großen Gruppe von Menschen. Auf der Wiese waren überall ganz viele weiße Grablichter aufgestellt, ein Feuer brannte ein Stück weit weg von der wunderschönen weißen Kuppel, in der auch Kerzen brannten und unter die die beiden Särge, noch geschlossen, getragen wurden. Bewegende Momente der Stille.

Die junge Frau sollte und wollte zuerst zu ihrem Gefährten und ihrem kleinen Sohn. Sie wollte das allein tun, nur mit uns beiden als Begleitung.

Und so ließ sie sich erst einmal auf Knien in der Mitte zwischen den beiden Särgen nieder und legte ihre Hände auf die beiden Sargdeckel. Unter ihr waren dicke weiche Schaffelle und Decken ausgelegt.

Wir hatten alles schon vorab mit ihr besprochen und begleiteten sie so, wie sie es wollte. Wir sagten ihr, dass sie alle Zeit für jeden Schritt hätte und alles so tun könnte, wie sie es jetzt wollte. Sie wollte so selbstbestimmt wie in ihrem bisherigen Leben nun auch diesen schweren Abschied nehmen und konnte sehr klar sagen, wo sie welche Begleitung, von uns und von anderen, wünschte und wo nicht.

Wir öffneten zuerst den kleinen Sarg. Nach einer Weile und dem ersten heftigen Weinen sagte sie sehr verzweifelt: „Und jetzt muss ich das noch mal tun! Hier stehen ja zwei Särge!“ Als würde ihr hier zum ersten Mal richtig diese besondere Härte bewusst: gleichzeitig zwei so herzzerreißende Abschiede nehmen zu müssen! Bei der Erinnerung daran spüre ich noch deutlich diese tiefe Erschütterung.

Bald kniete sie zwischen den beiden offenen Särgen mit ihren wunderbaren Lieben, die beide, trotz ihres plötzlichen gewaltsamen Todes, sehr friedlich und entspannt wirkten … und schön aussahen … Sie schrie und weinte und schrie immer wieder mit aller Kraft ihren Schmerz hinaus. Markerschütternd.

Sie saß dort lange. Immer wieder ganz ruhig, immer wieder weinend, erst in aller Stille, langsam dann erzählend, mit den beiden redend und mit den anderen Abschiednehmenden, die nach und nach auch zu den beiden und zu ihr gingen … Ein langer Reigen von Einzelnen und kleinen Gruppen, die in das weiße, offene Rundzelt kamen, dort eine Weile blieben und gingen und wiederkamen, das schöne weiße Zelt, durch das am Tag sanft das Licht schimmerte und in der Nacht der Feuerschein …

Sie hat dort geschlafen, zwischen den beiden Särgen mit ihren geliebten Toten, auf weichen Fellen in warme Decken gehüllt … Ihr wurde Essen und

Trinken gebracht … Und schließlich, nach vielen Stunden, ist sie auch manchmal für kurze Zeit wieder hinausgegangen – kleine erste Schritte zurück in ihr Leben …

Ich werde diese Tage und Nächte dort niemals vergessen. Wir sind diese Tage dort geblieben, was selten vorkommt, aber angesichts des langen Weges und der besonderen Situation haben wir uns dafür entschieden.

Immer waren da Menschen in aller Ruhe und Selbstverständlichkeit. Das Feuer wurde Tag und Nacht geschürt. Immer saßen Menschen darum herum, erzählten leise – oder sangen und machten leise sanfte, tragende Musik auf schönen alten Instrumenten …

Die Kerzen wurden immer wieder erneuert. Unten die Kerzen auf der nachtschwarzen Wiese wie oben die Sterne am nachtschwarzen Himmel – ein Strahlen von Lichtern in der tiefen, umhüllenden Schwärze der Nacht, wie sie nur auf dem Land zu erfahren ist. Lichter, die den Weg wiesen zu den Verstorbenen in ihrem sanft leuchtenden Rundzelt …

Es war eine zärtliche, liebevolle Atmosphäre. Ab und zu wurde jemand umarmt und getröstet. Ein ruhiges, tragendes Miteinander – ein Raum, wie er für alle so wohltuend und kostbar ist, vor allem in großer Not und in tiefer Trauer …

Oft habe ich dort gedacht: Was für ein Geschenk, dass ich das erleben darf, diese Gemeinschaft und ihre selbstverständliche, angenehm zurückhaltende Sorge füreinander in großer Not – und wie getragen und geborgen sich das anfühlt. Eine Spur davon, wie es früher hier einmal gewesen sein könnte (und in vielen Teilen der Erde noch ist) und wie es wunderbarerweise Menschen wieder erinnern, die versuchen, so zu leben, mit allen Herausforderungen, die das auch bedeutet für uns heute: Gemeinschaft.

Besonders in Erinnerung an dieser Geschichte aber ist mir, wie diese junge Frau und Mutter nach nur wenigen Tagen und Nächten intensivem, sehr schmerzhaften Abschiednehmen und Trauern ohne etwas zurückzuhalten am Ende dieser kostbaren Zeit zwischen ihren beiden toten Lieben, ihrem geliebten Gefährten und ihrem geliebten süßen kleinen Sohn, saß und tatsächlich auch zwischendrin wieder lachen konnte beim Reden über die beiden, bei den Erinnerungen an sie und beim Teilen der Geschichten mit den anderen um sie herum. Am Schluss stand sie auf und ging sehr aufrecht hinaus – zurück in ihr Leben.

Ich habe sie etwa ein Jahr später noch einmal besucht, weil ich von ihr zu einem Fest eingeladen wurde. Es ging ihr da bereits schon wieder sehr gut und schon nach wenigen Jahren hatte sie einen neuen Partner gefunden und mit ihm bekam sie weitere Kinder. Sie ist jetzt glücklich. Sie ist eine sehr starke junge Frau, die für viele junge Frauen dort ein Vorbild ist – ihre größte Stärke liegt vor allem darin, dass sie diesen großen Schmerz in vollem Umfang zulassen konnte und uns damit gezeigt hat, dass wir in der Lage sind, durch beinahe jeden noch so unvorstellbar großen Schmerz hindurchzugehen, wenn wir die Unerträglichkeit zulassen und sie aushalten.

Das Zulassen von Schmerz und Trauer ist keine Schwäche, an der wir zu zerbrechen drohen und die wir deshalb lieber mit allen Mitteln unterdrücken sollten. Manchmal ist ein Schmerzmittel vielleicht sinnvoll, aber es gibt auch Schmerzen, die zu durchleben lebensnotwendig ist.

Das ist etwas, was wir alle in dieser Zeit wieder mehr lernen müssen: Wir können auch ganz schön viel aushalten und solche Erfahrungen geben uns Kraft, Mut und Weisheit – auch sie gehören zu unserem Schatz an Lebenserfahrungen.

Wenn Kinder sterben: Die tiefe Weisheit der Mütter

Wenn ein kleines, so hoffnungsvoll erwartetes Kind viel zu früh geboren wurde, um leben zu können, oder nach neun Monaten Schwangerschaft bei der Geburt stirbt, so ist das immer ein besonders schmerzvoller Schock und eine unfassbare Trauer. Um überhaupt dazu in der Lage zu sein, damit weiterzuleben, brauchen Mütter, Eltern und Geschwister die Möglichkeit, auf ihre ganz persönliche Weise Abschied nehmen zu können. In dieser totalen Ausnahmesituation sind eine sehr gute Begleitung und jede nur mögliche Unterstützung notwendig. Alle Angehörige haben ein Recht auf Zeit und Raum für ihren Abschied und für ihre Trauer – besonders notwendig ist eine gute Unterstützung dabei beim Abschied von den so plötzlich verstorbenen Kleinen und bei jedem Abschied von Kindern, die so früh schon wieder aus dem Leben gehen.

Und dazu gehören auch die Kleinsten, die durch einen Schwangerschaftsabbruch gestorben sind: Auch ihre Mütter oder Eltern haben ein Recht auf Trauer und eine für sie stimmige Form der Bestattung des Kindes, das aus unterschiedlichsten Gründen nicht zur Welt kommen konnte. Alle verstorbenen

Frühgeborenen werden inzwischen von Kliniken bestattet oder können selbst bestattet werden und die Frauen/Paare brauchen alle Informationen darüber, die für sie in diesem Moment wichtig sind, um eine Entscheidung treffen zu können, Raum für ihre Trauer und eine wertfreie, wohlwollende Begleitung und Unterstützung (mehr dazu weiter unten und in Kapitel VII: Rechtliches: Darf ich … einen Sarg selber bauen? …).

Warum liegen mir verstorbene Kinder so am Herzen? Weil ich selbst Mutter bin, aber auch, weil ich eine betroffene Schwester bin: Meine Mutter hat zweieinhalb Jahre nach mir meinen kleinen Bruder tot zur Welt gebracht. Zur damaligen Zeit gab es gar keine Unterstützung und er wurde ihr sofort nach der Geburt weggenommen. Damals dachten die meisten, das sei das Beste. Meine Mutter weiß bis heute nicht, was mit ihm passiert ist, und sie hatte ihr Leben lang Angst, dass er zu medizinischen Zwecken benutzt oder einfach in den Krankenhausabfall geworfen wurde, zusammen mit allem anderen menschlichen Gewebe, was den Menschen zum Beispiel bei Operationen entnommen wurde. Dies entsprach leider auch noch lange der Realität. Es wurde nie mit meinen Eltern darüber geredet, es gab keinerlei Raum für den Abschied, keinen Raum für den Schock und die Trauer meiner Eltern und, was bis heute für sie sehr schmerzhaft ist: Es gibt kein Grab. Als hätte dieses kleine Menschenwesen nie existiert.

Bis heute ist das ein fast unverarbeitetes Trauma, ein großer Schmerz für meine Mutter, und es hat unsere ganze Familie stark beeinflusst. Ganz vorsichtig fing sie an, mit mir darüber zu reden, nachdem ich ihr davon erzählte, wie ich Eltern und ihre so früh verstorbenen Kinder begleite …

Es ist für alle, Mütter, Eltern, Geschwister, die ganze Familie und das verstorbene Kind, unendlich wichtig, dass dieser Abschied genügend Raum bekommt. Daher ist es mein Herzensanliegen als Bestatterin und „Seelen-Hebamme", auch besonders toten Kindern einen behüteten Raum für den Übergang zu geben, diese zarten Menschenwesen liebevoll zu begleiten und dem kurzen, immer tief berührenden Augenblick ihres Daseins in unserer Welt unsere Achtung zu erweisen. Genauso wichtig ist mir die Begleitung der Mütter, Eltern und Familien bei ihrem schmerzlichen Abschied von ihrem verstorbenen Kind, dem kleinen Geschwisterchen, dem Enkelkind …

Nach den ersten telefonischen Beratungen bringen wir Särgchen zur Auswahl und alles Notwendige für unsere Arbeit mit. Wie lange wir bleiben, wie viel wir tun sollen und was sie selbst übernehmen wollen, können die Eltern nach unserer ausführlichen Beratung selbst entscheiden. Wir sorgen dafür, dass es für alles genug Zeit und einen geschützten Raum gibt, um mit dem toten Kind zu sein, es noch einmal gemeinsam liebevoll zu versorgen, vielleicht zu kleiden oder in weiche Tücher zu hüllen, im Arm zu halten, auf ein kleines Fell zu legen und es sanft in einen kleinen Sarg zu betten, ihm vielleicht noch etwas auf den Weg mitzugeben, sei es ein Kuscheltier oder einen Abschiedsbrief oder ein anderes Zeichen der Liebe und der guten Wünsche für seinen Weg wieder hinaus aus dieser Welt …

Als sichtbare Erinnerung an die Spuren, die dieses Kind im Leben seiner Familie und für immer in den Herzen hinterlässt, können wir, wenn es gewünscht wird, Farbabdrücke von den kleinen Füßen und Händen des Kindes nehmen oder dabei begleiten, dies selbst zu tun. Wir geben Anregungen für den Abschied und die Bestattung wie auch dafür, was dabei selbst gestaltet werden kann. Auf Wunsch bringen wir das Kind auch sehr gerne noch einmal nach Hause, damit die Eltern, die Geschwister und die ganze Familie Abschied im Schutz ihres Zuhauses nehmen können.

Die Kosten liegen dabei so niedrig wie es uns möglich ist und wir geben selbstverständlich jederzeit eine detaillierte Kostenberechnung und beraten in diesem Rahmen über Rechte und Möglichkeiten, zum Beispiel bei der Bestattung von Frühgeborenen unter 500 Gramm Gewicht, die nicht auf dem Friedhof bestattet werden müssen, aber dort bestattet werden dürfen. Das besprechen wir mit den Eltern und dem Friedhof ihrer Wahl und mithilfe unserer Erfahrung sorgen wir dafür, dass die Wünsche weitestgehend erfüllt werden.

Nachdem unter vielen anderen auch Sternenkinder-Elterninitiativen lange dafür gekämpft haben, wurden in den letzten Jahren Kliniken gesetzlich dazu verpflichtet, alle dort verstorbenen Frühgeborenen in kostenlosen Gemeinschaftsbestattungen, auch Sammelbestattung genannt, auf einem Friedhof bestatten zu lassen. Dieser Platz wird oft „Sternenkinder-Grabfeld" genannt. Dafür werden die Kleinen, die innerhalb einer bestimmten Zeit in einer Klinik gestorben sind, tiefgekühlt und gesammelt. Die Kleinen werden dann zum Beispiel alle vier Monate zusammen in einen Sarg gebettet und zusammen eingeäschert oder in diesem Sarg begraben. Jedes Krankenhaus hat hier eigene Vorgehensweisen und Regelungen mit dem jeweils zuständigen Friedhof in der Nähe der Klinik. Unsere Aufgabe besteht hier unter vielem anderen darin, alle Möglichkeiten vor Ort zu erfragen und die Eltern genau darüber zu informieren.

Tröstlich kann daran sein, dass die Kleinen gemeinsam mit anderen kleinen „Sternenkindern“ bestattet werden. Die lange Zeit in der Kälte der Tiefkühlung bis zur Sammelbestattung gefällt vielen Eltern allerdings nicht so gut und es ist daher nicht für alle Eltern eine Form der Bestattung ihres Kindes, mit der sie gut leben können. Hier haben die Friedhöfe noch längst nicht überall zufriedenstellende Lösungen gefunden. Es könnte ja ganz einfach auf *jedem* Friedhof, auch auf dem Land, ein Grabfeld mit kostenfreien einzelnen kleinen Erdgräbern für Frühchen und „Stillgeborene“ (ein anderer Name für totgeborene Babys unter 500 Gramm Geburtsgewicht) angeboten werden. So hätten es viele Angehörige, Geschwisterkinder und Großeltern einfacher, das eigene Grab zu besuchen, in dem das Kindchen auf dem Friedhof in der Nähe des Wohnortes begraben liegt und nicht, wie bei der Sammelbestattung, für viele weiter weg auf einem größeren städtischen Friedhof im Gemeinschaftsgrab.

Grundsätzlich ist hier noch mehr unbürokratische Menschlichkeit wünschenswert, denn manchmal ist es gar nicht so einfach, ein einzelnes Grab für so ein Kleines zu bekommen, und Friedhofsangestellte zeigen sich hier mitunter überfordert, weil sie „so einen Fall noch nie hatten“, und sind auch oft emotional sehr aufgewühlt, wenn es um den Tod dieser ganz Kleinen geht. Auch hier zeigt sich, dass zum Beispiel Gemeinderäte über solche Dinge wohl eher selten nachdenken (wollen) und es daher diesbezüglich manchmal gar keine Verordnungen gibt. Ein Urnengrab hätte in etwa die richtige Größe, aber wenn dann das Kind im Särgchen darin bestattet werden soll – eine Erdbestattung im Urnengrab –, stehen manche Friedhofsämter erst einmal vor einer Herausforderung.

Es ist inzwischen auch möglich, eine Geburtsbescheinigung für diese nicht bestattungspflichtigen Kleinen beim Standesamt zu bekommen. Es ist keine „richtige“ Geburtsurkunde, sie sieht aber fast genauso aus und kann auch in das Familienstammbuch geheftet werden (Bescheinigung nach § 31 Absatz 2 der Personenstandsverordnung). Diese ganz amtliche und offizielle Bescheinigung ist vielen Müttern und Eltern sehr wichtig: Auch das „bezeugt“, dass es dieses kleine Kind gegeben hat und dass es zur Familie, zur Mutter und deren

Lieben gehört. Diese Bescheinigung kann auch noch nachträglich beantragt werden, wenn Eltern zum Beispiel im ersten Schock noch gar nicht an so etwas denken, aber nach einem Jahr vielleicht feststellen, dass ihnen diese offizielle Anerkennung des kurzen Lebens ihres besonderen Kindes wichtig ist. Es sollte also immer im Einzelfall gemeinsam gut überlegt werden: Welche Möglichkeit stimmt für uns und unser Kind?

Für eine Mutter war es zum Beispiel ganz besonders wichtig, die Asche ihrer verstorbenen kleinen Tochter erst einmal für unbestimmte Zeit zu Hause zu behalten und sie nicht gleich zu beerdigen. Über die verschiedenen Möglichkeiten hierzu beraten wir sehr gerne ausführlich bei einem persönlichen Gespräch.

Wir unterstützen Mütter und Eltern, wo immer sie unsere Hilfe brauchen, und geben ihnen die Sicherheit, die sie benötigen, um zu tun, was für sie, ihre Familie und ihre Lieben bei diesem Abschied wichtig und notwendig ist.

Hier ein paar Beispiele:

- Fotos von ihrem Kind machen.
- Das kleine Särgchen bemalen und/oder etwas darauf schreiben und/oder Handabdrücke von Eltern und Geschwistern aufbringen, was auch Geschwister selbst tun können.
- Angehörige können das Särgchen, die „letzte Wiege“ für das Kind, selbst bauen (wir geben gern Tipps, worauf dabei zu achten ist).
- Kinderlieder oder Wiegenlieder bei der Trauerfeier oder Beerdigung singen.
- Gemeinsam ein kleines Abschiedsritual gestalten.
- Wiesenblumen oder Wildkräuter in und auf den kleinen Sarg legen.
- Bunte Windräder am Grab aufstellen.
- Luftballons und/oder Seifenblasen fliegen lassen.
- Angehörige oder Kinder spielen auf Instrumenten.
- Von den Eltern für ihr Kind geschriebene Abschiedsbriefe, die von FreundInnen oder von uns bei der Beerdigung vorgelesen und/oder in den Sarg/ins Grab mitgegeben werden.
- Die Eltern lassen den Sarg mit ihrem Kind selbst ins Grab und sie begraben mit bereitgestellten Schaufeln ihr Kind auch eigenhändig – eine oft sehr wichtige Handlung, die von Familie, Freundinnen und Freunden unterstützt werden kann; Kinder können hier ebenfalls einbezogen werden, wenn für das Vorhandensein kleiner Schaufeln gesorgt wird …

Meistens sind es nur wenige Dinge, die eine Familie braucht, um Abschied zu nehmen. Oft wollen Eltern hier die Möglichkeit bekommen, ganz privat im engsten Kreis zu sein. Wichtig ist, dass sie genug Raum, Zeit und liebevolle Menschen an ihrer Seite haben und kompetente Beratung bekommen, um zu tun, was für sie stimmt, denn niemand weiß das besser als die Trauernden selbst. Begleitung bedeutet aber auch, sie sanft an der Hand zu nehmen, wenn sie zu viel Angst haben, um einen für den Abschied wichtigen Schritt gehen zu können, wie die Hebamme, die eine Mutter sanft, aber bestimmt durch die Geburt leitet. Das Abschiednehmen kann bestärkt und ermutigt werden.

Verstorbene Kinder zu begleiten ist bei aller Traurigkeit auch ein ganz besonderes Geschenk – für uns und für die abschiednehmenden Lebenden, die in ihrer großen, schmerzvollen Trauer diese unwiederbringliche Zeit mit ihren toten Kindern auch als einen großen Trost empfinden. Unsere Erfahrung zeigt immer wieder: Ein liebevoll begleiteter Kontakt mit „stillgeborenen" oder kurz nach der Geburt oder mit wenigen Jahren verstorbenen Kindern kann sehr heilsam sein, unsere Leben reicher machen und das Weiterleben mit der Trauer wird dadurch oft überhaupt erst möglich. So bekommen verstorbene Kinder einen Platz im Herzen ihrer Eltern, in ihrer Familie und, was für die meisten Mütter und Eltern sehr wichtig ist, einen Grabplatz. Ebenfalls eine wirkliche und sichtbare Erinnerung an dieses Kind, das in ihr Leben kam, in seiner kurzen Lebenszeit alle reich beschenkte – und immer ein Teil dieser Familie bleiben wird.

Eine Studie von 2004 hat sich mit der Frage beschäftigt, was Eltern, deren Kinder plötzlich gestorben sind, in der Zeit zwischen Tod und Bestattung hilft. Einige Ergebnisse daraus möchte ich hier kurz vorstellen.[45] Sie sind nach unserer Erfahrung auch für Angehörige zutreffend, die einen plötzlichen Tod eines erwachsenen Menschen zu betrauern haben, und in vieler Hinsicht auch auf die „alltäglicheren" Tode anwendbar. Ein Anliegen der Studie war es, herauszuarbeiten, wie professionell Tätige, die mit trauernden Eltern zu tun haben – von Feuerwehr, Rettungsdienst und Polizei über Bestattungsunternehmen bis hin

45 Linda Janzen, Susan Cadell, Anne Westhues: „From Death Notification through the funeral: bereaved parents' experiences and their advice to professionals", in: OMEGA, Vol. 48, Nr. 2 (2004), S. 149–164. Ein großes Dankeschön an Gwendolin Altenhöfer, die diesen Artikel so gut übersetzt und zusammengefasst hat.

zu SeelsorgerInnen –, diese in ihrem Trauerprozess unterstützen können und welches Verhalten auf der anderen Seite akut oder langfristig blockierend wirkt und eine Verarbeitung und Integration der Trauer verhindert. In der Studie wurden folgende Themenfelder als zentral herausgearbeitet:

Informationen

Bei einem plötzlichen Tod, bei dem Angehörige nicht dabei sind, ist es wesentlich, Informationen zu bekommen, um die letzten Lebensminuten rekonstruieren zu können. Für sich ein Bild von diesen letzten Lebensminuten und den Todesumständen zu entwickeln, ist wesentlich, um das Geschehene zu verstehen, und kann verhindern, dass Posttraumatische Belastungsstörungen (PTBS) auftreten. Überfürsorgliches Verhalten von professionellen Menschen, die die Eltern vor den härteren Aspekten des Todes ihres Kindes abschirmen wollen, wirkt blockierend und entmündigend auf die Eltern. Sie wollen gefragt werden und selber entscheiden, welche Informationen sie sich zumuten.

Kontrollverlust

Der plötzliche Tod zerstört die gewohnten Annahmen über die Welt. Alles scheint außer Kontrolle, wenn so etwas Existenzielles so plötzlich passieren kann, ohne dass man selber darauf Einfluss hat. Deswegen ist es besonders wichtig, das Gefühl von Kontrolle wieder aufzubauen. Wenn die Wünsche von Eltern respektiert werden, wenn sie Entscheidungen über eine eventuelle Obduktion, über den Zugang zu ihrem toten Kind, über den Ablauf der Bestattung treffen dürfen und/oder aktiv mitgestalten, vermindert dies Gefühle von Macht- und Hilflosigkeit und liefert stattdessen frische Erfahrungen von Gestaltungsmacht. Wenn ihre Wünsche nicht erfüllt werden (hier als Beispiel ein Bestattungsunternehmen, das der Mutter/den Angehörigen nicht erlaubte, beim Absenken des Sarges dabei zu sein), sind die Eltern besonders verletzt und wütend. Ein weiterer Aspekt ist die Kontrolle über Informationen: Es hilft den Eltern, wenn sie selber entscheiden können, wann sie was erfahren und wann welche Informationen an weitere Personen oder die Öffentlichkeit gehen.

Bedürfnis, sich zu verabschieden

Dazu gehören: das Bedürfnis, noch einmal beim toten Kind zu sein, das Bedürfnis, dass professionelle Menschen Verständnis für das Ausmaß des Ver-

lustes zeigen, indem sie das tote Kind mit Würde und Respekt behandeln und indem sie Mitgefühl zeigen. Wenn das tote Kind nicht mit dieser menschlichen Zuwendung behandelt wurde, kann das den Trauerprozess stark blockieren – Beispiel hier: Das Kind liegt einfach auf der Edelstahlwanne. Die Mutter kann es nicht fassen, dass ihm niemand wenigstens ein Tuch beziehungsweise eine Decke untergelegt hat. Das Bild verfolgt sie noch lange.
(Anmerkung von mir dazu: Dieses Beispiel zeigt meines Erachtens, dass es nicht unbedingt der Anblick der Toten an sich ist, der Trauernde hinterher verfolgt, wie es die oft ausgesprochene Empfehlung „Behalten Sie ihn/sie lieber so in Erinnerung, wie er/sie zu Lebzeiten war" nahelegt, sondern dass es die Art und Weise ist, wie mit den Toten umgegangen wird. Dass ihrem Kind ganz offensichtlich keine Menschlichkeit mehr zugestanden wird, ist das, was die Mutter verfolgt, nicht das Aussehen ihres toten Kindes an sich.)

Der Zugang zu ihrem verstorbenen Kind spielt für Eltern eine Schlüsselrolle, wie auch bereits vorher durchgeführte Studien ergaben: Noch einmal bei ihrem Kind zu sein, gibt ihnen die Gelegenheit, sich zu verabschieden, ein wichtiger erster Schritt im Trauerprozess. Das Berühren, das Halten, das Betten und Anziehen des toten Kindes – falls sie das wollen – können wesentliche Elemente dieses ersten Abschiednehmens sein.

Eine Beziehung zum toten Kind aufbauen

Eltern hilft es, in ihrem Leben weiterzugehen, wenn sie eine innere Verbindung zu ihrem Kind pflegen. Das kann zum Beispiel geschehen, indem sie die spirituelle Gegenwart ihres Kindes fühlen, oder durch Erinnerungen, die ihnen Trost spenden. Ebenfalls hilfreich sind Rituale, das Fortführen von Aktivitäten, die für das Kind wichtig waren, das Engagement in Organisationen, die mit dem Kind in Verbindung stehen, und andere Eltern oder Kinder in ähnlichen Lebenslagen zu unterstützen.

Auch „Verbindungsobjekte" helfen den Eltern beim Übergang zum Leben danach, ohne ihr Kind. Solche Erinnerungsstücke, wie zum Beispiel eine Haarsträhne, ein Kleidungsstück oder Spielzeug des Kindes, ein Stein oder anderes Objekt aus der Natur, dem die Eltern eine verbindende Bedeutung gegeben haben,[46] können schon früh im Trauerprozess geschaffen werden.

46 Die hier genannten Beispiele stammen von mir.

Was sonst noch unterstützend wirkte

Bei totgeborenen Kindern:

- Anerkennen, dass wirklich ein Kind geboren wurde und gestorben ist.
- Eine Namenszeremonie anbieten und eventuell anleiten.

Allgemein

- Praktische Fürsorge für Angehörige: zum Beispiel Essen, Decken zum Wärmen, Gesundheitsfürsorge anbieten …
- Angehörige in ihren Gefühlsreaktionen bestätigen und ihnen dafür Raum geben.
- Organisatorische Vorgänge erklären.
- Angehörige nach der eigenen Meinung fragen und anhören.
- Sie unterstützen, wenn andere Stellen nicht aufgeschlossen für deren Wünsche sind.
- Aktives Zuhören.
- Beteiligung der Angehörigen ermöglichen, wo immer diese es wünschen (Waschen, Versorgen, Kleiden, Aufbahrung, Dekoration, Gestaltung der Feier, der Anzeigen, der Karten etc.).
- Privatsphäre bei den toten Kindern ermöglichen.
- Angehörige darin unterstützen, herauszufinden, was sie brauchen und sich wünschen.
- Informationen bei Bedarf wiederholen, mehrmals geben, da Angehörige in dieser Situation eventuell nur begrenzt aufnahmefähig sind.

Begraben: „Hilf mir, es selbst zu tun." (Maria Montessori)

Es folgt die Geschichte über einen Abschied von einem kleinen, bei seiner Geburt gestorbenen Mädchen, dessen Bestattung nun schon über 20 Jahre her ist – und mittlerweile hat sich auf manchen Friedhöfen glücklicherweise schon einiges geändert. In dieser Geschichte liegt nach all der Zeit jedoch noch sehr viel Wesentliches, das ich gerne ans Herz legen möchte.

Wir hatten das kleine Mädchen im Krankenhaus sanft in einen „Sternenhimmel"-Sarg gebettet (dunkel- und hellblau, mit goldenem Mond und kleinen Sternen bemalt) und vom Krankenhaus zu den Eltern nach Hause gebracht. Dort blieb es bis zu seiner Beerdigung: fünf Tage lang. In dieser Zeit hatten die

Eltern einen sehr geschützten Raum für ihre Trauer. Die Mutter konnte immer wieder laut um ihr Kind weinen, beide konnten ihrer Trauer ungestört Ausdruck geben. Sie haben ihr Kind auf ein Fell gebettet und von seinen kleinen Füßen und Händen farbige Abdrücke gemacht, woraus später eine wunderschöne selbst gestaltete Trauerkarte entstand. Die Eltern konnten gemeinsam mit Familie und FreundInnen die Trauerfeier und die Beerdigung in Ruhe planen. Es wurde eine sehr schöne Trauerfeier, die am kleinen Grab auf einem alten Friedhof in einer großen Stadt stattfand. Vor der Trauerfeier gab es in einem kleinen Friedhofsraum, den ich mit Tüchern, Kerzen und Blumen schmückte, eine offene Aufbahrung. Um diese offene Aufbahrung musste ich sehr mit den Friedhofsmitarbeitern kämpfen und stieß zuerst auf heftigsten Widerstand und große Angst beim bloßen Gedanken an die offene Aufbahrung eines neugeborenen Kindes: „So etwas hatten wir hier noch nie! Das geht doch nicht!" Als Bestatterin begegne ich FriedhofsmitarbeiterInnen mit Respekt für ihre ehrenvolle und wichtige Aufgabe und gewinne sie in der Regel immer dafür, den Abschiednehmenden ihre letzten Wünsche zu erfüllen, soweit das möglich ist.

Als die 40 Trauergäste, die zum Teil weit angereist waren, in einer langen Reihe das kleine neugeborene Mädchen, das wunderschön im Särgchen lag, noch einmal sehen durften, breitete sich in diesem Friedhofsraum eine sehr starke, stille und friedliche Atmosphäre aus und am Schluss nahm selbst das gesamte Friedhofspersonal, sechs Männer, die als Sargträger in Uniform waren, noch einmal sehr berührt am offenen Sarg Abschied: Sie standen im Kreis um das Särgchen, zogen ihre Schirmmützen und verbeugten sich vor der Kleinen. Bei einigen sah ich Tränen.

Bei der sehr bewegenden schönen Feier unter den alten Bäumen haben mehrere Menschen kleine Reden gehalten oder Gedichte vorgetragen, die Abschiedsbriefe beider Eltern wurden vorgelesen, ein kleiner Chor sang sanft und leise Gospels, die klangen wie Wiegenlieder, besonders schön ist mir diese Liedzeile in Erinnerung: „Swing Low, Sweet Chariot, coming for to carry me home"[47] …

Ausnahmslos alle, die etwas gesagt haben, auch die Eltern, haben sich bei diesem kleinen Mädchen dafür bedankt, dass es ihnen gezeigt hat, wie nah

47 Was in etwa bedeutet: Schaukle sanft, lieblicher Wagen, Du kommst, um mich nach Hause zu tragen …

beieinander Tod und Leben sind, und dass selbst Geburt und Sterben zusammengehören. Sie alle bedankten sich bei ihm, so viel über das Leben und den Tod gelernt zu haben durch sein Kommen und Gehen, Geburt und Sterben in einem Atemzug …

Dann, als der Vater mithilfe von Freunden den kleinen Sarg behutsam ins Grab hineinließ, nach einem Moment der Stille, ging die Mutter zum Grab, kniete sich nieder und mit ihren bloßen Händen begann sie, ihre kleine Tochter selbst zu begraben. Es war ein solch überraschender und bewegender Augenblick, dass alle zuerst ganz erstarrt standen (und ich die Friedhofsmitarbeiter wortlos zurückhalten musste, die das Grabschließen als ihre Angelegenheit ansahen). Dann sah sie sich um und nickte ohne ein Wort ihrem Mann und ihren Freundinnen und Freunden zu. Sofort knieten sich mehrere an ihre Seite und so begrub sie mit ihnen schweigend ihr Kind, bis ein kleiner Grabhügel entstand, auf den sie gemeinsam das Namensschild und die Blumen legten, rote Rosenblätter, Margeritenblüten, Rittersporn, Frauenmantel und Schafsgarbe. Die beiden Geburtshebammen steckten noch zwei Windräder in die Erde. Danach stand die Mutter auf und ging als Erste sehr aufrecht und allein davon, in ihrem strahlend gelben Sommerkleid, ohne noch einen Blick zurückzuwerfen. Viele weinten still. Ich weinte auch – vor Freude darüber, dass die Mutter, die Eltern und alle alles genau so tun konnten.

Diese Frau hat noch viele weitere Menschen, denen wir davon erzählten, dazu angeregt, ihre Lieben selbst zu begraben – und es waren immer sehr bewegende Momente, wenn ich dies erleben durfte. Es war jedes Mal, als würden wir uns etwas wieder zurückholen, eine Handlung, die so wohltuend und sinnhaft sein kann – wie so vieles, das wir uns vielleicht nicht immer aus der Hand nehmen lassen sollten.

Auch diese Frau ging sehr gestärkt in ihrem Leben weiter. Nicht gebrochen durch den Schmerz, sondern klarer als zuvor durch die unglaublich lebendige Kraft der Trauer, die sich entfaltet und uns unterstützt, wenn wir ihr den Raum geben – wenn wir unseren Toten den Raum geben.

Kinder, die hierherkamen, um sogleich wieder aus diesem Leben zu gehen, hinterlassen bedingungslose Liebe in unseren Herzen und berühren unser Leben mit dem großen Geheimnis der Verbindung von Geburt und Tod. Sie zeigen uns unmittelbar und ganz direkt, dass Leben und Tod zusammengehören. Und alle Kinder, die sterben, in welchem Alter auch immer, zeigen uns, zu welcher Kraft und Liebe Eltern fähig sein können, diese geliebten Kinder mit ihrer Liebe zu begleiten und sie so früh wieder gehen zu lassen. – Als Mutter und Bestatterin habe ich die größte Hochachtung vor diesen Eltern.

Ein selbst bestimmter und einfühlsam begleiteter Abschied ist notwendig, damit die Familie gut mit dem Tod eines Kindes weiterleben und miteinander sein kann. Erst dadurch können alle das tote Kind liebevoll gehen lassen und ihm von Herzen eine gute Reise, wohin auch immer, wünschen.

Wie Kinder trauern: Was die Großen von den Kleinen lernen können

Eine kleine Schwester sagte einmal beim Tod ihres Geschwisterchens: „Wir haben jetzt einen Engel in unserer Familie!“ Kinder, auch die noch sehr kleinen, können viel besser mit dem Tod eines Geschwisterchens umgehen, wenn sie einbezogen werden und mit ihnen darüber gesprochen wird. Wir unterstützen es immer, dass auch die kleinen Geschwister das tote Kind, das schließlich zu ihrer Familie gehört, sehen und berühren dürfen, ihm zum Beispiel auch etwas in das Särgchen mitgeben und alle Fragen stellen können, die Kinder zum Tod haben. Kinder sind auch trauernde Angehörige. Eine Großmutter sagte uns bei einer Hausaufbahrung dazu: „Meine kleine vierjährige Enkelin hat mit ihren Fragen zum Tod ihres Geschwisterchens alle Fragen gestellt, die ich mich selbst nicht zu fragen traute.“

Wir Erwachsenen können sehr viel vom unbefangenen und natürlichen Umgang vor allem der kleineren Kinder mit dem Tod lernen. Denn auch wir wissen nicht wirklich, was dieses geheimnisvolle Wunder von Leben und Tod, Geburt und Sterben bedeutet: Warum müssen so kleine Kinder sterben? Warum sieht das Kind so wunderschön und so lebendig aus und atmet nicht mehr, trinkt nicht und bewegt sich nicht? Wohin geht es jetzt und wie sieht es dort aus? … Fragen, die wir nicht so einfach beantworten können, die aber auch uns beschäftigen und für die wir manchmal in uns selbst Antworten finden oder im Gespräch miteinander ganz unterschiedliche Sichtweisen erfahren und diese Bilder miteinander teilen können – gerade auch im Gespräch mit Kindern.

Ich habe einige Bestattungen von Kindern verschiedenen Alters begleitet. Eine Erinnerung an das Begräbnis eines Kindes möchte ich hier teilen: Als das Särgchen in das Grab gelassen war, alle Erwachsenen sich verabschiedet hatten, vom Grab weggegangen waren und nun in Gruppen etwas entfernt vom Grab beieinanderstanden und leise miteinander redeten, kamen mehrere der Kinder zurück. Sie waren so circa zwischen sechs und acht Jahren alt und setzten sich um das kleine Grab auf dem Friedhof herum auf den Boden und sprachen miteinander: „Jetzt ist er da unten in dem Sarg drin." – „Und dann kommt die Erde drauf. Da friert er nicht mehr." – „Und dann könnten wir Apfelkerne in die Erde auf seinem Grab legen und dann wächst daraus ein Apfelbaum und die Wurzeln gehen dann bis zu ihm runter." – „Ja, das ist schön! Dann ist er ja auch in dem Apfelbaum und wir können ihn besuchen." – „Oh, dann hat er sich in so einen schönen Apfelbaum verwandelt und wir können ihn wiedersehen!" … Es war eine ganz friedliche, tröstliche, fast heitere Atmosphäre unter den Kindern, die da miteinander am Grab saßen und hinabschauten zu dem kleinen Sarg, in dem ihr Freund nun lag.

Ich war sehr beglückt, etwas entfernt den Kindern dabei zuhören zu dürfen – und dabei auch ein bisschen darauf zu achten, dass kein Kind in das Grab fiel. Aber da musste ich mir keine Sorgen machen. Sie saßen ganz ruhig da und erzählten sich ganz versunken ihre Geschichte von der Verwandlung ihres Freundes.

Kinder fragen ihre Fragen zum Tod eines nahestehenden Menschen, sei es die Kindergartenfreundin, der Großvater oder das Geschwisterchen, das doch gerade noch im Bauch der Mutter herangewachsen war und sich darin fühlbar und sichtbar bewegt hat. Sie fragen immer nur dann, wenn sie etwas wissen wollen, und bei einer Hausaufbahrung kommen und gehen sie – so, wie es für sie stimmt. Sie können auch schon mit drei Jahren sagen, ob sie die Toten noch einmal sehen wollen oder nicht. Ob sie zur Trauerfeier mitwollen oder nicht. Sie spüren sehr genau die Ängste der Erwachsenen und es hilft ihnen, wenn wir ihnen zutrauen und ihnen erlauben, für sich selbst entscheiden zu können. Denn das können sie in vielen Fällen schon sehr gut.

Auch die Kleinsten trauern schon und fühlen die Trauer ihrer Eltern und Geschwister. Kinder sind immer auch Trauernde und sollten die Möglichkeit haben, auf ihre ganz eigene Weise dabei zu sein, mit einbezogen zu werden, so viel und so wenig, wie sie es wollen. Es tut ihnen in aller Regel nicht gut, sie davon fernzuhalten, weil sie „noch zu klein" sind und das alles nicht verstehen würden. Sie verstehen auf ihre Weise immer viel mehr, als wir uns das vorstellen können. Vielleicht können sie es noch nicht in Worte fassen. Aber sie sind von Anfang an sehr intuitiv und feinfühlig, denn das ist unter anderem ihre wesentliche Überlebensstrategie als kleine Menschen, die von den Großen um sie herum abhängig sind. Sie nehmen unablässig unendlich viel an Informationen auf. Und sie brauchen uns Erwachsene als zuverlässige BegleiterInnen in dieser Zeit, die auch für sie sehr verunsichernd sein kann.

Es wird immer gesagt, dass es das Schlimmste sei, wenn ein kleines Kind stirbt. Ich erlebe aber auch, wie schlimm es ist, wenn eine Mutter stirbt, deren Kinder noch nicht für sich selbst sorgen können.

Bei unserer immer noch traditionellen Lebensweise, in der die Mutter in der Regel die Hauptsorge für die Kinder trägt und diejenige ist, die sich am meisten um die Bedürfnisse der Kinder und des alltäglichen Lebens kümmert, reißt das ein Loch in die Familien, das von keiner anderen erwachsenen Person so schnell ausgefüllt werden kann. Und das ist verständlicherweise für die Kinder eine riesengroße Verunsicherung und für den Partner[48], der für gewöhnlich beruflich jeden Tag lange von zu Hause weg ist, eine fast unlösbare Aufgabe. Nicht immer sind da Großeltern, die nahe genug oder in der Lage wären, diese Aufgabe vollständig zu übernehmen, und es gibt selten Ganztagskinderbetreuungen – das heißt, beim Tod einer jüngeren Mutter bricht meistens das Leben für mehrere Menschen komplett zusammen. Das erlebe ich bei keinem anderen Tod so drastisch. Und das zeigt uns auch noch mal deutlich, dass es keine gute Lösung ist, die Mütter mit dieser anspruchsvollen, verantwortungsvollen und komplexen Aufgabe der Kinderbetreuung so alleinzulassen, wie es momentan bei uns immer noch üblich ist.

Wenn Kinder mehrere zuverlässige liebevolle Erwachsene in ihrem Leben hätten, die sich gerne die Sorge um sie teilen, dann wären schwere Krankheit

48 In sogenannten Regenbogenfamilien, zu denen lesbische Mütter und schwule Väter gehören, ist die Rollen- und Arbeitsaufteilung meist nicht so strikt, doch auch hier wird dann ein Elternteil alleinerziehend.

oder gar der Tod der Mutter nicht so eine totale Katastrophe, wie es derzeit meistens der Fall ist.

Das ist aber selbst in größeren Gemeinschaftsprojekten noch eine Seltenheit, weil wir überwiegend in der (übrigens noch sehr jungen[49]) Tradition der klassischen Kleinfamilie aufgewachsen sind und uns nichts anderes vorstellen können. Die meisten sind (vor allem in diesem Land) immer noch davon überzeugt, dass vor allem die Mutter (und neben ihr der Vater oder die andere Mutter) die wichtigste Bezugsperson für die Kinder sei.

Ich möchte hier gewiss keine allgemeinen pädagogischen oder psychologischen Diskussionen eröffnen, aber nach meiner Erfahrung ist eine einzige verlässliche Bezugsperson für Kinder im alltäglichen Leben in aller Regel zu wenig. Dass es so immer wieder zu körperlichen und emotionalen Überbelastungen mit all ihren Folgen vor allem für die damit alleingelassenen Frauen kommt, ist vorprogrammiert.

Es braucht ein ganzes Dorf, um ein Kind gut und behütet groß werden zu lassen. Eine alte Weisheit, die in unserer Gesellschaft leider noch nicht wieder zur Wirklichkeit geworden ist.

Pränataldiagnostik: Entscheidung über das Leben vor der Geburt

So kommen wir auch zum nächsten Thema: die vorgeburtliche Diagnostik, die mittlerweile zur gängigen Praxis geworden ist, um der schwangeren Frau (scheinbar genaue) Informationen darüber zu geben, ob ihr Kind „gesund" ist, und ihr damit im Zweifelsfall eine schwerwiegende Entscheidung aufzwingt. Die derzeitige Definition von „gesund" führt leider auch des Öfteren dazu, dass Behinderungen als „krank" eingestuft werden, obwohl sie keine Krankheiten sind und viele in dieser Weise „diagnostizierten" Menschen ganz gut und glücklich leben können.

Um das gleich zu Beginn klarzustellen: Ich bin auf jeden Fall für das Recht jeder Frau, die Schwangerschaft abzubrechen, wenn sie sich nicht in der Lage fühlt, für dieses Kind zu sorgen. Und ein Kind zur Adoption freizugeben, ist

49 Seit Ende des 18. Jahrhunderts: Werner Conze (Hg.): *Sozialgeschichte der Familie in der Neuzeit Europas*. Klett, 1976 (= Schriftenreihe des Arbeitskreises für Sozialgeschichte, Band 21)

aus vielen sehr offensichtlichen Gründen, die ich hier nicht weiter benennen muss, in den seltensten Fällen eine Option.

Die Schwangerschaft ist eine körperliche Einheit der Frau mit dem ungeborenen Kind. Daher muss es bedingungslos ihr Recht sein, darüber zu entscheiden.

Was als „gesund" gilt, ist zu diskutieren, und da sollten offiziell als behindert geltende Menschen politisch immer mit einbezogen werden. Eine sehr informative Seite dazu hat das Netzwerk gegen Selektion durch Pränataldiagnostik (www.netzwerk-praenataldiagnostik.de). Hier zwei Zitate daraus:

„Pränataldiagnostik wirft Fragen nach Gesundheit, Krankheit und Behinderung, nach Lebensqualität und Sinn auf. Sie wirkt sich auf die Lebenssituation behinderter Menschen und ihrer Familien aus. Dies erfordert ein Gegensteuern durch alle gesellschaftlichen Kräfte.
AktivistInnen aus der Selbstbestimmt-leben-Bewegung konfrontieren damit, dass das System Gen- und Repromedizin genau solche Menschen, wie sie es sind, verhindern will. Verbände von Eltern behinderter Kinder zeigen auf, wie selektive Techniken Eltern unter Rechtfertigungsdruck setzen: ob sie das denn nicht vorher gewusst hätten …
EthikerInnen im Netzwerk weisen darauf hin, dass die routinemäßige Suche nach Behinderungen die bedingungslose Annahme von Kindern, wenn sie geboren werden, in Frage stellt. Insgesamt trägt Pränataldiagnostik zur Normalisierung eines ‚Hauptsache Funktionieren' bei. Was wir aber brauchen sind Vielfalt, Respekt und Würde und die Grundlagen und Bedingungen, die es dazu braucht."[50]

„Ein systematischer Einsatz der vorgeburtlichen Suche nach möglichen Behinderungen setzt bestimmte Haltungen voraus und/oder prägt diese. Die vorgeburtliche Suche lebt von der Selbstverständlichkeit, dass Frauen sich über das in ihnen heranwachsende Ungeborene umfassend informieren und planend vorgehen müssen. Es ist noch nicht lange her, da gab es in einer Schwangerschaft deutlich weniger zu entscheiden, wenn sich eine Frau erst einmal auf die Schwangerschaft eingelassen hatte.
Diese Planungen und Entscheidungen bringen mit sich, dass Frauen/Paare

50 Netzwerk Pränataldiagnostik, https://www.netzwerk-praenataldiagnostik.de/themen/behinderung-und-nor mierung.html (25.11.2020)

die Folgen ihres Handelns, also die Geburt eines ‚gesunden' oder eben ‚behinderten' Kindes zu verantworten haben. Verantworten gegenüber der eigenen Lebensplanung, gegenüber der Familie und gegenüber der Gesellschaft. Sie können ihre Nöte nur schwer vermitteln, wenn sie z. B. mit einem Kind mit Behinderung größere Probleme in der Betreuung bekommen oder überlastet sind. Und sie machen sich Gedanken darüber, ob sie dem Kind selbst, anderen Kindern, ihrem Partner oder der Gesellschaft als ‚Kostenträger' mögliche Belastungen durch ein besonderes Kind zumuten dürfen."[51]

Es kann jedenfalls nicht sein, dass Eltern nach einer pränataldiagnostischen Untersuchung von den Ärzten in der Klinik gedrängt werden, die Schwangerschaft abzubrechen. So haben wir es einmal bei einem Elternpaar erlebt, das wir nach einem solchen Eingriff beim Abschied von ihrem Kind begleitet haben. Wie mit Frauen/Paaren in dieser Situation umgegangen wird, hängt meiner Erfahrung nach stark von den jeweiligen Ärztinnen und Ärzten und ihren ganz persönlichen Einstellungen ab. Diese Geschichte, von der ich nicht sagen kann, wie viele Eltern Ähnliches schon erleben mussten, wie es uns von diesen Eltern unter vielen Tränen erzählt wurde, hat mich sehr erschüttert. Die beiden hatten, als die Frau mit dem zweiten Kind schwanger war, einer pränataldiagnostischen Untersuchung, die ihnen angeboten wurde, zugestimmt. Die Ergebnisse wurden ihnen daraufhin mitgeteilt: genetische „Fehlbildungen", die eine Lebensfähigkeit des Kindes nach der Geburt infrage stellten. Es wurde ihnen nahegelegt, die Schwangerschaft zu beenden. Das wollten die Eltern aber nicht. Sie wollten das Kind bekommen und es auch mit eventuellen Behinderungen oder Fehlbildungen willkommen heißen. Und es sollte die Möglichkeit haben, nach der Geburt so lange zu leben, wie es ihm mit dieser Diagnose möglich war. Davon rieten die MedizinerInnen jedoch vehement ab. Sie sprachen davon, dass dies unter Umständen ein unzumutbares Leid für das Kind bedeuten würde und das würden sie doch ihrem Kind nicht antun wollen. Immer noch weigerten sich die Eltern, die Schwangerschaft zu beenden, sprich: den Tod des noch lebenden Kindes im Bauch der Frau bei schon fortgeschrittener Schwangerschaft durch eine Spritze ins Herz des ungeborenen Kindes herbeizuführen. Dies wird auch Fetozid genannt.

51 Netzwerk Pränataldiagnostik, https://www.netzwerk-praenataldiagnostik.de/themen/schwangerschaft.html (25.11.2020)

Schließlich behaupteten die Ärzte, dass es eine Gefahr für das Leben der Frau bedeuten könnte, wenn sie das Kind austragen und zur Welt bringen würde. Dies verunsicherte die Eltern so sehr, dass sie schließlich dem Drängen seitens der Klinik nachgaben und der sofortigen Tötung ihres Kindes zustimmten. Dies ist kein Schwangerschaftsabbruch, wie er in den ersten drei Monaten durchgeführt werden kann (z. B. durch das Absaugen). Bei schon fortgeschrittener Schwangerschaft wird (nach dem Fetozid) die Geburt umgehend medikamentös eingeleitet, was meistens sehr viel stärkere und schmerzhaftere Wehen zur Folge hat, als das natürlicherweise der Fall wäre, manchmal sogar ohne Wehenpausen. Dies muss die Frau zusätzlich zu den tragischen Umständen mehrere Stunden ertragen.[52]

In der Klinik war es ihnen unter diesen Umständen nicht möglich gewesen, bewusst Abschied zu nehmen. Sie standen unter einem zu großen Schock. Doch sie wollten ihr Kind, auf das sie sich so sehr gefreut hatten, bestatten lassen, auch wenn es noch nicht bestattungspflichtig war (siehe weiter oben in diesem Kapitel: Wenn Kinder sterben: Die tiefe Weisheit der Mütter).

Die Eltern unter diesen Umständen zu begleiten war sehr schwer. Sie litten extrem unter diesem Eingriff, der das Leben ihres zweiten Kindes so unvorbereitet beendete und zu dem sie sich schlichtweg genötigt fühlten. Trotzdem hatten sie selbst extreme Schuldgefühle und waren noch verzweifelter, als es Eltern beim natürlichen Tod eines Kindes schon sind. Wir hatten viele gemeinsame Gespräche und viele Tränen wurden geweint …

Wir haben das kleine Wesen, das übrigens ganz wunderschön war (wir konnten äußerlich nichts „Auffälliges“ entdecken) und das seiner dreijährigen Schwester schon sehr ähnlich sah, aus der Klinik zu den Eltern gebracht. Sie haben sich nicht getraut, das Kleine von uns in ihre Wohnung bringen zu lassen, sie waren extrem aufgeregt und hatten große Angst davor, ihr Kind noch einmal zu sehen.

Wir haben mit den Eltern vereinbart, dass wir sie zu unserem Bestattungsbus hinausbegleiten und dort haben sie an der offenen Seitentür ihr Kleines noch einmal gesehen, in schöne Tücher gehüllt und weich in sein Särgchen gebettet. Arm in Arm, einander stützend und haltend, standen sie geschützt am

52 Bei schon im Bauch der Frau verstorbenen Kindern wird übrigens nie ein Kaiserschnitt gemacht.

Wegrand, sahen sein hübsches Gesichtchen und die Hände, seine Winzigkeit – seine vollkommene Schönheit …

Unmittelbar danach hatten sie keine so großen, quälenden Schuldgefühle mehr. Sie hatten sich enorm beruhigt, der Anblick ihres kleinen toten Kindes hat sie besänftigt und es war, als würde es ihnen mitteilen: „Ihr habt keine Schuld! Alles ist jetzt gut für mich. Sorgt euch nicht um mich." Und ich weiß tief in mir, dass dies auch tatsächlich so geschehen ist. Die Eltern haben es genau so empfunden und erzählt: Ihr Kind hat sie in diesem kurzen intensiven Kontakt von der unerträglichen Schuld befreit.

Die Ärztinnen und Ärzte in dieser Klinik (und vielleicht auch in anderen …?) sollten unbedingt ihren Umgang mit Eltern in dieser Situation gründlich reflektieren und überdenken. Wie viel Behindertenfeindlichkeit liegt darin, bei Testergebnissen, die nicht als „normal" gelten, den Eltern zu sagen, dass es „normal" sei, nach solchen Diagnosen die Schwangerschaft zu beenden und das Kind im Bauch der Mutter töten zu lassen? Wie viel Angst vor dem, was als „nicht normal" gilt, beherrscht dieses normative Denken? Und wie viel Angst davor gibt es, zugeben zu müssen, dass die Testergebnisse mit den gravierenden Folgen keine hundertprozentige Garantie dafür bieten können, dass dieses Leben, das daraufhin frühzeitig „beendet" wurde, auch tatsächlich nicht lebenswert gewesen wäre? Dass die Tests teilweise nur auf statistischen Hochrechnungen beruhen?

Ich möchte zum Thema Pränataldiagnostik einen Film sehr ans Herz legen: *Mein kleines Kind* von Katja Baumgarten. Auf ihrer Internetseite ist zu lesen:

„Ultraschalluntersuchung in der Mitte der Schwangerschaft.
Diagnose: ‚komplexes Fehlbildungssyndrom in der 21. Schwangerschaftswoche, Verdacht auf Chromosomenanomalie. Die Prognose muss als deutlich schlecht bezeichnet werden.'
‚Sie müssen entscheiden!', sagt der Facharzt für Pränataldiagnostik zu mir.
‚Die sofortige Beendigung der Schwangerschaft ist in einer solchen Situation der übliche Weg.'

Der autobiographische Dokumentarfilm handelt vom Dasein, von Geburt und Abschied meines Sohnes Martin Tim, von persönlichen Fragen und Entwicklungen nach der Konfrontation mit der bestürzenden Diagnose – vor allem von der plötzlichen Forderung an mich, über die Dauer des Lebens und die Bedingungen des Todes eines meiner vier Kinder entscheiden zu müssen.

Ein Film über Bilder und Vorstellungen."[53]

Sie berichtet darüber, wie sie genau in der gleichen Situation war wie die Eltern, die wir begleitet haben. Sie hatte sich dann aber dazu entschieden, die Schwangerschaft nicht abzubrechen, sondern das Kind zu Hause zu bekommen. Es lebte friedlich und ruhig ein paar Stunden nach der Geburt, hauptsächlich auf ihrem Bauch, umgeben von der Familie und lieben Menschen und ist dort in aller Ruhe und Liebe im Arm seiner Mutter, zärtlich gestreichelt und gehalten, gestorben. Der Film schildert den ganzen Prozess der schweren Entscheidung, schließlich die Geburt und das kurze Leben und den sanften Tod des kleinen Kindes im Kreis liebevoller Menschen. Auch das ist eine Möglichkeit, und darüber sollten Mütter und Eltern in dieser schweren Situation informiert werden, damit sie sich wirklich so frei wie möglich entscheiden können.[54]

53 Mein kleines Kind, https://www.meinkleineskind.de/inhalt.html (08.03.2020)

54 weitere Informationen für diesen Weg und Austausch mit anderen Eltern bietet die Initiative Weitertragen: https://www.weitertragen-verein.net (08.03.2020)

VI Mit der Todin tanzen: Eine andere Kultur

Mexiko: Das bunte Fest für die Toten

Santa Muerte: die heilige Todin. So wird der in unserer Sprache männliche Tod in romanischen Sprachen weiblich: la muerte (span.), la morte (ital.) = die Todin. Unter anderem wird sie in Mexiko verehrt, ja, es wird sogar zu ihr gebetet. Santa Muerte, auch La Santísima Muerte („die allerheiligste Todin").[55] La Santa Muerte, die heilige Todin, wird vor allem in Mexiko, Kuba und in US-amerikanischen Städten mit viel lateinamerikanischen und mexikanischstämmigen EinwohnerInnen aller Gesellschaftsschichten angerufen. La Santa Muerte wird meist als weibliches Skelett mit Sense, oft auch in seidenem, meist rotem Gewand mit goldener Krone dargestellt. Ihr Skelett in den Farben Rot, Weiß, Grün und Schwarz steht für Liebe, Glück, finanziellen Erfolg und persönlichen Schutz. An öffentlichen oder privaten Schreinen werden Santa Muerte Opfergaben wie Rosen, Zigarren oder Tequila dargebracht sowie Kerzen angezündet. Auch Andachtsbildchen sind überall erhältlich. Das bunte Totenfest in Mexiko wird traditionell um Halloween/Samhain/Allerheiligen gefeiert. Mehrere Tage tanzt unter anderen auch die Todin als lebensfrohe, bunte, sinnlich schöne Frau auf den Straßen. Die Menschen gehen zu den Gräbern ihrer Toten auf den Friedhof und bringen ihnen ihre Lieblingsspeisen, alles wird über und über bunt geschmückt, vor allem mit gelben Blumen, denn Gelb gilt als eine Farbe, die die Toten gut sehen können. Überall gibt es knallbunte Süßigkeiten in Form von Skeletten und lustig lachenden Totenköpfen zu kaufen. Bunt geschmückte, fröhlich tanzende und feiernde Skelette in Form von Postkarten, Bildern oder verkleideten Menschen bevölkern die Straßen. Es ist laut, lebendig und sehr fröhlich, dieses Fest. Es wird fröhlich gefeiert, dass es zu dieser besonderen

55 siehe hierzu und zum Folgenden: Santa Muerte, https://de.wikipedia.org/wiki/Santa_Muerte (08.03.2020)

Zeit leichter möglich ist, mit den Toten zu kommunizieren, sich mit ihnen zu treffen und mit ihnen zu feiern. Die Grenze zwischen den Welten der Lebenden und der Toten ist dünner. Diese alte vorchristliche Sichtweise gibt es an vielen Orten auf der Welt.

Was macht dieses andere Bild von Tod mit uns? Was macht es mit uns, zu wissen, dass wir im Tod zum Beispiel mit einer schönen Frau fröhlich tanzen, von der Todin umarmt werden? Bei uns ist das Bild von Tod traditionell der Sensenmann. Und bisher war er mir nur in den (wirklich empfehlenswerten!) Romanen über die Scheibenwelt von Terry Pratchett sympathisch, wo er als ruhiger, wohlwollender Geselle auftaucht, der mit einem gewissen Abstand auf das Weltgeschehen blickt und alle Verstorbenen – von der Schurkin bis zum friedlich verstorbenen alten Mann – mit gleichbleibend freundlicher Wertfreiheit empfängt und sie in das ihrem Weltbild entsprechende Jenseits geleitet. Hierzulande macht das herkömmliche Bild vom Sensenmann meist Angst. Er wird als grausam und oft ungerecht erlebt, gegen ihn muss anscheinend mit allen Mitteln gekämpft werden – und bei unserem Sterben haben wir „den Kampf verloren", wie es in Traueranzeigen so oft steht. Über ihn sollte geschwiegen werden, sonst wird er womöglich angelockt. Und mit Menschen, die beruflich mit toten Menschen in Berührung kommen, wollen die meisten lieber nicht so viel zu tun haben. Es könnte ja ansteckend sein. In diesem Bereich scheint das sonst vorherrschende rationale Weltbild weniger wirksam zu sein. Grundlegende Informationen über den natürlichen Tod gibt es wenig. Und was wissen wir denn wirklich über das Totsein? Was ist „bewiesene" wissenschaftliche Wahrheit, die so oft nur auf Thesen beruht, und was Glaube oder Aberglaube, und wer hat darüber zu bestimmen? Welche klaren Grenzen gibt es hier wirklich, wenn selbst PhysikerInnen die Grenzen der bekannten Wissenschaft immer wieder erweitern oder unser Weltbild neu denken müssen? Welche Religionen sind gesellschaftlich akzeptiert, welcher Glaube wird respektiert und welche Weltanschauung nicht?

Mir gefallen die Vorstellung von einer lebensfrohen tanzenden Todin, die mich eines Tages freundlich in den Arm nehmen wird, und das fröhliche Totenfest der mexikanischen Menschen einfach gut. Ich bin ziemlich sicher, dass Menschen dort nicht so viel Angst vor Sterben und Tod haben wie hier bei uns.

Tatsächlich aber gibt es auch in unseren Breiten noch einige Spuren, Bilder und Sagen von der Todin oder Tödin oder der Frau Tod: „Schwester Tod“[56] – und sogar der Totentanz war keine unbekannte Vorstellung. Mittelalterliche Bilder von fröhlich tanzenden Skeletten und Berichte zeugen noch davon. Das gemeinsame Tanzen, nicht nur beim Begräbnis der Verstorbenen, hat die kirchliche Obrigkeit allerdings hier bei uns sehr streng und weitreichend verboten und die Menschen mit Gesetzen und härtesten Strafen gezwungen, mit diesen und anderen „heidnischen“ Gebräuchen aufzuhören.[57]

Abbildung 1: *Tanz der Gerippe*, Holzschnitt von Michael Wolgemut in Hartmann Schedels *Weltchronik* von 1493[58]

Ein Satz aus Hartmann Schedels *Weltchronik* kurz über dem darin abgebildeten Holzschnitt *Tanz der Gerippe* (siehe Abbildung 1) scheint noch im Einklang mit der fröhlichen Ausstrahlung der tanzenden Skelette:

56 Erni Kutter: *Schwester Tod – Weibliche Trauerkultur, Abschiedsrituale, Gedenkbräuche, Erinnerungsfeste.* Kösel, 2010

57 Franz Josef Krafeld: *Wir tanzen nicht nach eurer Pfeife – Zur Sozialgeschichte von Volkstanz und Volkstanzpflege in Deutschland.* Lilienthal, 1985

58 Bildquelle: https://upload.wikimedia.org/wikipedia/commons/e/e3/Wolgemut_-_1493_-_tanz_der_gerippe_%28coloriert%29.jpg (08.03.2021)

„Demnach haben ettliche nicht unschickerlich gemaynt das der tod nit allain nit böße sunder aller güter ding das gröst sey."[59]

Allerdings ist auch hier schon deutlich die Trennung von Körper und Geist zu erkennen wie auch die Abwertung des Körpers. Folgender Satz einige Zeilen weiter im Text bezeugt dies mit dem Begriff „Sündensack" unverkennbar:

„Was mag uns nun leichtlicher begegnen denn diesen tötigen irdischen leichnam den sundensack zelassen und zu dem wider zekeren der nicht verschmaht hat uns nach seiner gleichnus zemachen das der gaist des menschen mit dem gaist gottes erfüllet also teylhaftig der gotheit und ihrer seligkeit zwischen den engelnn und chören der heiligen ewiglich leben soll."[60]

Abbildung 2: *Die Kapelle, die zum Tanz aufspielt*, Teil des Wandgemäldes *Bleibacher Totentanz* aus dem Beinhaus im Elztal von 1723 mit Text: „Mein Trompetenschall bringt Freud oder Trübsal in Ewigkeit"[61]

59 Hartmann Schädel: *Weltchronik*. 1493, https://commons.wikimedia.org/w/index.php?title=Category:Schedelsche_Weltchronik&uselang=de&filefrom=Schedelsche+Welt chronik+d+192.jpg#/media/File:Schedelsche_Weltchronik_d_261.jpg (08.03.2021)

60 ebenda

61 Bildquelle: https://commons.wikimedia.org/wiki/File:Totentanz_(Bleibach)_2400_3.jpg (08.03.2021)

Spätestens nach 1500 sind die Totentanzdarstellungen meist gekoppelt mit christlicher Mahnung zur frommen Lebensführung angesichts des allzeit möglichen Todes und der danach gegebenenfalls drohenden Hölle. Die in Abbildung 2 dargestellte Kapelle[62] wirkt für mich allerdings so dynamisch, dass in ihr auch etwas von der fröhlichen mexikanische Sichtweise durchschimmert.

In unserer kulturellen Vergangenheit wurden an vielen alten Kirchen in Stein gemeißelte Totenköpfe und teilweise sogar echte Menschenknochen sichtbar mit eingebaut. Auch an alten Grabmalen finden wir diese offensichtlichen Symbole des Todes wie Totenköpfe und Knochen noch reichlich. Und in alten Grabinschriften haben die Menschen früher durchaus auch lustige Sprüche gemeißelt und waren manchmal auch sehr direkt, wenn es um die Taten der Verstorbenen ging.

Hier ein paar Beispiele aus der Zeit vom 18. bis ins 20. Jahrhundert:

„Rasteder Grabinschrift:

Hier ruht der Apotheker Trapp
Gewogen hat er immer knapp.
Geld nahm er doch stets zu viel.
Jetzt ist er hier am Ziel.“[63]

„Grabinschrift eines Lehrers im Elsaß:

Ein treues Herz und zwei fleißige Hände
haben aufgehört zu schlagen.“[64]

62 Bleibacher Totentanz, https://de.wikipedia.org/wiki/Bleibacher_Totentanz (08.03.2021)

63 aus: *Hier liegen meine Gebeine, ich wollt' es wären Deine – Grabinschriften für alle Fälle. Gesammelt von Enno Hansing.* Peter Kurze, 1997 (2. erw. Auflage 2010), S. 28

64 ebenda, S. 78

„Auf dem Ohlsdorfer Friedhof:
Du stehst noch hier
und ich bin hin.
Bald bist du dort,
wo ich schon bin."[65]

Die Vernichtung der Weisen Frauen: An unseren Wurzeln beschnitten

Dieser Teil unserer Geschichte ist mir sehr wichtig. Es sind auch meine Wurzeln, die durch diese jahrhundertelange sogenannte „Hexenverfolgung" – die Ermordung unzähliger Frauen – beschnitten wurden. Und in meiner Arbeit als Bestatterin wirkt das Wissen weiter, das wir Frauen uns aus unserer Vergangenheit, von den Weisen Frauen, zurückgeholt haben, durch Forschung, frauenpolitisches Handeln, durch Erinnerung und Respekt vor unserer Körperweisheit. Da meine Arbeit eine der Traditionen der Weisen Frauen fortführt und nur so verstanden werden kann, will ich hier ausführlicher auf ihre Geschichte eingehen.

Es ist durchaus schwer und schmerzhaft, in unsere Geschichte zurückzublicken. Beim Lesen des Buches von Silvia Federici: *Caliban und die Hexe*[66] werde ich wieder daran erinnert, welche Folgen dies für alle Frauen, für alle Menschen immer noch hat. Und dass in dieser Geschichte der Ursprung zur Zerstörung der Natur[67] liegt, unserer Erde, die auch unsere Mutter, Schwester und Geliebte ist – unser einziges wahres Zuhause. Diese Entwicklung war nur möglich durch einen gezielten und ausdauernden Angriff auf die Kraft der Frauen und das Schüren eines bis heute wirkenden Frauenhasses.

Silvia Federici beschreibt diesen riesigen historischen Umbruch von weltweiter Tragweite und die Änderung der herrschenden Weltsicht detailliert und

65 ebenda, S. 27

66 Silvia Federici: *Caliban und die Hexe – Frauen, der Körper und die ursprüngliche Akkumulation*. 8. Auflage, Mandelbaum, 2020

67 Carolyn Merchant: *Der Tod der Natur – Ökologie, Frauen und neuzeitliche Naturwissenschaft*. Neuausgabe, Oekom – Bibliothek der Nachhaltigkeit, 2020

mit historischer Gründlichkeit. Es ist für unser weiteres Leben hier auf der Erde sehr wichtig, zu wissen, dass Frauen und Männer bis ins 16. Jahrhundert hinein überwiegend Seite an Seite sehr solidarisch miteinander gelebt, gearbeitet und ausdauernd gekämpft haben, und zwar gegen eine sie unterdrückende und ausbeutende Obrigkeit aus Adel und Klerus. Nur gemeinsam konnten sie so lange Widerstand leisten.

Es ist für mich unendlich traurig, dass das gut funktionierende und noch sehr naturverbundene Gemeinschaftsleben während des gesamten Mittelalters dann schließlich in der Neuzeit durch die äußerst brutale und kriegerische Durchsetzung einer neuen Weltordnung fast vollständig zerstört wurde. Gerade die Bäuerinnen und Bauern haben sich lange dagegen gewehrt, dass sie ihres Landes beraubt wurden. Gegen diese seit damals mit brutaler Gewalt fortgeführte sogenannte „Landprivatisierung" kämpfen Menschen bis heute überall auf der Erde, ganz besonders die Frauen. Dies ist einer der wesentlichen Gründe für das wachsende Elend vieler Menschen und die allumfassende Naturzerstörung. Das Land aber betrachteten die Bäuerinnen und Bauern im Mittelalter nicht als privaten Besitz, sondern als Allmende (commons)[68]: ein gemeinschaftlich verwaltetes Land, das von allen bewirtschaftet wird. Sie wussten aus uralter Erfahrung, dass durch gemeinsames Wirtschaften und Teilen für alle gut und nachhaltig gesorgt wird. Es gab noch keine Arbeitsteilung, wie sie durch die spätere Geldökonomie entstand, in der dann jegliche unentlohnte Arbeit entwertet wurde, was bis heute gilt. In dieser Zeit waren kollektive Beziehungen vorrangig gegenüber Familienbeziehungen und die von den Frauen gemeinsam übernommenen Tätigkeiten wie Waschen, Spinnen, Ernten, das Hüten der Tiere auf der Allmende führten zu großer Solidarität unter den Frauen, die sie gegen die von der Kirche gepredigte Unterordnung der Frau schützte. Allen war noch bewusst, dass *jede* Arbeit ein wichtiger Beitrag für das gemeinschaftliche Leben ist: die häusliche Versorgungsarbeit genauso wie die Feldarbeit, denn das eine ist abhängig vom anderen. Und Frauen arbeiteten selbstverständlich immer in vielen Bereichen mit, was bis heute in der Landwirtschaft noch üblich ist. Auch in den Städten waren Frauen im späten Mittelalter äußerst selbstständig als Ärztinnen, Apothekerinnen, Handwerkerinnen,

68 Hier ist die heute wieder auferstehende solidarische Landwirtschaft begründet.

Künstlerinnen und Unternehmerinnen.[69] Sie lebten teilweise in Frauenarbeits- und -wohngemeinschaften, wie zum Beispiel den Beginenhöfen, und waren in vielen Zünften organisiert. Die Solidarität zwischen Frauen und Männern sowie die Eigenständigkeit und den Einfluss der Frauen wollte die herrschende Obrigkeit mit allen Mittel zerstören.

Ich bin immer wieder aufs Neue entsetzt, wenn ich zum Beispiel bei Federici lese, mit welcher entschlossenen Grausamkeit die weltliche und kirchliche Obrigkeit im Zuge dieses Krieges gegen einen Großteil der Menschen im eigenen Land vorging – und schließlich den Widerstand nur brechen konnte, indem sie ganz bewusst einen umfassenden Krieg gegen die Frauen (zunächst der „niederen Stände") propagierte und dann mit unvorstellbarer Grausamkeit selbst ausführte. Im Laufe der sich ausbreitenden Verfolgung konnte es schließlich jede Frau treffen, egal ob arm oder reich. Hier wurde ein Keil zwischen die zunehmend entrechteten und von der Obrigkeit unterdrückten Männer und *alle* Frauen getrieben, indem zunächst die jungen Männer zu jeglicher Gewalt gegen Frauen angestachelt und ihnen sogar gesetzlich zu ihrem „Recht" verholfen wurde: das „Recht" des Mannes auf den Frauenkörper.

Im Folgenden werde ich aus einem wichtigen Buch von Erika Wisselinck zum Thema „Hexen"[70] zitieren. Es ist aus dem Jahre 1986, aber in seiner hervorragenden Analyse der Geschichtsschreibung über die Hexenverfolgung noch immer aktuell, wie Mona Chollet zeigt, deren ebenfalls profundes Buch von 2018 zu einem Bestseller in Frankreich wurde.[71] Die Zeit ist gekommen, dass dies endlich gehört wird.

„Alles, was wir über die ‚historischen' Hexen wissen – jenen unter der Anklage der Hexerei ermordeten Frauen –, wissen wir durch ihre Verfolger, nämlich aus nachgelassenen Prozessakten und vor allem aus den theoretischen Schriften, die die Verfolgung begründen. Dreihundert Jahre lang brannten in Europa die Scheiterhaufen, und dies geschah nicht etwa, weil – wie es so oft heißt – eine

69 Anke Wolf-Graaf: *Die verborgene Geschichte der Frauenarbeit.* Beltz, 1983

70 Erika Wisselinck: *Hexen – Warum wir so wenig von ihrer Geschichte erfahren und was davon auch noch falsch ist.* Frauenoffensive, 1986

71 Die deutsche Übersetzung ist zwei Jahre später erschienen: Mona Chollet: *Hexen – Die unbesiegte Macht der Frauen.* Edition Nautilus, 2020

durch unverständlichen Aberglauben hervorgerufene Volkswut sich in Gewalttaten entladen hätte: [...] In Wirklichkeit waren es die geistliche und weltliche Obrigkeit, die den Hexen ganz legal den Prozess machten, gestützt auf eine päpstliche Bulle, sowie auf eine zunächst theologisch, später weltlich formulierte Theorie und auf entsprechende Strafgesetze. Die Verfolgungen geschahen nicht – wie viele meinen – im sogenannten dumpfen Mittelalter, sondern sie setzten Ende des 15. Jahrhunderts gezielt ein, mit dem Beginn der frühen Neuzeit, des Zeitalters von Renaissance und Humanismus. Sie wurden durch zwei Jahrhunderte hindurch intensiv und ein weiteres Jahrhundert lang mit geringerem Eifer betrieben; 1775 wurde die letzte Hexe in deutschen Landen verbrannt, Anna Schwegelin in Kempten. [...] [Unzählige wurden] umgebracht, zu fast 90 Prozent Frauen; die theoretischen Schriften, die die Grundlage der Verfolgung bildeten, sprechen ausschließlich von Frauen."[72]

Diese unzähligen Frauen wurden, ohne irgendein Verbrechen begangen zu haben, einfach nur aufgrund des Verdachts der „Hexerei" ohne Anklage verfolgt, eingesperrt, gefoltert und auf dem Scheiterhaufen verbrannt. Durch Anwendung des immer gleichen Fragenkatalogs wurden unter grausamer Folter „Geständnisse" erzwungen – und auf diese Weise wurde nach anderen am „Schadenszauber" Beteiligten gefragt. So setzte sich die Verfolgung und Ermordung wellenartig fort. DenunziantInnen wurden finanziell belohnt und die Frauen darunter erhofften sich natürlich, auf diese Weise frei von Beschuldigungen zu bleiben, die den sicheren Tod bedeuteten, ob auf dem Scheiterhaufen oder unter der Folter oder durch die Dauervergewaltigungen seitens der Folterknechte im Kerker. Die aktuell verbreitete „historische" Forschung spricht heute vom „natürlichen" Tod, wenn aus den Dokumenten hervorgeht, dass die Eingesperrten und Gefolterten nicht hingerichtet oder verbrannt wurden, sondern in der Haft verstarben ...

In der „historischen" Forschung zur Hexenverfolgung gilt bis heute: Diejenigen, die sich gegen die Hexenverfolgung stellten, werden namentlich genannt und bis heute als Helden der Aufklärung gefeiert; die Täter der geistlichen und weltlichen Obrigkeit und der Justiz bleiben unbenannt oder werden in Schutz genommen, während auf das „dumpfe Volk" verwiesen wird, das auf der Ver-

72 Erika Wisselinck: *Hexen – Warum wir so wenig von ihrer Geschichte erfahren und was davon auch noch falsch ist.* Frauenoffensive, 1986, S. 7

folgung bestanden habe und sich damit gegen den Willen der Obrigkeit gestellt haben soll.

Dagegen spricht allerdings historisch betrachtet sehr viel, unter anderem, dass sich zuerst einmal ganz eindeutig und nachweislich viele gegen die Foltermethoden, die erzwungenen „Geständnisse" und die dadurch um sich greifenden Denunziationen gewehrt haben:

„[…] [W]ie Jakob Burckhardt in seiner ‚*Kultur der Renaissance [in Italien]*' sagt: ‚Erst durch hundertjähriges Hineinverhören brachte man auch die Phantasie des Volkes auf den Punkt, wo sich das ganze scheußliche Wesen von selbst verstand und sich vermutlich neu erzeugte'."[73]

Im *Hexenhammer*, der Grundlagenschrift für die Hexenprozesse, ist, wie die weibliche Endung *-arum* im Titel *Malleus Maleficarum* schon sagt, im Besonderen von Frauen die Rede, die der Hexerei beschuldigt werden. Die Mönche und Inquisitoren Kramer (Institutoris) und Sprenger brachten darin ihren ganzen Frauenhass zum Ausdruck. Sie beriefen sich dabei besonders auf die großen Kirchenmänner Thomas von Aquin und Augustinus. Das Buch wurde gleich nach seinem Erscheinen im Jahre 1487 zum Bestseller und erlebte bis zum 17. Jahrhundert insgesamt 29 Auflagen und gehört damit zu den meistgedruckten Werken der Frühzeit des Buchdrucks. Es bildet von nun an die Grundlage für die Hexenjustiz der geistlichen und weltlichen Obrigkeit. Ganz gewiss haben es nicht die sogenannten kleinen Leute gelesen. Die Leserschaft setzte sich wohl eher aus Theologen, Rechtsgelehrten und Philosophen an den Universitäten und im Umkreis der geistlichen und weltlichen Herrscher zusammen. Und es wurde in die Bibliotheken von Fürsten, Klöstern und Fakultäten eingestellt. Mit diesem Buch setzten die systematischen Hexenverfolgungen ein. Durch die päpstliche Bulle sanktioniert, wurde die Prozessschrift der beiden Dominikaner nun für alle Obrigkeiten verbindlich und als Aufforderung verstanden, gegen ein Unwesen vorzugehen, das in dieser Form nur in der Vorstellung der Inquisitoren existierte …

Erika Wisselinck schildert anhand von historischen Fakten, wie zunächst juristische Voraussetzungen für die Verfolgungsmaßnahmen im Vorfeld ge-

73 ebenda, S. 22

schaffen wurden und sich ausbreiteten, bevor es zu tatsächlichen Fällen von Hexerei kommen konnte. Von den Kanzeln tönte es: „Ich rufe auf Befehl Gottes und so laut ich nur kann Bischöfen, Fürsten und Königen zu: Lasset die Hexen nicht leben! Mit Feuer und Schwert ist diese schlimmste menschliche Pest zu vertilgen!"[74] Durch Denunziationen konnte es bald jede Frau treffen und auch so manchen Mann, der noch in einer naturverbundenen Weltanschauung zu Hause war.

Es galt in dieser Zeit auch, die Frauen aus dem Heilwesen auszuschalten. Heilen gehörte schon immer mit zu den Aufgaben der Frauen. Neben ihren umfassenden Geburtshilfekenntnissen und allem, was damit zusammenhängt – Verhinderung von Abgängen und Frühgeburten, Verhütung und Abtreibung –, kannten sie auch Mittel gegen viele andere Leiden. Sie wussten viel von den Kräften der Natur, um mit dieser alten und unter anderem evidenzbasierten Heilkunde den Menschen in ihrer Umgebung zu helfen: Sie waren die Ärztinnen des Volkes, denen sehr lange mehr vertraut wurde als den ersten Ärzten und ihren erfolglosen Medizinversuchen. Die Weisen Frauen haben ein anderes Wissen um die Natur als das der späteren „modernen" Naturwissenschaften. Sie wussten noch, dass wir Natur sind und Leben immer nur in respektvoller Verbindung mit ihr möglich ist. Sie hatten eine selbstverständliche Wertschätzung der Körperlichkeit.

„Von den Weisen Frauen entdeckte Heilmittel sind fester Bestandteil moderner Pharmakologie. So verwendeten sie zum Beispiel das deshalb so genannte Mutterkorn (Ergot) gegen Geburtsschmerzen – Ergotderivate werden heute [Anm. der Autorin: unter vielem anderen] zur Beschleunigung der Wehen und für den Erholungsprozeß nach der Geburt verwendet. Belladonna [Anm. der Autorin: Atropin] wurde von der heilenden Helferin, nach der es benannt ist, verwendet, um Kontraktionen der Gebärmutter zu verhindern, wenn eine Fehlgeburt drohte – noch heute ist es als krampflösendes Mittel im Gebrauch. Digitalis aus der Fingerhutpflanze, das bis heute wirksamste Herzmittel, soll von einer englischen Heilerin/Hexe entdeckt worden sein."[75]

74 ebenda, S. 26
75 ebenda, S. 34

Und ein Wirkstoff der Weidenrinde, die Salicylsäure, ist wesentlicher Bestandteil des heutigen „Aspirin", um nur einige wenige der von ihnen verwendeten Heilmittel zu nennen. „Alles, was ich weiß, weiß ich von den Weisen Frauen." Das soll einst auch Paracelsus gesagt haben.

Die Hebamme war von großer Bedeutung für die Frauen in der Stadt und auf dem Land (und das ist sie bis heute). Aber ihre Arbeit wurde mehr und mehr von der aufkommenden, ausschließlich männlichen Ärzteschaft reglementiert. Es entstanden die ersten Hebammenordnungen und diese sahen unter anderem vor, dass die Hebamme bei schwierigen Fällen einen Arzt hinzuziehen sollte (was bis heute gilt). Es wurde ihr untersagt, den Frauen bei der Geburtenregelung zu helfen, und sie wurde verpflichtet, jede Abtreibung zur Anzeige zu bringen. Ihr wurde verboten, die letzten Überreste an vorchristlichen Ritualen bei der Geburt abzuhalten, und schließlich sollte sie die Kindbettfeste kontrollieren, bei denen sich bis dahin nach Geburt und Taufe viele Frauen – Nachbarinnen, weibliche Verwandte und Freundinnen – zusammengefunden hatten, um ein tagelang dauerndes gebührendes Geburtsfest zu feiern. Viele Frauen wissen, besonders dann, wenn sie ein Kind zu Hause oder im Geburtshaus geboren haben, welch eine Euphorie und Kraft sich während und nach der Geburt entfalten kann. Oxytocin, das sogenannte Glücks- und Liebeshormon, wird während einer ungestörten und gut begleiteten Geburtsarbeit, bei der die Gebärende angemessen unterstützt wird, im Körper dieser Frau, aber auch in allen anwesenden Frauen um sie herum, sehr stark ausgeschüttet.[76] Diese besondere Kraft und überbordende Freude kann manchmal eine längere Zeit andauern. Das körpereigene Oxytocin unterstützt auch die liebevolle Bindung zum Kind, das Stillen und das Wohlgefühl des Säuglings. Künstlich erzeugtes Oxytocin, das heutzutage bei Geburtseinleitungen verwendet wird, kann dies alles extrem beeinträchtigen und zu sogenannten „Schreikindern" führen, weil es die Wirkung des natürlichen Hormons hemmt.[77]

76 Debra Pascali-Bonaro: *Orgasmic Birth: The Best-Kept Secret. A documentary that examines the intimate nature of birth and the powerful role it plays in women's lives when they are permitted to experience it fully.* Film, 2008

77 Oxytocin, https://de.wikipedia.org/wiki/Oxytocin (25.05.2021)

Das tagelange Geburtsfest der Frauen diente natürlich auch dazu, die Mutter im Kindbett gut zu versorgen und ihr eine gänzlich von Arbeit befreite Zeit und einen starken Schutzraum mit ihrem Neugeborenen zu verschaffen. Des Weiteren stärkte dieses Fest auf vergnügliche Weise die gegenseitige Unterstützung und die Solidarität unter den Frauen. Die Hebamme, bis dahin ein Teil dieses Frauenkreises, wurde nun von den Obrigkeiten zur Kontrolle und umfassenden Begrenzung dieser Feste gezwungen. Damit verschwand der „letzte Frauenkult“[78] und zwischen Frauen und Hebamme wurde ein Keil getrieben.

In ihrem Buch *Gyn/Ökologie* entwickelt Mary Daly übrigens den Begriff der „Alibi-Folterknechte“ (token torturers).[79] Sie nutzt ihn immer dann, wenn Frauen gegen Frauen eingesetzt wurden oder werden, wie beispielsweise früher beim Füßeeinbinden in China oder bei der heute noch praktizierten weiblichen Genitalverstümmelung in verschiedenen Teilen der Erde. Bis ins 20. Jahrhundert wurden auch bei uns Klitorisentfernungen (Klitoridektomien) durchgeführt. Ebenso möchte ich auf die modernen Arten der „Körperanpassung“ hinweisen, die hier bei uns geschehen, wie zum Beispiel sogenannte „Schönheitsoperationen“. Dennoch bin ich der Ansicht, dass wir für alles, was wir tun, die Verantwortung tragen. Sich der eigenen verinnerlichten Körperverachtung bewusst zu werden, ist eine notwendige Lebensaufgabe. Mit unseren Körpern fängt es an: Wir sind Erde.

Die Hebammen haben sich natürlich gegen die ärztliche Kontrolle und Machtübernahme gewehrt und sie hatten wohl mit Recht den Verdacht, dass sich die neue Ärzteschaft auf diese Weise Kenntnisse verschaffen wollte, die ihr anderweitig nicht zugänglich waren. Schließlich wurden die Weisen Frauen mit ihrem Wissen in den Untergrund getrieben.

78 Erika Wisselinck: *Hexen – Warum wir so wenig von ihrer Geschichte erfahren und was davon auch noch falsch ist.* Frauenoffensive, 1986, S. 39

79 Mary Daly: *Gyn/Ökologie – eine Meta-Ethik des radikalen Feminismus.* Frauenoffensive, 1981 (erw. Neuauflage 1991)

Mit Blick auf die Hauptthese von Gunnar Heinsohns und Otto Steigers Buch[80] über die Vernichtung der Weisen Frauen schreibt Erika Wisselinck: „Es ergibt jedoch keinen Sinn, wenn man diese Entwicklung einzig mit der Unterbindung der Geburtenregelung zu erklären versucht.“[81] Auch meines Erachtens greift diese Annahme zu kurz und doch erachte ich die bevölkerungspolitischen Erkenntnisse von Heinsohn und Steiger insgesamt als zutreffend und wichtig beim Betrachten des Gesamtgefüges – und sie widerlegen, genau wie die Arbeiten von Federici, sehr präzise die immer noch weitverbreitete Vorstellung der „schon seit der Steinzeit“ unterdrückten Frau, von der „naturgegebenen“ patriarchalen Gewalt und der immer schon hohen Sterblichkeit von Müttern im Kindbett und der hohen Kindersterblichkeit, die vor den medizinischen Errungenschaften der neuen, zunächst rein männlich dominierten Ärzteschaft überall auf der Welt geherrscht hätten. All dies widerlegen auch andere Wissenschaften, darunter die Archäologie und die Ethnologie. Und natürlich die Erfahrungen und die Geschichte der UreinwohnerInnen, der „Native People“ überall auf der Welt.

Dies ist nur einer der sich durch unsere Geschichtsforschung ziehenden Widersprüche. Die unverhältnismäßig und plötzlich stark ansteigenden Geburtenzahlen und das allgemeine Elend der Frauen, die hohe Mütter- und Kindersterblichkeit begannen nachweislich erst, als die Weisen Frauen und mit ihnen ihr Können und ihre die Frauen beschützende und unterstützende Begleitung fast vollständig vernichtet waren.[82] Die Pharmaindustrie hat viel Heilwissen von indigenen Menschen geraubt. Und genau das hat auch die damalige

80 Gunnar Heinsohn, Otto Steiger: *Die Vernichtung der weisen Frauen – Hexenverfolgung, Kinderwelten, Bevölkerungswissenschaft, Menschenproduktion.* Erstausgabe, März, 1979. In mehreren der Neuauflagen dieses Buches setzen sich die beiden Autoren ausführlich mit den Argumenten ihrer Kritiker auseinander; die 14. und letzte Auflage von 2005 enthält ein enthusiastisches Plädoyer von John M. Riddle, einem führenden amerikanischen Medizinhistoriker, zugunsten der Forschungsergebnisse der Autoren.

81 Erika Wisselinck: *Hexen – Warum wir so wenig von ihrer Geschichte erfahren und was davon auch noch falsch ist.* Frauenoffensive, 1986

82 Gunnar Heinsohn, Otto Steiger: *Die Vernichtung der weisen Frauen – Hexenverfolgung, Menschenproduktion, Kinderwelten, Bevölkerungswissenschaft.* 6. Auflage, März, 1985

neue Ärzteschaft getan: den Weisen Frauen, unseren ursprünglichen „Schamaninnen", so viel Wissen wie möglich entrissen. Und damit gleichzeitig auch die ganzheitliche Sicht zerstückelt.

Es ging bei der Hexenverfolgung nicht nur um Macht und Kontrolle über Fortpflanzung und Bevölkerungspolitik, es ging unter anderem auch um Kontrolle über die altbewährte Heilkunst, die praktischen medizinischen Kenntnisse der Weisen Frauen und natürlich auch um die Kontrolle der Sexualität in jeder Dimension, insbesondere bei den Frauen. Die Hexenverfolger hatten Angst vor diesem Wissen der freien, unabhängigen Weisen Frauen um Körper und Sexualität, diesen „wilden und unkontrollierbaren" Bereichen, die vom Teufel besetzt sein mussten, dämonischen Kräften, die nichts anderes sind als die wilden elementaren Urkräfte der Erde. Und deren Vertreterinnen waren auszulöschen, weil sie unter anderem das Netz der Frauen stärkten und unterstützten.

„Wenn wir die Tradition des Heilens, die die Frauengeschichte bis zu den Hexenverfolgungen bestimmte, und deren systematische Vernichtung beschreiben, so geschieht das, um einen entscheidenden Aspekt unserer Geschichte mit dem Patriarchat dem Vergessen zu entreißen. [...] Es geht um eine Tradition von Bewusstsein, Können und Kraft. Und es geht unter anderem um den Verlust eines Wissensansatzes, der für uns heute überlebensnotwendig wäre/ist."[83]

Es gibt heute noch Museen, in denen die Folterinstrumente aus dieser Zeit ausgestellt werden – als Familiengruselspaß. Aber es gibt bis heute nur wenige Mahnmale oder Denkmäler für die unzähligen Ermordeten, die hauptsächlich Frauen waren. Unsere Ahninnen.

Trotz zahlreicher schriftlicher Fakten, Zahlen und Forschungsergebnisse wird die maßgebliche Täterschaft der kirchlichen und weltlichen Obrigkeit heute noch vehementer als in den 1980er-Jahren bestritten, vertuscht oder verharmlost. Das erinnert mich sehr an den aktuellen Umgang dieser Institutio-

83 Erika Wisselinck: *Hexen – Warum wir so wenig von ihrer Geschichte erfahren und was davon auch noch falsch ist.* Frauenoffensive, 1986, S. 41

nen mit den sogenannten Missbrauchsskandalen[84] in der Kirche und anderen Einrichtungen sowie die Urteilssprechung bei Gewalttaten gegen Frauen.

Wir haben nicht nur ein naturverbundenes Heilwissen verloren, sondern auch eine Gesellschaftsform, in der starke, kluge und auch alte Frauen mit ihrer Lebenserfahrung geschätzt waren und überall selbstständig mitwirkten – und in der Frauen regelmäßig ein sich gegenseitig bestärkendes Miteinander im Frauenkreis gelebt haben. Im Bild der Verfolger vom „Hexensabbat“ findet sich die Verzerrung dieser gelebten Frauentraditionen, aber auch eine Verbindung zur damals schon lange vorhandenen Verfolgung und Unterdrückung der jüdischen Bevölkerung. Und auch die Spielleute und das „fahrende Volk“ wurden in dieser Zeit verfolgt – eine ganze Kultur wurde vernichtet.

Wir haben – auch auf diesem Teil der Erde – wichtige Traditionen verloren und eine Kultur, eine Weltsicht, in der die Erde und alle Lebendigkeit als ein Organismus angesehen wurde. Diese Auslöschung unserer früheren Kultur ist ein folgenreiches Beschneiden unserer Wurzeln, unserer Geschichte und fand zu einem Zeitpunkt statt, als auch auf anderen Teilen der Erde damit begonnen wurde, Menschen von ihren Wurzeln und ihren Traditionen abzuschneiden und unzählige zu ermorden.

Ich gehe davon aus, dass alle Menschen in der Tiefe ihrer Körperweisheit wissen und erinnern, wie die Folgen dieser Vernichtung in uns weiterleben. Besonders den Frauen steckt die Angst vor Verfolgung noch immer in den Knochen. Sie zeigt sich unter vielem anderen als Angst davor, zu stark, zu laut, zu bestimmend, zu fordernd, zu schlau und zu selbstbewusst, „zu viel“ zu sein, besonders gegenüber Männern. Sie zeigt sich im ewigen Schlankheits- und Schönheitsdiktat: so wenig wie möglich an körperlichem und auch sonstigem „Gewicht“ auf die Waagschale des gesellschaftlichen Lebens zu legen und so wenig wie möglich an lebenserfahrener Reife (u. a. sichtbar in grauen Haaren und Falten) zu zeigen. Wenn Frauen ein respektvolles Gegenüber erwarten und überall ernst genommen werden wollen – etwas, das für Männer selbstverständlich ist –, werden sie für ihr selbstbewusstes Auftreten oft auf vielfältige Weise „bestraft“ mit Beschimpfungen und Verächtlichmachung, mit Hohn und Spott. Die Folgen dieser „Beschneidung“, dieser Zersplitterung in uns

84 „Missbrauch“ ist ein umstrittener Begriff für sexualisierte Gewalt oder sexualisierte Übergriffe.

selbst, zeigen sich nach der Erfahrung vieler Frauen besonders schmerzhaft in dem Keil, der zwischen Frauen getrieben wurde, in der Angst, sich mit anderen Frauen zu solidarisieren und sich gegenseitig zu bestärken. Schließlich endete gerade das für so viele unserer Ahninnen tödlich.

Immer mehr Frauen sind sich dessen bewusst, dass auch wir diesen extremen Frauenhass und die heute noch als „normal" geltende Frauenverachtung zu einem großen Teil verinnerlicht haben. Ohne uns dieser inneren Verachtung – dem weitverbreiteten Selbsthass – zu widmen, können wir jedoch nicht wieder zu unserer ursprünglichen Stärke und Weisheit zurückfinden.

Aber wir Frauen sind – wieder! – auf dem Weg zueinander und zu uns selbst, denn ohne uns und unser Wissen und unsere Sicht auf die Welt kommen wir als gesamte Menschheit aus der schon viel zu lange währenden und alles Leben auf dieser Erde bedrohenden Krise nicht heraus. Wenn wir Frauen uns selbst und andere Frauen wieder achten und in vollem Umfang von allen Menschen unterstützt, wahrhaftig gehört und wirklich an allem beteiligt werden – was können wir dann wohl alles bewirken …

Auf den Schultern der AhnInnen

Wie lebt es sich mit der Gewissheit, dass wir auf den Schultern der Ahninnen und Ahnen stehen? Dieses Bild beschreibt die Verbindung mit den Ahninnen und Ahnen, die bis zu unseren Anfängen zurückreicht, und macht gleichzeitig deutlich, dass auch auf unseren Schultern einmal zukünftige Menschen stehen werden, auch wenn es nicht die eigenen Kinder sind. Dieses Bild umfasst alle Menschen und wir sind mit unseren Handlungen alle gemeinsam verantwortlich für die Zukunft der nach uns Kommenden. Denn auf unseren Schultern stehen alle zukünftigen Generationen. Dies ist ein Bild, das für mich gleichzeitig Getragensein und Verantwortung spiegelt. Der Boden wurde für uns bereitet und wir bereiten den Boden für die uns Nachfolgenden: „Verbunden mit allen, die vor uns waren, und allen, die nach uns sein werden" – so sage ich es unter anderem immer wieder in meinem Grabsegen. Die Worte, die ich am Grab spreche, wenn ich die Trauerfeier leite oder die Angehörigen sich diesen Segen von mir wünschen.

Auf den Schultern der Ahninnen bedeutet für mich auch: in direkter Nachfolge der Frauen, die verfolgt wurden, weil sie eine andere Weltsicht vertraten und lebten – und Weise Frauen haben immer auch die Sterbenden und die Toten begleitet.

Ich stehe auf den Schultern der Ahninnen. Darin liegt auch die mütterliche Nachfolge. Mein Erbe. Ein Teil meiner Verbindungen. Das sind meine Großmutter (Mutter meiner Mutter), die Großmutter meiner Großmutter (Mutter ihrer Mutter) und deren Tochter – meine Urgroßtante.

Von diesen hat mir meine Großmutter zu ihren Lebzeiten noch erzählt. Meine Urgroßtante war eine Hebamme im Schwarzwald. Sie lief noch zu Fuß zu den weit auseinanderliegenden Höfen und lebte unverheiratet mit ihrem kleinen Sohn bei ihrer Mutter. Sie verfügte über ein großes Kräuterheilwissen, gute Kenntnisse in ihrer Hebammenkunst – und über Schlitten und Schneeschuhe, denn ein Arzt kam eher selten zu den ärmeren Bauersleuten in diese abgelegene, im Winter schwer zugängliche Berggegend. Sie wurde später auf einem ihrer Wege auf offener Wiese vom Blitz erschlagen, der sie in das Medaillon traf, das sie um den Hals trug.

Auf einem alten Schwarzwaldhof wuchs meine Großmutter bei ihrer heißgeliebten Großmutter auf. Ihre Eltern lebten, damals weit entfernt, in der Stadt. Als sie als Kleinkind an Rachitis erkrankte, wurde sie zur Großmutter gebracht. Und blieb dort. Meine Großmutter hat immer mit leuchtenden Augen von ihrer Großmutter erzählt: „Sie hat mit 80 noch auf dem Tisch getanzt!“ Und wie sie immer den Pfarrer vom Hof gejagt hat, wenn er sie wieder ermahnen wollte, zum Gottesdienst zu kommen. Sie wollte mit dieser Kirche nichts mehr zu tun haben, die von „Sünde“ sprach, weil ihre Tochter unverheiratet ein Kind hatte. Der für damalige Zeiten sehr große Mut, die Stärke und die Lebenslust ihrer Großmutter haben meine Großmutter sehr erfreut und nachhaltig beeindruckt. Mich auch.

Ich bin sehr stolz auf diese Ahninnen meiner mütterlichen Linie und halte sie in Ehren, so gut ich kann. Sie sind allesamt starke Frauen, auch meine Mutter. Und in die andere Richtung geht es weiter mit meiner Tochter und ihrer kleinen Tochter, meiner Enkelin. Welch ein Freude!

Ich danke auch all meinen anderen Ahninnen – den Wesen/Energien aus den anderen Ebenen, aus anderen Zeiträumen, den Tieren und Vögeln, mit denen ich mich verbunden fühle, und der Natur, in der ich mich immer wieder so zu Hause fühle. Sie alle unterstützen und tragen mich in meiner Arbeit und in meinem Leben.

Was heißt hier: Schamanin? Ein Teil meiner Geschichte

In den Jahren, in denen ich einen Frauen-Notruf geleitet und Frauen in Krisensituationen beraten und begleitet habe, die vor gewalttätigen (Ehe-)Männern fliehen und ihre Kinder vor ihren Partnern schützen mussten oder Beratung und Unterstützung brauchten bei der Entscheidung, sich den Folgen auszusetzen, die es noch immer für Frauen bedeutet, wenn sie den Mann anzeigen, der sie vergewaltigt hat, erlebte ich hautnah die Folgen der alltäglichen Gewalt gegen Frauen und Mädchen. Diese wurde und wird hauptsächlich ausgeübt von Ehemännern, (Ex-)Partnern, Vätern, Verwandten, Freunden, Kollegen usw. – eine strukturelle Gewalt[85], die sich gesellschaftlich auf vielerlei Weise zeigt, und deshalb nicht nur durch Therapie der Täter „geheilt“ werden kann. Im Besonderen meine ich damit eine verinnerlichte Frauenverachtung, die wir alle mehr oder weniger ausgeprägt in uns tragen und die „normal“ scheint, weil sie gesellschaftlich noch tief verankert ist. Um Gewalt gegen Frauen, gegen alles, was als „weiblich“ gilt, auch an Männern, um jede Form der Gewalt gegen Lebendigkeit aller Art völlig undenkbar zu machen, bedarf es einer anderen Sicht auf die Welt, bedarf es einer bedingungslosen Liebe zu dieser Lebendigkeit und Vielfalt, Achtung und Respekt vor der einzigartigen Kraft, Schönheit und Weisheit in jedem Wesen, in jeder Erscheinungsform. Und wir brauchen das (Wieder-)Erkennen, dass wir auf einem lebendigen Organismus leben, dessen lebendiger Teil wir sind: diese Erde.

Zu erleben, was Frauen und Mädchen alltäglich angetan wird, hat mich und meinen Blick auf die Welt verändert. Hier ein Auszug aus der Petition *Femizide*

85 „Der Begriff strukturelle Gewalt beschreibt Benachteiligungen von Menschengruppen, meist Minderheiten aufgrund vorgegebener gesellschaftlicher Strukturen. Zum Wesen von struktureller Gewalt gehört, dass sie ausgeübt wird, ohne dass sich jemand persönlich schuldig fühlt, weil sie den üblichen Normen, Regeln und Richtlinien entspricht.“ Ingrid Olbricht: *Wege aus der Angst – Gewalt gegen Frauen: Ursachen, Folgen, Therapie.* C. H. Beck, 2004, zitiert nach: *LauterStarkeFrauen,* Projekt zur Prävention und Bekämpfung von Gewalt gegen Frauen mit Behinderung und chronischer Erkrankung, https://lsf.netzwerk-nrw.de/strukturelle-gewalt.html (25.11.2020)

in Deutschland stoppen[86], der deutlich macht, was hinter medialen Begriffen wie „Beziehungstat“, „Eifersuchtsdrama“, „Familientragödie“ verborgen wird:

> „Jeden zweiten bis dritten Tag wird eine Frau in Deutschland von ihrem Partner oder Ex-Partner getötet. Jeden Tag gibt es einen versuchten Mord. Mehr als 115.000 Frauen waren 2019 Opfer von Partnerschaftsgewalt. [...] Diese Morde sind Femizide: Frauen werden getötet, weil sie Frauen sind.
> Nach der Rechtsprechung des Bundesgerichtshofs gelten bei ‚Trennungstötungen‘ oft mildernde Umstände. Dies gilt, wenn die Trennung vom Opfer ausging und sich der Täter dessen beraubt sieht, was er nicht verlieren will. Damit gibt man den Opfern teilweise die Schuld an ihrer Ermordung. Und die Besitzansprüche der Täter an ‚ihren‘ Frauen werden auch noch zu ihren Gunsten ausgelegt. [...]“[87]

Mir ist schmerzlich bewusst, dass auch Frauen Gewalt ausüben und zu (Mit-)Täterinnen werden (können). Die immer noch stark verankerten patriarchalen Gesellschaftsstrukturen fördern jedoch vor allem Gewalt, die von Männern ausgeht und sich in hohem Maße gegen Frauen und Kinder richtet. Dieses Ungleichgewicht zwischen Frauen und Männern ist nach der Ansicht einer wachsenden Zahl von Menschen eine der Ursachen für die großen Probleme der Menschheit, für sehr viel Schmerz und Leid – für alle. Und es hat große Auswirkungen auf unser Leben hier auf dieser Erde. Es ist eine der Ursachen für die Ausgrenzung von Tod aus unserem Leben.

Während dieser Zeit, im Jahre 1993, begann ich bei Ute Schiran und Runa Arun mit der dreijährigen schamanischen Ausbildung, die bis heute eine wesentliche Grundlage meines Lebens und Wirkens in der Welt ist. Hier bin ich zum ersten Mal wirklich in diesem Leben angekommen und konnte unter vielem anderen erforschen, welches Körperwissen wir Frauen in uns hüten, wie es sich anfühlt, auf dieser Erde und in meinem Körper zu Hause zu sein und mich nicht mehr getrennt davon zu fühlen.

86 Sie wurde 2020 von Charlotte Schmitz auf weACT! (der Petitionsplattform von Campact) gestartet.

87 Charlotte Schmitz, weAct: https://weact.campact.de/petitions/femizide-in-deutschland-stoppen (14.02.2021)

Ich fand Antworten auf Fragen, die als Unbehagen schon lange in mir rumorten. Und ich fand einen Weg, den ich mit ganzem Herzen und entschieden weitergehen wollte. In dem Wissen, dass ich dafür bei jedem Schritt ins Unbekannte den Weg erst bereiten, die Fragmente eines alten Wissens wiederfinden, erinnern und zusammenfügen muss. Stück für Stück.

„[...] Du musst dich dem NICHT-WISSEN hingeben, dem NICHT-WISSEN-wie-es-sein-wird. Dann kannst du zuhören, lauschen: dann kannst du handeln. Deshalb ist es frei [...] der HEILIGE RAUM ist in sich frei und leer und nicht definierbar [...]“ (Pansy Hawk Wing, Pfeifenträgerin der Lakota-Sioux-Tradition)[88]

Ich mochte diese Art des Lernens, des Forschens, in der jede gefordert ist, ihre eigenen Wissensfragmente zu finden und zu vertreten. Entschieden dafür einzustehen. Allgemeingültige Übereinkünfte infrage zu stellen und hinauszugehen aus bekannten Mustern. Von klein auf Gelerntes neu zu sortieren, möglichst ohne Wertung und Hierarchien. Die Lehrerin suche ich mir aus, weil ich etwas von ihr lernen will. Und sie gibt mir Möglichkeiten zu lernen, Angebote eines „Handwerkzeugs“ zum Ausprobieren und Weitergehen. Meiner Ansicht nach wird wirkliches Lernen behindert, wenn wir Lehrende auf ein Podest stellen, sie dadurch erhöhen und uns kleiner und unwissender machen, als wir es sind.

Es ist alles da in mir und gleichzeitig ist alles da um mich herum. Es geht um die Verbindung mit dem freien, riesigen Netz, in dem wir uns alle immer bewegen. Es geht um die eigene Verantwortung, die mir keine und keiner abnehmen kann. Und es geht um die Freisetzung der Erinnerung an ein Wissen aus anderen Zeiträumen. Weg von der Vorstellung einer linearen Zeit hin zu einer Spiral-Zeit: einer Jetzt-Zeit, eingebettet in Gleichzeitigkeit. Nichts ist für immer verloren. Ich lernte meine Wahrnehmung zu schulen für diese feinen,

88 aus: Hilary Hart: *Die Wiederentdeckung weiblicher Spiritualität.* Arbor, 2005, Interview „In Beziehung“, S. 57 ff., zitiert nach Ute Manan Schiran: *Am Küstensaum der Zeit – Gedanken zu einer sinnlich-spirituellen Praxis jenseits bestehender religiöser/säkularer Systeme/2 Essays.* München, 2008, S. 47

starken Energien auf anderen Ebenen und erfuhr von der Lebendigkeit jenseits der Sichtbarkeit, spürte dieses Netz, das alle und alles miteinander verbindet.

Alles ist Kommunikation. Etwas, das die heutige Wissenschaft auf ihre Weise wiederentdeckt. Zum Beispiel die faszinierende Kommunikation und Vernetzung der Bäume in einem Wald: die Sprache der Bäume.[89] Oder die feine und komplexe Form der Kommunikation von Tieren.[90] Und von Pflanzen.[91]

Wir lernten, Kontakt aufzunehmen mit dem, was hier in unserer Kultur abgeschnitten und vergessen, verbrannt und ausgelöscht wurde in Jahrhunderten der Verfolgung. Wir forschten gemeinsam nach dem alten Wissen, nach den Wurzeln unserer ursprünglichen Kultur und unseren uralten Traditionen hier und nahmen den roten Faden wieder auf aus unserem Frauenkörperwissen. Wir erkundeten Zugänge zu dem Wissen, das in unseren Zellen eingelagert und in den Falten der Erde verborgen gehütet wird, bis die Zeit gekommen ist, dass es emporsteigen, sich wieder entfalten kann.

Wir legten Wege frei und neue Pfade in uns an für die Ankunft. Die Zeit ist jetzt gekommen.

Für mich war und ist es eine klare Entscheidung, hinauszugehen aus dem System der Spaltung und Trennung in Gut und Böse, Schwarz und Weiß, Leben und Tod und aus dem unumstößlich scheinenden Konzept der Zweigeschlechtlichkeit.[92] Darüber hinauszugehen und zu versuchen, uns aus den Po-

89 Peter Wohlleben: *Das geheime Leben der Bäume – Was sie fühlen, wie sie kommunizieren – die Entdeckung einer verborgenen Welt*. Ludwig, 2015 (Buch); Peter Wohlleben: Das geheime Leben der Bäume. Film, 2020; Luc Jacquet: Das Geheimnis der Bäume. Film/Naturdokumentation, 2013 (basierend auf der Idee des Botanikers Francis Hallé, der viele Jahre damit verbracht hat, die Regenwälder zu studieren).

90 Ein aktuelles Beispiel unter vielen anderen: Mirjam Leuze: *The Whale & the Raven*. Dokumentarfilm, 2019

91 Stephen Harrod Buhner: *Plant Intelligence and the Imaginal Realm: Beyond the Doors of Perception into the Dreaming of Earth*. 1. Auflage, Bear & Company, 2014

92 Ute Manan Schiran: „Das offensichtlichste dieser Konzepte ist das Konzept der Zweigeschlechtlichkeit. Es verbarrikadiert die Erfahrung des AllEinSeins und die Wahrnehmung, dass es bereits viel mehr Formen von Geschlechtlichkeit gibt, als dieses unumstößlich scheinende Konzept zulässt." Ute Manan Schiran: *Am Küstensaum der Zeit – Gedanken zu einer sinnlich-spirituellen Praxis jenseits bestehender religiöser/säkularer Systeme/2 Essays*. München, 2008, S. 72

larisierungen zu lösen, *ohne* in Neutralität und Beliebigkeiten abzugleiten, die leider mehr auslöschen, anstatt die konstruierten Gegensätze aufzulösen.

Das war hoch anspruchsvolles Lernen von uraltem brandneuen Wissen, waren vielfältigste Übungen in Genauigkeit, wirksame Praktiken zur Verfeinerung unserer Sinne, war köstliches Erahnen der weiten, lebendigen Felder … Spüren, wie Zellen im eigenen Körper mit dieser Lebendigkeit geflutet sind …

› *Sich vom eigenen Herzschlag bewegen lassen … und von den Ahninnen leiten*
Gut begleitet.
Vertrauensvoll.
Im Kreis für immer verbunden.
Meinen Platz darin einnehmen.
Wir sind Erde.
Alles, was ihr angetan wird, wird auch uns allen angetan.

Auch wenn es abgedroschen erscheinen mag und zu oft noch abgewertet wird: Viele indigene Menschen (Native People, First Nations, UreinwohnerInnen …) überall auf der Welt versuchen uns weißen Menschen das schon lange zu sagen: *Alles, was der Erde angetan wird, wird auch uns allen angetan* – während immer noch viele von ihnen weiter von ihrem Land vertrieben und ermordet werden, weil sie wirtschaftlicher Profitgier im Wege sind.

Während gleichzeitig immer mehr moderne WissenschaftlerInnen diese uralte Weisheit bestätigen: Alles hängt miteinander zusammen, ist miteinander verbunden. So einfach ist das. Und so folgenschwer.

Diese Erde schenkt uns (noch!) überwältigende Schönheit, feinste Nahrung, saubere Luft, klares Wasser – Leben, das niemals selbstverständlich ist. Zerbrechlich und kostbar.

Bedingungslose Liebe, nach der sich hier so viele sehnen, ist im Überfluss überall um uns herum, alles durchdringend. Allein draußen im Wald und auf der Wiese können wir es manchmal besser spüren.

Mit meiner bedingungslosen Liebe zu den Frauen dieser Welt – meinen Schwestern – und zu allen Menschen, allen Wesen, zu allem Lebendigen auf dieser Erde und in Verbindung mit der „menstruellen“[93] Kraft habe ich mich auf den Weg begeben, einerseits die Fähigkeiten und die Körperweisheit meines Frauenkörpers zu erforschen und andererseits zu lernen, auch mich selbst in diesem Körper bedingungslos zu lieben. Eine große Herausforderung für die meisten Frauen in dieser Gesellschaft. Von diesem Boden aus begleite ich die Toten und die Trauernden. Mit meiner Liebe für die Toten ehre ich das Leben.

Dafür muss ich zuerst mich selbst und meine Körperlichkeit ehren. Und die Frauen dieser Welt, die täglich unter teilweise schwierigsten Bedingungen die Grundlagen des Lebens überhaupt erst schaffen – für ihre Kinder, Verwandten und immer für die Gemeinschaft. Die Frauen sorgen zu einem großen Teil für Nahrung, Wasser, Kleidung, Häuser, Geborgenheit, Schutz … Das Lebensnotwendige, das nie eine Selbstverständlichkeit ist. Es wird Zeit, dass alle Menschen die Frauen und alles, was sie alltäglich für das Netz des Lebens tun, wieder angemessen achten.

Kurz nach der Erkenntnis, dass es meine Aufgabe ist, Bestatterin zu werden, wurde ich schwer krank. Ich erinnere mich, wie ich in der Klinik wieder erwachte: Wie aus tiefem dunklen Eiswasser aufgetaucht, zitternd am ganze Leib – so wurde ich noch einmal in diese Welt geboren. Nach mehreren Klinikaufenthalten war mir klar, und allen um mich herum auch, dass ich so nicht weitermachen konnte, weil ich sonst sterben würde. – Ich vermisse bis heute, dass ich deshalb nicht mehr der kostbaren und unwiederbringlichen Zeit mit meinen Kindern verbringen konnte. Es tut mir leid, dass ich ihnen nicht öfter zur Seite stehen konnte und dass ich ihnen manchmal gefehlt habe. Doch dies war eben auch der unerbittliche Beginn meiner Initiation zur Übergangsbegleiterin – zur „Hebamme“ für die Toten.

Der lange Weg bis zur Gründung der BARKE und die schwierigen ersten Jahre haben alles von mir verlangt. Doch jedes Jahr verbrachte ich zumindest

93 Ute Manan Schiran: „Damit einhergehend ist es für ‚weiblich‘ konzipierte Körper wesentlich, eine ihnen innewohnende Qualität (die ich in Ermangelung einer stimmigeren Formulierung *menstruell* nenne) aus Unwissenheit und Tabuisierung zu lösen und in dieser Kraft handlungsfähig zu werden.“ Ute Manan Schiran: *Am Küstensaum der Zeit – Gedanken zu einer sinnlich-spirituellen Praxis jenseits bestehender religiöser/säkularer Systeme/2 Essays*. München, 2008, S. 15

eine Woche in meiner geliebten zweiten Heimat Cornwall: das Land, das mir half, Boden unter meine Füße und Weite in mein Herz zu bekommen und mir viele wunderbare Einsichten schenkte.

Ich bin sehr dankbar für die Geschenke und die Heilung, die ich in diesem Land und von seinen BewohnerInnen bekommen habe. Auch dies ist mein Ahninnenland.

Die Toten sind mit uns

Das spüre ich und ich weiß von vielen Lebenden, die ich begleitet habe, dass sie sie ebenso spüren: die Toten. Sie sind für mich in diesem feinen Energienetz des Lebens wahrnehmbar da, auch wenn wir sie nicht mehr sehen und körperlich anfassen können. Manchmal sind sie spürbarer da, manchmal weniger deutlich. Plötzlich weht ihr ganz eigener persönlicher Geruch an uns vorbei oder ein klares Bild taucht aus dem Nichts auf. Wir fühlen uns vielleicht wie von innen ganz zart berührt – und wir wissen intuitiv: Das ist mehr als nur eine Erinnerung! Das ist keine Einbildung! Das macht uns auch immer wieder völlig fassungslos: „Ist das jetzt wirklich passiert?" Und dann macht es uns einfach – glücklich.

Wir können mit ihnen reden, sie um Rat oder Unterstützung bitten. Und viele tun das auch. Immer selbstverständlicher. Während mir früher noch nach Vorträgen Frauen hinter vorgehaltener Hand zuflüsterten, dass sie mit „ihren" Toten sprechen würden, und fragten, ob das nun bedeutet, dass sie völlig verrückt seien, woraufhin ich ihnen natürlich versichert habe, dass sie es nicht seien und sie sich über diesen schönen Kontakt einfach freuen könnten, so sind mittlerweile viele schon länger sehr viel mutiger und sprechen teilweise auch ganz offen darüber. Sie vertrauen wieder mehr ihren Sinnen und ihrer Wahrnehmung, ihrem Gefühl und ihrem Herzen – und das völlig unabhängig von Glauben oder Weltanschauung. Darin liegt auch der Respekt vor dem, was wir nicht wissen, und eine Gewissheit, dass wir nicht alles wissenschaftlich beweisen können und müssen, dass im Leben auch vieles unbegreifbar bleibt. Und dass es dennoch real sein kann.

Mir sind einmal während einer schamanischen „Reise" Tote erschienen. Und es waren nicht nur Tote, die ich selbst begleitet habe. Es war mir, als würde ich von ihnen auf ihre Schultern genommen und auf ihnen liegend durch eine

Höhle hinaufgetragen bis zum lichterfüllten Eingang – ein Gefühl der unendlichen Geborgenheit. Dadurch erfuhr ich ganz körperlich, wie wichtig es für sie ist, so von uns Lebenden getragen zu werden. Ganz wörtlich, aber auch im weiteren Sinne. Ich spürte ihren Dank für meine für sie sehr wichtige Arbeit. Ich war sehr berührt. Das, was wir für die Toten tun, wirkt unmittelbar auf uns Lebende und das Leben als Ganzes.

Und ich weiß nun auch auf einer tieferen Ebene, dass das Tragen der Toten, um sie sanft in den Sarg zu betten oder auf dem letzten Weg aus dem Haus oder zum Grab, eine wichtige Handlung ist.

Meine Erfahrung und mein Herzenswissen zeigen mir immer wieder: Die Toten sind mit uns. Das ist ein Segen. Ein Schutz. Der Boden, auf dem wir stehen. Die Verbindung, die nie endet.

VII Wie will ich bestattet werden?

Wichtige Informationen für die erste Zeit nach dem Tod

Stirbt jemand zu Hause, im Pflegeheim oder Hospiz ist es wichtig zu wissen: Die behandelnden Hausärztinnen und -ärzte oder andere MedizinerInnen müssen nicht sofort gerufen werden, nichts muss sofort getan oder unternommen werden. Auch am Krankenhausbett muss nicht sofort nach den PflegerInnen gerufen werden. Es ist wichtig, dass diejenigen, die gestorben sind, und alle bei ihnen Anwesende erst einmal in diesem neuen Zustand ankommen dürfen, und meinem Empfinden nach tut es auch den Toten gut, erst einmal in Ruhe gelassen zu werden.

Jetzt hat alles Zeit ...! Auch das Waschen, Versorgen und Ankleiden der Toten hat Zeit. Am besten geschieht das, wenn BegleiterInnen da sind, die Erfahrung im Umgang mit Toten haben und die mit Ruhe und Achtsamkeit, auch gemeinsam mit den Angehörigen, den Toten diese letzte Ehre erweisen. Das liebevolle Versorgen der Verstorbenen gehört immer zu unserer BARKE-Arbeit als „Seelen-Hebammen" und Übergangsbegleiterinnen und ist unser Herzensanliegen.

Mit dem Waschen und Ankleiden sollte auch gewartet werden, bis die Ärztin/der Arzt da war, um die gesetzlich vorgeschriebene ärztliche Feststellung des Todes, die Leichenschau, durchzuführen und dies im Totenschein einzutragen, dem wichtigsten Papier für alle folgenden Formalitäten. Bei der Untersuchung zur Feststellung des Todes wird sonst eventuell die liebevoll angelegte Kleidung für die letzte Reise noch einmal ausgezogen. Der Totenschein soll danach bei einem Haussterbefall den Angehörigen ausgehändigt werden.

Es ist normal und völlig ausreichend, wenn die Ärztin/der Arzt im Laufe des ersten Tages nach dem Tod gerufen wird, etwa beim Sterben in der Nacht reicht es aus, erst am nächsten Morgen oder Vormittag in der Praxis anzurufen.

Die ärztliche Leichenschau darf in der Regel frühestens drei Stunden nach dem Tod geschehen. Und am Tag sind die Ärztinnen und Ärzte auch meist besser erreichbar.

Wichtig: Wenn möglich keinen Notarzt rufen, falls die Hausärztin zum Beispiel am Wochenende nicht erreichbar sein sollte. Eine Notärztin oder ein Notarzt könnte „unbekannte Todesursache" in den Totenschein eintragen, weil sie die näheren Umstände des Sterbens, der eventuellen Krankheit und die anwesenden Personen nicht kennen, und dann muss die Polizei kommen und ist gezwungen, die „Leiche zu beschlagnahmen". Daraus folgen viele unnötige Schwierigkeiten und eine manchmal tagelange Verzögerung des Abschiednehmens. Notärztinnen und -ärzten ist hier manchmal nicht bekannt, dass im „nicht vertraulichen" Teil des Totenscheins nur nach möglicher „Fremdeinwirkung" durch Unfall oder Gewalt gefragt wird und nicht nach der möglichen medizinischen Todesursache wie im „vertraulichen" Teil.
Deshalb ist es gut, mit der Hausärztin/dem Hausarzt zu vereinbaren, dass sie/er entweder über Handy im Notfall zu erreichen ist oder schriftliche Unterlagen über den Krankheitsverlauf kopiert und im Zuhause der Sterbenden hinterlegt zur eventuellen Einsicht für Notärztinnen und -ärzte.

Die Totenwaschung: Das Waschen, Versorgen und Ankleiden der Toten ist ein wichtiges und wesentliches Ritual – für beide Seiten: die Lebenden und die Toten (siehe Kapitel III: Was wir von den Toten gelernt haben: Die Totenwaschung). Es ist nicht nötig und auch oft zu früh, das schon in den ersten Stunden nach dem Tod zu tun. Es sollte auch nicht schnell und nur als nüchterne, auf das Notwendigste reduzierte Versorgung geschehen. Auch wenn die sogenannte Totenstarre ein paar Stunden nach dem Tod eintreten kann, ist es gerade dann gut und wohltuend, wenn wir, auf Wunsch gemeinsam mit den Angehörigen oder in ihrem Beisein, die Toten mit viel Ruhe und Langsamkeit behutsam und liebevoll waschen und einölen, weil sich dann diese Starre dabei lösen kann (und das nicht nur auf der körperlichen Ebene!), wenn dies mit dem Wissen und unserer Erfahrung als Übergangsbegleiterinnen geschieht.

Ich habe es selbst beim Tod von mir nahestehenden Personen erlebt, wie schmerzlich ich diejenigen vermisst habe, die das tun, was wir sonst immer in unserer Arbeit machen: den Raum halten, den Kontakt halten, mit ihrer Liebe für die Toten da sein und das Ihre dafür tun, um Trauernden den Rücken zu stärken. Und Kraft zu geben.

Nach dem Tod kann es sein, dass vielleicht ein bisschen Flüssigkeit aus dem Mund austritt. Das kann einfach mit einem Tuch oder Waschlappen weggewischt werden, wie bei Lebenden auch, die gepflegt werden, weil sie zu schwach sind, um es selbst zu tun. Für den Fall, dass nach dem Tod noch Kot, Urin oder Blut abgeht, reicht meist eine Windeleinlage oder große Binde in der Unterhose oder einfach eine Krankenunterlage unter der Körpermitte. Eine Windelhose ist nicht immer nötig. Falls doch (im Pflegeheim meist Standard), kann diese beim späteren Ankleiden wieder ausgezogen werden, wenn gewünscht und möglich.

Alles immer nur nach Bedarf tun, immer den eigenen Impulsen und der eigenen Wahrnehmung folgen, sich im Zweifel miteinander besprechen. Tote dürfen berührt und sollten so behandelt werden, wie Lebende auch gern behandelt werden möchten.

Auch im Tod zeigt sich Lebendigkeit. Die Körper sind nicht „nur" eine Hülle. Wir wechseln im Tod unseren Lebendigkeitszustand. Die Körper bleiben bis in die Knochen das, was sie für uns immer waren: ein Erinnerungsspeicher allen Wissens aller Zeiträume dieser Erde. Und dieses Wissen verbindet sich nun wieder ganz mit der Erde, mit allen Elementen und allem Sein. Wir sind Erde.

Bestattungsablauf: Die kostbare Zeit zwischen Tod und Bestattung

„Feiert mein Leben! Tanzt, lacht, bereitet mir mit Euren Tränen den Fluss, auf dem ich sanft hinübergleiten kann …" Das ist einer der Titel für das Seminar, das ich für Bestattungsplanung anbiete: Wie plane ich meine Bestattung? Was muss ich festlegen? Wie mache ich es meinen Lieben leichter, meine Wünsche zu erfüllen? Was dürfen sie selbst entscheiden? Was kann ich überhaupt alles wünschen? Was will ich auf keinen Fall?

Hier werde ich einen Bestattungsablauf ausführlich erklären, damit die Planung leichter fällt – und vielleicht auch ein wenig Spaß macht. Schließlich geht es um das Planen unseres letzten Erdenfestes.

1. Die ersten Telefonate/der erste Kontakt

Das kann auch schon lange vor dem Tod sein. Manchmal rufen uns Menschen vorher an, um mit uns zu besprechen und zu fragen, wie und was alles zu tun ist, wenn die alten Eltern, Angehörige – oder sie selbst gestorben sind. Mit manchen haben wir schon viele Jahre Kontakt, bevor wir tatsächlich zur Bestattung gerufen werden. Bestattung bedeutet hier: die gesamte Zeit zwischen Tod, Abschiednehmen, Trauerfeier und Beisetzung/Begräbnis.

Manchmal ist der Kontakt auch nur schriftlich, per Mail oder per Post. Aber mindestens genauso viele Menschen rufen uns erst dann an, wenn es so weit ist. Weil sie gerade eben aus ihrem Umfeld von uns erfahren haben oder weil sie keinen Kontakt vorher wollten. Nicht für alle ist es möglich, schon zu Lebzeiten über den eigenen nahen Tod oder den von geliebten Menschen zu sprechen.

Wenn wir angerufen werden, weil eine Person gestorben ist, dann besprechen wir erst einmal in Ruhe die Situation am Telefon. Dann können sich die Menschen auch noch einmal überlegen, ob sie uns mit der Bestattung beauftragen wollen. Wir machen in der Regel nach dem ersten Telefonat einen Kostenvoranschlag (mit Informationen zur Sargauswahl), den wir per Mail zuschicken, zusammen mit unseren wichtigen Informationen für die Zeit nach dem Tod (siehe vorheriger Abschnitt). Meistens erklären wir schon alles Notwendige am Telefon. Uns ist wichtig, in dieser Ausnahmesituation zu beruhigen und Sicherheit zu geben und vor allem mitzuteilen, dass es Zeit und Ruhe gibt, um jeden weiteren Schritt zu überlegen und zu gehen. Wenn die Menschen (meist ist es mehr als eine Person, auch wenn wir am Telefon nur mit einer sprechen) sich entschieden haben, dass wir kommen sollen, vereinbaren wir unseren ersten Treffpunkt und eine Uhrzeit. Wir erklären dann genau, was wir wann und warum tun, wie die weiteren Schritte aussehen werden und was die Angehörigen selbst tun können.

Meistens müssen wir dafür vorher mit den jeweils zuständigen Stellen telefonieren und je nach Sterbeort bestimmte Dinge klären:

- Klinik: Öffnungszeiten und Abholung von Sterbepapieren (Totenschein, Sterbefallmitteilung für das Standesamt, Rechnung für ärztliche Leichenschau und Kühlung, was alles nicht mehr von der Krankenkasse bezahlt wird); Zeiten sowie Ort für die Abholung der Verstorbenen aus der Klinik (z. B. Pathologie im Keller, beim Hintereingang oder in einem anderen Klinikgebäude);

gibt es einen Abschiedsraum (in der Regel ja) und wann und wie lange dürfen wir diesen nutzen etc.

- Pflegeheim/Hospiz/Palliativstation: Längste mögliche Aufenthaltsdauer der Verstorbenen auf ihrem Zimmer (in der Regel geht das noch bis zu einem Tag nach dem Tod, manchmal auch länger); wann dürfen wir kommen; gibt es bestimmte Abholzeiten; war die Ärztin/der Arzt schon da für die Ausstellung der Todesbescheinigung; gibt es einen Abschiedsraum etc.
- Zuhause: Absprache unserer Ankunft unter Berücksichtigung von Vorbereitungslogistik und Anfahrtszeit; welche Menschen möchten die Angehörigen jetzt um sich haben, um nicht allein zu sein, und welche Unterstützung brauchen sie jetzt gerade; welche Fragen haben die Angehörigen an uns; Erfragen der Verhältnisse vor Ort für unsere Vorbereitungs-/Transportlogistik (ist die Heizung aus oder der Raum bzw. die verstorbene Person vor Fliegen geschützt, in welchem Stock befindet sich die Wohnung/das Zimmer, gibt es ein enges Treppenhaus); wie lange wollen die Angehörigen Abschied nehmen (kann erst noch offenbleiben und sich in der Situation klären) – das alles besprechen wir anhand unserer Erfahrung und in Abhängigkeit zur jeweiligen Situation dann vor Ort ausführlich
- Standesamt: Öffnungszeiten, Ort, AnsprechpartnerIn
- Friedhof oder anderer Begräbnisort (Waldbestattung, Seebestattung, Naturbestattung …)

Vieles ergibt sich dann im Gespräch, denn jede Situation ist anders und immer einzigartig. Bei den ersten Telefonaten bitten wir die Angehörigen auch, die notwendigen Unterlagen für die Bestattung herauszusuchen oder die entsprechenden Daten herauszufinden. Das Standesamt des Sterbeortes benötigt für die Beurkundung alle Urkunden oder Daten, abhängig vom Personenstand:

- Wenn ledig/unverheiratet: Geburtsurkunde oder Daten der Eltern
- Wenn verheiratet: Heiratsurkunde/Familienstammbuch oder die Daten, wann und wo
- Wenn verpartnert: Verpartnerungsurkunde oder die Daten, wann und wo
- Wenn geschieden: Heiratsurkunde und Scheidungsurteil oder die Daten, wann und wo
- Wenn verwitwet: Heiratsurkunde und Sterbeurkunde der Ehepartnerin/des Ehepartners oder die Daten, wann und wo

- Wenn es schon ein Grab gibt: Möglichst Grabnutzungsurkunde mit Grabnummer
- Urkunden/Bestätigungen über Namensänderung etc.
- Adress- und Geburtsdaten der Kinder
- Personalausweis

Dann fragen wir die Angehörigen auch, ob sie Kleidung (eine komplette Bekleidung mit Unterwäsche, Socken/Strümpfen und wenn gewünscht auch Schuhen oder wahlweise auch ein Nachtgewand) für die Verstorbenen aussuchen und gegebenenfalls zum Treffpunkt (meistens der Sterbeort) mitbringen wollen. Und auch Dinge, die sie den Verstorbenen mitgeben möchten (Schmuck, kleine Beigaben, Briefe, Kinderzeichnungen, Fotos …), und eine (Woll-)Decke zum Zudecken, ein Lieblingskissen, ein schöner Bettbezug oder ein schlichtes Leintuch etc. Für Kleidung und Sargbeigaben gibt es kaum Materialbeschränkungen. Lediglich Glas, Porzellan und große Steine sind für eine Feuerbestattung technisch ungünstig. Bei Erdbestattungen gibt es in der Regel keine Beschränkungen, wenn es in einem gewissen Rahmen bleibt.

Manche Angehörige wollen damit warten, bis wir da sind und ihnen beim Aussuchen helfen. Für andere ist dies ein wichtiges und schönes Ritual, etwas, das sie tun können, für sich und für ihre Verstorbenen – und das hilft vielen in dieser Zeit.

2. Vor Ort

Wir sind angekommen am Treffpunkt. Manchmal ist es beim Sterbeort. Manchmal auch im Zuhause der Angehörigen oder der Verstorbenen. Zuerst einmal begrüßen wir die Angehörigen und sprechen mit ihnen in Ruhe. Ein erstes persönliches Kennlernen. Hier hören wir oft auch schon die ersten Geschichten über das Sterben und den Tod dieses Menschen und andere Informationen aus ihrem oder seinem Leben. Meistens gehen wir dann auch die notwendigen Formalitäten durch, die wir benötigen, um den Tod eines Menschen, den „Sterbefall" in Amtsdeutsch, beim Standesamt zu melden. Den dafür nötigen Totenschein holen wir in der Klinik oder im Pflegeheim selbst ab, zu Hause wird er den Angehörigen von der Ärztin/dem Arzt überreicht. Im Standesamt bekommen beziehungsweise beantragen wir mit allen benötigten Unterlagen die Sterbeurkunden, die die Angehörigen für allerlei Abmeldungen benötigen (Krankenkasse, Rente, Bank …) oder auch, um Geld zu beantragen bei Versicherungen (Lebensversicherung, Sterbegeldversicherung etc.) oder Hinterbliebenenrente. Auf Wunsch erledigen wir diese Abmeldungen/Beantragungen oder helfen dabei. Die Abmeldungen müssen aber nicht sofort gemacht werden, sondern dürfen auch noch warten bis nach der Trauerfeier.

Dann besprechen wir die nächsten Schritte. Alles, was den Angehörigen jetzt besonders dringend und wichtig ist, zum Beispiel den Termin für die Feier und die Trauerkarten oder die Todesanzeige, aber auch den nächsten Schritt, der jetzt unweigerlich kommt: Wer kommt mit uns, um die Verstorbenen zu versorgen, zu waschen, zu kleiden und zu betten (zu Hause auch manchmal erst noch im Bett).

3. Die Totenwaschung

Wir laden die Angehörigen dazu ein, nehmen ihnen die Angst und erzählen alles, was notwendig ist, um diese Entscheidung treffen zu können. Alles ist erlaubt: Die Angehörigen können jederzeit aus dem Raum gehen, wenn etwas gerade zu viel wird, und jederzeit wiederkommen, mittun, wo immer sie wollen, oder einfach dabei zusehen, wie wir uns liebevoll um ihre Toten kümmern. Wir ermutigen sie, genau auf ihr inneres Gefühl zu achten, dem Impuls zu folgen und alles in jedem Moment so zu tun, wie es ihnen entspricht.

4. Abschied, Hausaufbahrung, offene Aufbahrung

Nachdem wir dann die Verstorbenen gebettet haben (in den Sarg, den wir mitgebracht haben, oder bei der Hausaufbahrung manchmal zuerst auch noch im Bett), entscheiden die Angehörigen (nach unserer ausführlichen Information über die verschiedenen Möglichkeiten), wie es weitergeht. Hierfür gehen wir unsere Liste durch und fragen:

- ob und wann noch andere Abschied nehmen können
- ob der Sarg gleich geschlossen wird
- ob es am Friedhof eine offene Aufbahrung geben soll oder nicht
- wie lange gegebenenfalls die Hausaufbahrung sein soll (nach unserer Beratung)
- ob es eine Feuerbestattung im Krematorium oder eine Erdbestattung sein soll
- ob vor einer Feuerbestattung noch eine Trauerfeier mit der/dem Verstorbenen im Sarg stattfinden soll

- ob es eine Feier bei der Urnenbeisetzung geben soll
- wie groß die Feier sein soll und wo, und wann und wie die Trauergäste eingeladen werden
- wo die Beisetzung sein soll (welcher Friedhof, welcher Begräbnisplatz)
- nach dem gewünschten Termin für die Feier
- nach der gewünschten Form und Gestaltung der Trauerkarten, Todesanzeigen
- ob ein Grabkreuz, eine Grabstele[94] oder ein Grabbrett mit Namen, Geburts- und Sterbedatum gewünscht ist (bis ein dauerhaftes Grabmal aufgestellt wird)
- ob eine Kondolenzliste oder ein Kondolenzbuch gewünscht wird, in das Trauergäste bei der Feier ihren Namen eintragen können (bei großen Trauerfeiern für die nahen Angehörigen eine Möglichkeit zu wissen, wer da war)
- ob es eine Grünabdeckung für das Grab oder Grabschmuck geben soll (und wenn ja, welcher Art)
- ob die Gründekoration in der Trauerhalle/im Aufbahrungsraum/im Festsaal usw. von einer Gärtnerei oder selbst arrangiert werden soll etc.

Das alles besprechen wir meist nach der Versorgung der Verstorbenen und oft auch nach der Erledigung der Formalitäten bei den Behörden in Ruhe mit den Angehörigen. Und sie entscheiden dann, was wir für sie übernehmen sollen und was sie gern selber machen wollen: Wie die Feier gestaltet werden soll, ob meine Kollegin oder ich die Abschiedsrede halte oder der/die PfarrerIn oder jemand aus dem Kreis der Angehörigen oder mehrere Personen, welcher Blumenschmuck auf dem Sarg oder für die Urne, welche Musik, welche(s) Foto(s) der Verstorbenen, welche Lieder, besondere Elemente der Gestaltung … – all das entwickelt sich dann in den nächsten Tagen bis zur Trauerfeier. Vieles kann auch am Telefon besprochen oder gemailt werden. Manchmal sammeln wir Abschiedsbriefe, die bei der Feier vorgelesen und/oder in den Sarg/das Grab mitgegeben werden und allerlei mehr.

94 Eine Grabstele, wie wir (von der BARKE) sie anbieten, ist ein schlichtes schmales Eichenholzbrett, oben schräg geschnitten, sich nach unten verjüngend, glatt geschliffen und klar lackiert. Ein Grabbrett, wie wir es anbieten, ist eher natur-geformt, oft mit Rinde, aus verschiedensten Hölzern und mit Leinöl eingelassen.

5. Überführung und Transport

Dann kommt die Zeit, da wir die Verstorbenen aus dem Haus oder aus dem Abschiedsraum begleiten, um sie zum Friedhof oder ins Krematorium zu bringen. Auf dem Friedhof gibt es in der Regel auch Aufbahrungsräume, die zum Abschiednehmen genutzt werden können. Auf kleineren Friedhöfen bekommen die Angehörigen manchmal auch einen Schlüssel dafür und können selbst bestimmen, wann sie zu ihren Toten gehen, um Abschied zu nehmen, Blumen und Beigaben in den Sarg zu legen, stille Zwiesprache zu halten …

6. Feuerbestattung

Vor der Feuerbestattung (auch Einäscherung genannt) ist in fast allen Bundesländern eine zweite amtsärztliche Leichenschau vorgeschrieben. Diese Vorschrift gibt es deshalb, weil nach der Einäscherung keine Beweise mehr vorhanden sind, falls es doch noch Hinweise auf einen gewaltsamen Tod gibt. Dafür werden die Verstorbenen im Krematorium noch einmal entkleidet. Wie das geschieht, hängt von der Krematoriumsleitung, den Mitarbeitern und den Amtsärztinnen und Amtsärzten ab. Manche kleiden die Verstorbenen danach auch wieder an oder wir dürfen das tun. Deshalb gehen wir, wenn möglich, lieber zu uns bekannten und kleineren Krematorien. Dies besprechen wir immer mit den Angehörigen.

Wir haben es in manchen Bundesländern (im Norden) schon erlebt, dass die zweite amtsärztliche Untersuchung bereits in der Klinik stattfindet, was sehr sinnvoll ist. In Bayern ist die zweite Leichenschau (noch?) nicht vorgeschrieben. Da müssen wir zur zuständigen Polizeidienststelle und dort wird überprüft, ob ein Verdacht auf mögliche Fremdeinwirkung, die zum Tod geführt haben könnte, gemeldet wurde. Wenn nicht, was in der Regel der Fall ist, bekommen wir die polizeiliche Unbedenklichkeitsbescheinigung für die Feuerbestattung.

Mittlerweile gibt es in vielen Krematorien die Möglichkeit, bei der Feuerbestattung (Einäscherung) dabei zu sein. So können Angehörige, die das wünschen, auch bei diesem Schritt begleiten: wenn die Verstorbenen dem Element Feuer übergeben werden. Denn manchen fehlt bei der Feuerbestattung dieser Moment, wenn, wie bei der Erdbestattung, der Sarg dem anderen Element, der Erde, übergeben wird.

Manche Krematorien haben auch Räume für die Trauerfeier und bieten an, dass die Feuerbestattung gleich im Anschluss an die Feier stattfinden kann.

Bei der Feuerbestattung anwesend zu sein, dauert in der Regel nur einen sehr kurzen Moment: Der Sarg wird in die Brennkammer eingefahren und diese sofort danach wieder geschlossen und die Begleitenden müssen dann den Raum auch bald danach wieder verlassen.

Ich finde diesen Moment trotzdem immer wieder sehr besonders. In manchen Krematorien gibt es dafür schön gestaltete Räume. Für einen kurzen Augenblick ist zu sehen, wie die Brennkammer hellorange glüht, manchmal ertönt dabei Musik, immer ist es bewegend – ein wichtiger Schritt auf dem Weg.

Für die, die nicht dabei sein wollen oder können, fragen wir auf Wunsch nach dem Zeitpunkt der Feuerbestattung. So können Angehörige zu Hause zum Beispiel eine Kerze anzünden und in dieser Stunde, die es ungefähr dauert, ihrer Verstorbenen gedenken und sie aus der Ferne begleiten.

7. Trauerfeier, Abschiedsfeier, Lebensfeier

Für Informationen hierzu siehe Kapitel IV.

8. Erdbestattung

Je nach Friedhof dürfen Angehörige statt der offiziellen SargträgerInnen[95] den Sargwagen bis zum Grab fahren. Manchmal dürfen sie ihn auch an den Seilen hinunterlassen. Bei solchen Gelegenheiten machen wir vorher mit den Angehörigen, die den Sarg tragen wollen, eine kurze Einführung und begleiten sie dann bis zum Grab, manchmal tragen wir auch selbst mit und lassen den Sarg ins Grab. Dies ist in der Regel nicht so schwer und meistens zu viert (selten auch zu sechst) gut machbar. Auf manchen Friedhöfen gibt es sogenannte Absenkapparate, die mechanisch funktionieren: Der Sarg wird darauf langsam ins Grab hinuntergelassen.

In der Regel wird der Sarg von FriedhofsmitarbeiterInnen oder von vom Bestattungsunternehmen beauftragten SargträgerInnen zu Grabe getragen und ins Grab gelassen. Danach können, je nach Wunsch, eine Handvoll Erde (Erdwurf, meist mit kleiner Schaufel), Blumen, Blütenblätter, Blüten und andere Beigaben ins Grab mitgegeben werden.

Wir haben es auch schon angeregt und erlebt, dass bei einem großen Begräbnis (200 bis 300 Menschen) einer erwachsenen Person auf einem großen

95 Auch SargträgerInnen sind in der Regel noch Männer.

städtischen Friedhof viele mit Schaufeln kamen und dann das Grab miteinander selbst zugeschaufelt haben. Das kann mit dem Friedhof abgesprochen werden und hängt davon ab, ob der Erdhügel offen in der Nähe des Grabes liegt, was nicht bei allen Gräbern und nicht auf jedem Friedhof der Fall ist.

Ansonsten kommt der kleine Friedhofsbagger erst, wenn alle Trauergäste vom Grab weggegangen sind. Manchmal möchte eine kleinere Gruppe von Angehörigen auch hier mit dabei sein und zuschauen und dann geben wir den FriedhofsmitarbeiterInnen[96] Bescheid, dass sie schon kommen können.

Bei Waldbestattungen (von Urnen) kann es vorkommen, dass es dann noch beim Grab unter dem Baum oder in der Nähe am Waldrand ein Picknick gibt. Meistens aber geht es nach der Beerdigung oder der Trauerfeier (vor der Feuerbestattung) zum traditionellen „Leichenschmaus“: ein altes Wort für das anschließende Beisammensein der Trauergäste im Nebenraum eines Cafés/Gasthauses oder an einem anderen Ort (Gemeindesaal etc.) mit Essen und Getränken, oft Kaffee und Kuchen und kleinen belegten Broten, manchmal auch warmen Speisen, je nach Wünschen und natürlich auch den finanziellen Möglichkeiten.

Dorthin bringen wird dann, nachdem wir in der Trauerhalle/Kirche/im Festraum/im Garten alles abgebaut und aufgeräumt haben, zum Beispiel das gerahmte Foto, das während der Trauerfeier auf unserer Staffelei stand, die Trauerpost, die wir für die Angehörigen gesammelt haben, die Kondolenzliste, CDs und anderes, was die Angehörigen zur Gestaltung der Feier mitgebracht hatten. Und hier verabschieden wir uns dann von den Angehörigen, die wir in dieser intensiven Zeit begleitet haben, und machen uns auf den Heimweg.

9. Danksagung

Nach einer gewissen Zeit wollen manche Angehörige dann noch einmal an alle (z. B. an die, die sich in die Kondolenzlisten eingetragen hatten) Dankeskarten schicken oder eine Dankesanzeige in der Zeitung aufgeben. Dabei helfen wir und übernehmen das auf Wunsch. Wieder andere machen das dann selbst oder bedanken sich auf andere Weise.

96 Bei den Grabarbeiten habe ich, wie schon erwähnt, noch nie eine Friedhofsmitarbeiterin gesehen, aber damit wir auch bei dieser Tätigkeit zukünftig mehr Frauen finden können, schreibe ich es an dieser Stelle mit dem Binnen-I.

10. Das Leben und den Tod regeln

Mit den Sterbeurkunden müssen nun verschiedene Dinge wie Krankenkasse, Rente, Hinterbliebenenrente, Mietvertrag, Lebensversicherung, Sterbegeldversicherung, Mitgliedschaften, Abonnements gekündigt und/oder beantragt werden. Auch dabei helfen oder beraten wir. Eventuell muss ein Haushalt aufgelöst werden. Wenn das Erbe zu regeln ist, dann gibt das Nachlassgericht vor Ort gerne Auskunft.

Wenn es sich um ein neues Grab handelt, muss jetzt über das Grabmal nachgedacht werden. Es kann ein Grabmal aus Stein, Holz oder Metall in Auftrag gegeben werden. Die Friedhofsordnungen regeln teilweise sehr genau, was konkret erlaubt ist. Manche Holz- und SteinbildhauerInnen bieten auch eine gemeinsame Grabmalgestaltung mit Angehörigen an (siehe Linkliste am Ende des Buches).

Auch Grabbepflanzung und Grabpflege sind Themen, die jetzt anstehen. Entweder werden sie in Eigenregie übernommen oder es wird dafür eine Friedhofsgärtnerei beauftragt. Bei Rasengräbern oder Waldbestattungen fällt dieser Punkt weg. Es ist gut, vorher genau abzuwägen, ob wirklich ein solch pflegefreies Grab gewünscht ist. Das Bedürfnis, etwas zum Grab mitzubringen, ist offensichtlich bei sehr vielen tief verankert und auf Rasengrabfeldern von Friedhöfen sammeln sich regelmäßig trotz anderer Regeln Blumen und Figuren an, die dann meist an eine zentrale Stelle im Grabfeld verlegt werden, sobald der Rasen gemäht werden muss.

Um sich für eine Erdbestattung oder eine Feuerbestattung entscheiden zu können, braucht es manchmal zusätzliche Informationen. Auf der elementaren Ebene ist es einfach der Unterschied, ob ich mich für den langsamen Weg der Verwandlung im Element Erde entscheide oder für den schnellen Verwandlungsweg im Element Feuer.

Zur Erdbestattung: Mit der „Ewigen Ruhe“ ist es so eine Sache, denn Gräber sind nur für eine bestimmte Zeit „gepachtet“. Diese Zeit (zwölf bis 30 Jahre) wird unter anderem von der Bodenbeschaffenheit des jeweiligen Friedhofes bestimmt und davon hängt es ab, wie lange ein Holzsarg, inklusive Stoff und anderer Innenausstattung, Tragegriffen, Metallschrauben usw., und ein Menschenkörper brauchen, um in dieser Erde zu zerfallen, bis nur noch Knochen und Reste des Sarges plus Material übrig sind. Wenn die „Liegezeit“ (offizieller Friedhofsbegriff) abgelaufen ist, können die Angehörigen je nach Grabart das Grab eventuell für eine weitere Liegezeit pachten. Wenn sie das nicht tun oder wenn es sich um eine Grabart handelt, die nicht verlängert werden kann (oft „Reihengrab" genannt), wird das Grab neu „belegt", wie es in Amtsdeutsch heißt. Dann wird das Grab für eine Erdbestattung wieder neu ausgehoben und alte Knochen von früheren Toten werden dabei durcheinandergemischt. Die Erde unserer Friedhöfe, vor allem der alten, ist voller Menschenknochen aus vielen Jahrzehnten, manchmal Jahrhunderten, viele Male durchmischt beim Ausheben neuer Gräber. Es gab früher eine Zeit, da kamen die ausgegrabenen Knochen zum Beispiel in Gebeinehäuser oder Beinhäuser.

Zur Feuerbestattung: Die Asche besteht nur zu einem geringen Teil aus der leichten Holzasche, die wir zum Beispiel von Lagerfeuern kennen – und aus Filmen, wo die Asche der Verstorbenen scheinbar so schwerelos in den Wind gestreut wird. Der überwiegende Teil der Totenasche besteht jedoch aus gemahlenen Knochen. Und das, was in die Urne kommt, wiegt drei bis vier Kilo. Es ist also Knochenasche, übrigens ein sehr guter Mineraldünger und vollkommen steril. Die Knochen verbrennen bei der Feuerbestattung, die etwa eine Stunde dauert, bei circa 800 bis 1000 Grad Hitze nur unvollständig. Große Stücke bleiben erhalten. Sie sind zu groß für die Urne und werden deshalb nach dem Verbrennungsprozess zu einem feinen Sand gemahlen. So bleibt also nach der Verbrennung noch viel Substanz von uns übrig, die wieder der Erde oder dem Wasser zurückgegeben werden kann. In einem Kolumbarium, den Stellwänden für Urnen, kommen sie für die Zeit der Grabnutzungsdauer in kleine abgeschlossene Kammern. Wenn die erworbene Grabnutzungsdauer abgelaufen ist, werden auch diese Urnen auf dem Friedhof anonym begraben.

Zu Friedhöfen: Jeder Friedhof in Deutschland hat eigene Verordnungen und Gebühren. Diese sind kommunal geregelt und werden von den Stadt- und Gemeinderäten festgelegt. Das Grabnutzungsrecht für eine vom Friedhof bestimmte Grabnutzungsdauer gilt allgemein für alle Gräber und kann in der Regel nur bei bestimmten Gräbern (z. B. Wahlgräbern) verlängert werden. Auch darüber, ob Nichtortsansässige auf einem Friedhof bestattet werden dürfen oder ob sie dann mehr bezahlen müssen und dergleichen mehr, entscheidet das jeweilige Friedhofsamt. Es gibt gewaltige Preisunterschiede: Gräber, genauer gesagt das zeitlich begrenzte Grabnutzungsrecht, kosten in der deutschen Republik derzeit zwischen circa 250 und 6.000 (!) Euro, teilweise sogar noch darüber. Die Grab- und Friedhofsgebühren steigen seit Jahren stark an, unter anderem deshalb, weil immer weniger Menschen ein Grab auf dem Friedhof wollen oder sich das noch leisten können.

Für viele stellt sich so die Frage, ob es eine anonyme Bestattung werden soll, erst gar nicht. Für Menschen, die von Sozialunterstützung gelebt haben, ordnet oft die Stadt/Gemeinde die Bestattung an: Feuerbestattung und anonyme Urnenbestattung. Ob das nun der Wunsch der Verstorbenen war, spielt hier keine Rolle mehr, obwohl gerade bei der Feuerbestattung sonst immer nach dem Willen der Verstorbenen gefragt wird. In Stuttgart zum Beispiel gibt es bei „Sozialbestattungen" keine Trauerfeier, und wenn es Angehörige und Freundinnen und Freunde gibt, die sich verabschieden wollen, so können sie dies nicht auf dem Friedhof und nicht bei der Beisetzung tun.

Denn anonyme Bestattung bedeutet sehr häufig in großen Städten: Die Urnen werden gesammelt und an zwei oder drei Terminen im Jahr, zum Beispiel in den frühen Morgenstunden vor Öffnung des Friedhofes, in einem Sammelgrab beigesetzt. Angehörige dürfen nicht dabei sein und sie erfahren auch nicht, wann die Beisetzung stattfindet.

Aber auch hier gilt: Jede Friedhofsverwaltung regelt das anders und die Kommunen dürfen das auch immer wieder ändern. Und: Je mehr Menschen in solchen Fällen an Behörden und Friedhofsverwaltungen herantreten und ein Recht auf Abschiednahme einfordern, desto eher kann sich ein menschlicherer Umgang entwickeln – und können neue Formen gefunden werden. In Berlin hat zum Beispiel eine Kirchengemeinde auf ihrem Friedhof ein „Grab mit vielen Namen" eingerichtet, das sich aus Spendengeldern finanziert.[97]

Ich plädiere hier sehr für einen anderen Umgang mit Menschen, die wegen mangelnden Geldes oft nicht einmal eine würdevolle Bestattung bekommen und deren Angehörige keinen Abschied. Eine Initiative in diese Richtung stellt

97 Heilig Kreuz-Passion, https://www.heiligkreuzpassion-sozial.de/seite/274366/grab-mit-vielen-namen.html (14.02.2021) – Warum sollten nicht auch weltliche Friedhofsträger so etwas einrichten?

auch das Buch *Recht auf Trauer* von Francis Seeck dar.[98] Es beschreibt ordnungsbehördliche Bestattungen und teilt neben wissenschaftlichen Erkenntnissen zum Thema auch Schilderungen von aktivistischen Interventionen, Gedichte und Lebensgeschichten ordnungsbehördlich bestatteter Menschen.

Manche Menschen wünschen aber auch zu Lebzeiten eine anonyme Beisetzung und es gibt oft auf Friedhöfen die Möglichkeit, dafür einen entsprechenden Grabplatz zu pachten, an dem dann kein Name angebracht wird. Dieser Grabplatz kann preislich unter Umständen ähnlich liegen wie ein Urnengrab mit Namensnennung. Bei dieser Art von anonymer Beisetzung, manchmal halb-anonym genannt, ist in der Regel alles wie gewohnt möglich: Beisein von Angehörigen, Feier, wenn gewünscht … Aber je nach Regelung kann es sein, dass auf Blumenschmuck auf dem Grab verzichtet werden muss.

Welche sonstigen Kosten können bei einem Todesfall entstehen?

1. Amtliche Gebühren:

- Sterbeurkunden beim Standesamt
- Grabstelle auf dem Friedhof
- Grabaushub, Grabeinfassung, Grababdeckung, Grabschließen
- Träger- und Friedhofspersonal
- Krematorium bei Feuerbestattung
- Benutzung der Trauerhalle, Orgel, Musikabspielgeräte etc.
- Benutzung der Aufbahrungsräume und der Kühlung
- Amtsärztliche Leichenschau (bei Einäscherung vorgeschrieben, Ausnahme: Bayern)
- Genehmigung für Seebestattung und Auslandsüberführung

2. Gestaltung der Trauerfeier:

- PfarrerIn
- OrganistIn
- TrauerrednerIn

98 Francis Seeck: *Recht auf Trauer – Bestattungen aus machtkritischer Perspektive*. edition assemblage, 2017

- MusikerInnen
- Dekoration

3. GärtnerInnenkosten:

- Blumenschmuck für Sarg, Urne und Trauerhalle, Gestecke, Kränze, Grabdekoration
- Grabpflege
- Vorhandene Bepflanzung am Grab abräumen, neue Grabbepflanzung

4. Grabmalkosten:

- Grabstein oder Grabmal
- Altes Grabmal eventuell bei Erdbestattung abräumen und einlagern
- Gestaltung und das Setzen des Grabmals

5. Sonstige Kosten:

- Ärztliche Leichenschau
- Klinikgebühren für Aufbewahrung und Kühlung
- Trauerkarten, Todesanzeige
- Bewirtung der Trauergesellschaft nach der Abschiedsfeier/Beerdigung
- Auflösung des Haushaltes

Was kostet eine Bestattung?

Die gesamten Bestattungskosten setzen sich aus den Kosten für die Dienstleistung des Bestattungsunternehmens *und* den oben genannten sonstigen Kosten zusammen. Die Gebühren der Friedhofsämter unterscheiden sich sehr stark, je nach Beisetzungsort. Die Gebühren für die Nutzung eines Grabes und einer Bestattung mit Nutzung der Trauerhalle etc. können bei jedem Friedhofsamt erfragt werden. Die Kosten für die Leistungen eines Bestattungsunternehmens sind vom Umfang, Aufwand und den Wünschen für die Bestattung abhängig. Es ist immer sinnvoll, sich vorab einen Kostenvoranschlag geben zu lassen. Dieser kann schnell erstellt und zum Beispiel per Mail verschickt werden.

Organspende

Ein schwieriges Thema. Ich werde immer wieder gefragt, bei Beratungen und auf Vorträgen, wie ich dazu stehe und wie meine Erfahrungen in der Praxis sind beim Begleiten derjenigen, die sich zur Organspende entschlossen haben.

Eigentlich würden wir doch wahrscheinlich alle gerne etwas von uns geben, damit andere weiterleben können, die sonst nur noch kurze Zeit zu leben haben. Es könnte eine schöne Vorstellung sein, dass andere noch etwas von mir und meinem Tod haben.

In der momentanen Realität finde ich es schwierig, diese menschliche Großzügigkeit umzusetzen. In Deutschland werden nur Organe von den Menschen entnommen, die bei ihrem Tod an lebenserhaltende Geräte angeschlossen waren. Dafür musste vorher ihr Gehirn zwei Mal von zwei verschiedenen MedizinerInnen für tot erklärt werden. Aber ihre Körper leben an den Geräten weiter: Das Herz schlägt, sie werden beatmet, sie sind warm. Und das Leben der Körper muss nach dieser medizinischen Bestimmung des Todes über einen längeren Zeitraum erhalten werden, denn die Organisation der Organtransplantation dauert: Viele Teams müssen mit Hubschraubern anfliegen, alles muss genau vorbereitet werden, um die Organe nach der Operation an verschiedene Kliniken zu den jeweiligen Menschen zu bringen, die dort ebenfalls auf Operationen vorbereitet werden müssen. Manchmal sind das auch mal zwei Tage, in denen die für tot erklärten Menschen an Geräten weiterleben.

Für die Angehörigen eine ungeheuer schwere Situation: Ihnen wird gesagt, die geliebte Person sei nun tot. Sehen und fühlen tun sie etwas anderes, nämlich das Weiterleben des Körpers. Hier werden die wohl ewig unbeantwortet bleibenden Fragen sehr deutlich: Was ist tot? Wann sind wir tot?

Diese völlig undefinierbare, namenlose, unbegreifliche Zwischenzeit ist für Angehörige oft eine große Belastung. Sie können so noch nicht Abschied nehmen.

Tot sind wir erst, wenn das Herz aufhört zu schlagen und keine Atmung mehr festzustellen ist. Das wird auch so gehandhabt: Nicht der Zeitpunkt des festgestellten Hirntodes wird als offizieller Todeszeitpunkt auf dem ärztlichen Totenschein eingetragen, sondern der Tod des ganzen Körpers nach der Operation mit erfolgter Organentnahme.

Die bereits für tot erklärten Menschen bekommen bei der Operation eine Narkose. Genau wie noch lebende Menschen.

Manche Ärztinnen und Ärzte sprechen auch noch ganz bewusst weiterhin mit den nun „hirntoten" Menschen und erklären ihnen die Untersuchungen. Das ist einerseits ein respektvoller und würdevoller Umgang, den ich auch für sinnvoll und menschlich erachte, denn ich glaube, sie handeln hier nach ihrem Gefühl, das ihnen sagt, dass dieser Mensch auf eine bestimmte Weise noch da ist und noch lebt. Auch wenn mit größter Wahrscheinlichkeit davon auszugehen ist, dass die für hirntot erklärten Menschen sterben werden, sobald die Geräte abgestellt worden sind.

Wenn es nun aber keine solche Trennung zwischen Körper, Geist und Seele gibt und meine Seele oder meine Essenz und meine spezifische genetische Information in jeder meiner Zellen zu finden ist, was passiert dann mit mir nach meinem Tod, wenn Teile von mir in verschiedenen anderen Menschen weiterleben? Was bedeutet das für meinen Übergang? Was bedeutet es, wenn wir nicht nur die Summe unserer Teile sind? Und unsere Organe nur simple Ersatzteile für die „Körpermaschine"? Und was bedeutet das für die Menschen, die mit der Essenz von „mir" weiterleben? Wie schlägt mein Herz in einer anderen Brust, wenn auch durch dieses Herz gefühlt wird? Wie sehen sie durch meine Augen? Träumen sie von mir? Übernehmen sie Eigenschaften von mir? Verändern sie sich und werden mir ähnlicher? Was macht das mit ihnen – und mit mir, wenn ich davon ausgehe, dass ich mich auf einem Seelenweg befinde …?

Was macht das, dass ihre Körper Medikamente nehmen müssen, damit sie „meine" Organe nicht abstoßen, weil sie körperfremd sind? Nicht zu vergessen, dass körperfremde Organe im Körper nur eine bestimmte Zeit erhalten werden können und dann wieder ein neues Organ von einem anderen Menschen benötigt wird, um weiterleben zu können.

Natürlich ist es trotz alledem für die Menschen, die mit einem gespendeten Organ weiterleben können, in der Regel ein Segen und ich freue mich für sie. Aber einfach ist deswegen die Entscheidung zur Organspende leider noch nicht. Es sind sehr viele Ebenen zu bedenken – solange nicht all diese Ebenen beachtet und ernsthaft miteinbezogen werden und Angehörige besser in dieser äußerst belastenden Zwischenzeit begleitet werden, bleibt die Entscheidung für viele weiterhin schwierig.

Wichtig zu wissen ist, dass auch nach einer Organspende und dem darauffolgenden offiziellen Tod unsere Begleitung des Übergangs wie bei allen anderen

Toten stattfinden kann. Dann können sich die Angehörigen verabschieden. Die Narbe auf der gesamten Vorderseite von Brust und Bauch ist meist gut vernäht und falls nicht schon mit Verband abgedeckt, dann machen wird das, bevor wir die Angehörigen zu ihren Toten begleiten.

Vorsorge

Vor vielen Jahren, am Anfang der BARKE, entdeckte ich in einem Buch[99] einen Fragebogen zur Planung der eigenen Bestattung. Ich habe ihn damals begeistert selbst ausgefüllt und mich davon inspirieren lassen, einen eigenen Wünsche-Fragebogen zu entwickeln, der hier am Ende des Kapitels zu finden ist. Dieser wird nun schon seit Jahren von mir aktualisiert und erweitert auf der Basis unserer Erfahrungen als Bestatterinnen. Wir verschicken ihn auf Anfrage zusammen mit Informationen über (PatientInnen-)Vollmachten und (Betreuungs-)Verfügungen, einer Literatur- und Medienliste (das alles ist in diesem und dem letzten Abschnitt des Kapitels zu finden).

Manche Menschen wollen sehr gerne ihre Bestattung planen, und zwar zu einer Zeit, da sie noch gesund und munter sind. Nachdem sie alles so geregelt haben, wie es für sie jetzt gerade stimmt, können sie beruhigt weiterleben, sagen sie uns. Mit manchen haben wir so über die Jahre immer wieder Kontakt, weil sich die Wünsche ändern und auch nahe Menschen aus dem Leben gehen können.

Für die Nächsten, die Familie und/oder Freundinnen und Freunde ist es in aller Regel eine Erleichterung, nach dem Tod einer geliebten oder nahestehenden Person zu wissen, was deren persönliche Wünsche waren, und diese erfüllen zu können, soweit das möglich ist.

Für andere ist es nicht vorstellbar, schon mitten im Leben über den Tod zu sprechen, obwohl wir alle einmal sterben werden. So viel ist sicher. Aber viele leben trotzdem nicht gerne bewusst mit dieser Gewissheit und versuchen, den Gedanken daran zu vermeiden.

Wenn die eigene Herkunftsfamilie beziehungsweise die gesetzlichen Verwandten nicht meine vertrauten nahestehenden Menschen sind oder diese damit überfordert wären, sollte überlegt werden, welche Vertrauensperson aus dem eigenen Umfeld mit der sogenannten Totensorge bevollmächtigt werden

99 Carmen Thomas: *Berührungsängste? Vom Umgang mit der Leiche.* VGS, 1994

kann und ob diese Person auch diese Verantwortung und Verpflichtung übernehmen will. Die gesetzliche Totensorge beinhaltet das Recht und die Pflicht, die gesamte Bestattung, die Bestattungsart und den Beisetzungsort zu bestimmen und zu bezahlen. Das Finanzielle kann vorab geregelt werden durch Geld auf einem Konto, zu dem die Vertrauensperson nach dem Tod Zugang hat, oder durch Versicherungen (Sterbegeldversicherung oder andere Versicherungen) oder durch eine Bestattungsvorsorgezahlung. Das heißt, die Bestattung wurde schon bei einem Bestattungsunternehmen bezahlt und die Wünsche mit diesem vertraglich festgelegt. Das ist auch bei uns möglich.

Wenn es in der nahen gesetzlichen Verwandtschaft Personen gibt, die auf keinen Fall über die Bestattung bestimmen sollen, müssen diese schriftlich benannt und namentlich ausgeschlossen werden (in der gleichen Vollmacht, die den nicht gesetzlich verwandten Personen oder den ausgewählten gesetzlich verwandten Personen gegeben wurde). Das ist wichtig, denn sonst sind die Bevollmächtigten nur zusammen mit der (gesamten) gesetzlichen Verwandtschaft berechtigt, zu bestimmen, falls die gesetzlichen Verwandten auf ihr Bestimmungsrecht bestehen sollten.

Dieses schriftliche Ausschließen ist aber nicht immer leicht umzusetzen, denn dadurch wird eine sehr schmerzliche Beziehung zur Herkunftsfamilie deutlich und muss als solche kompromisslos benannt werden. Es ist aber unumgänglich, wenn bestimmte gesetzlich verwandte Personen kein Recht haben sollen, über die Bestattung zu bestimmen.

Dafür gibt es manchmal sehr gute Gründe. Und das Bild von der „heilen“ Familie entspricht leider nicht so oft der Realität, wie es gern dargestellt wird.

Manche müssen auch nach ihrem Tod noch vor Übergriffen geschützt werden, wenn zum Beispiel versucht wird, ihre Wünsche und ihr Leben bei der Trauerfeier und der Bestattung komplett zu übergehen. Wir haben es leider schon öfter erlebt, wie verheerend hier die Machtkämpfe von zum Beispiel zerstrittenen Angehörigenfraktionen bei Bestattungen sein können. Da kann etwas auflodern, was lange im Untergrund geschwelt hat, und Familien, die jahrelang keinen Kontakt mehr zu den jetzt Verstorbenen hatten, sehen plötzlich ihre Chance, hier noch einmal ihren Einfluss geltend zu machen, gegen den sich die Verstorbenen zu Lebzeiten teilweise schon sehr lange zur Wehr setzen mussten.

Wenn das noch möglich ist, sind wir dann in der Rolle der Vermittlerinnen und versuchen alle daran zu erinnern, dass jetzt, vor allen anderen, die verstorbene Person und ihre Wünsche im Mittelpunkt stehen – und dass diese Wünsche zu achten sind. Und dass es trotzdem möglich ist, Kompromisse zu finden, wie die Trauerfeier so zu gestalten ist, dass alle Trauernden sich getröstet fühlen können und dennoch die Wünsche und das Leben der Verstorbenen geachtet bleiben.

Einmal haben wir so für zwei Trauerfeiern auf dem gleichen Friedhof gesorgt. Die Verstorbene war schon lange nicht mehr in der Kirche. Für die Eltern und die DorfbewohnerInnen war es aber wichtig, als Trauernde den kirchlichen Beistand eines Pfarrers zu bekommen. So wurde ein Trauergottesdienst in der Kapelle auf dem Friedhof gehalten und alle, die wollten, konnten dort hinein. Der Sarg mit der Verstorbenen aber stand derweil draußen vor der Kapelle auf einer grünen Wiese unter Ostbäumen in der Frühlingssonne, und einige ihrer Freundinnen, ihre Wahlfamilie, blieben bei ihr.

Am Grab fand dann die zweite Trauerfeier statt: Die Freundinnen sangen Lieder, erzählten viele Geschichten aus dem Leben der Verstorbenen, manche spielten auf mitgebrachten Musikinstrumenten, andere trugen kleine Gedichte vor … Und sie gaben ihr ihre wichtigsten persönlichen Sachen mit ins Grab – wie heilige Grabbeigaben.

Eine Freundin scherzte nach der Beerdigung: „Wenn hier in 1000 Jahren Ausgrabungen stattfinden, werden sie überzeugt davon sein, dass sie eine bedeutende Persönlichkeit war. Und für uns war sie das ja auch!“ Und die Eltern sagten noch am Grab zu allen Freundinnen, dass sie sehr berührt seien von dem, was sie hier hören durften, und sich freuten, dass ihre Tochter in solch einem liebevollen Kreis aufgehoben war.

Uns hat diese gelungene Verbindung und Begegnung zweier Welten, die zu Lebzeiten nicht so viele Berührungspunkte hatten, bei der Bestattung dieser Frau sehr gefreut. Auch so kann es gehen.

Vollmachten und Verfügungen

PatientInnenverfügung – Vollmachten – Betreuungsverfügung – Totensorge – Feuerbestattung (juristische Beratung u. a.: Rechtsanwältin Irene Schmitt, München)

- Am besten handschriftlich, mit Datum und Unterschrift, und sehr individuell verfassen: Der persönliche Wille muss deutlich werden und als solcher überzeugen.
- Die oben genannten Verfügungen/Vollmachten sind auch ohne notarielle Unterschriftsbeglaubigung genauso rechtlich gültig wie jede andere Vollmacht (z. B. Bankvollmacht).
- Bei einer umfassenden notariellen Beglaubigung überzeugt sich die/der NotarIn von der Geschäftsfähigkeit und der geistig-seelischen Verfassung (nur in Ausnahmefällen nötig).
- Die Verfügungen und Vollmachten müssen getrennt vom Testament aufbewahrt werden, weil dieses erst nach der Bestattung eröffnet/gelesen wird.
- Sie sollten bei den wichtigen Papieren wie Ausweis und Führerschein aufbewahrt werden.
- Jede Verfügung sollte vorher genau mit den Bevollmächtigten/BetreuerInnen besprochen werden und jede bevollmächtigte Person muss eine Kopie davon bekommen.
- Hinweis der Rettungsorganisationen (wie Rotes Kreuz, Johanniter etc.): In der Handy-Adressliste die im Notfall zu kontaktierenden Personen mit ICE (In Case of Emergency) kennzeichnen, bei mehreren Personen: ICE1, ICE2 usw.

Wir haben im Folgenden ein paar Beispiele sehr wichtiger Formulierungen aufgeschrieben, die so geschrieben sein müssen, um rechtskräftig zu sein. Hier kommt es sehr auf die Genauigkeit und das namentliche Benennen an:

PatientInnenverfügung/Vollmachten

- „Ich, (bitte hier einfügen: vollständiger Name, Adresse, Geburtsdatum und -ort), bevollmächtige (vollständiger Name, Adresse, Geburtsdatum und -ort, Telefonnummer wegen der Erreichbarkeit im Notfall) in allen Fällen, in denen ich selbst nicht mehr in der Lage dazu bin, für mich zu entscheiden und zu handeln."

Es können mehrere Personen bevollmächtigt werden – geregelt werden sollte dann, welche Stimme ausschlaggebend ist.

- „Ich entbinde deshalb alle Ärztinnen und Ärzte sowie MitarbeiterInnen von Kliniken, Behörden und Polizeidienststellen von ihrer Schweigepflicht gegenüber (bitte hier einfügen: Name/n)."

- „Ich verpflichte alle Ärztinnen und Ärzte sowie MitarbeiterInnen von Kliniken, Behörden und Polizeidienststellen zur Vorlage und Übergabe von Unterlagen und zur Auskunftserteilung gegenüber (bitte hier einfügen: Name/n)."

- „Ich verpflichte alle mich Behandelnden (Ärztinnen, Ärzte, HeilpraktikerInnen etc.), sich über jeden Schritt meiner Behandlung und Medikation und alle möglichen Folgen mit meinen bevollmächtigten VertreterInnen zu beraten."

Unbedingt beide Formulierungen (entbinden *und* verpflichten) verwenden. Es muss klare Anweisungen geben, ob die Bevollmächtigte/n unter Ausschluss von Verwandten (namentlich und mit Verwandtschaftsgrad nennen) oder mit diesen zusammen (regeln, welche Stimme ausschlaggebend ist) verfügen soll/en.

Wenn bestimmte oder alle Familienangehörige vom Besuchs- oder Entscheidungsrecht ausgeschlossen werden sollen, müssen alle einzeln namentlich mit Verwandtschaftsgrad genannt werden, außer bei einer Großfamilie: nur die nächsten Angehörigen mit Namen und Verwandtschaftsgrad und dann einfach „alle anderen Angehörigen":

- „Ich bevollmächtige (bitte hier einfügen: Name/n) – unter Ausschluss von (bitte hier einfügen: namentlich und mit Verwandtschaftsgrad genannte Familienangehörige) –, im Falle meiner Bewusstlosigkeit oder sonstigen Entscheidungsunfähigkeit aufgrund meines Gesundheitszustandes, Entscheidungen über Untersuchungen, Behandlungen und Operationen sowie das allgemeine weitere Vorgehen zu treffen."

- „Ich gebe hiermit die ausdrückliche Erlaubnis für (bitte hier einfügen: Name/n) – unter Ausschluss von (bitte hier einfügen: Namen und Verwandtschaftsgrad von Familienangehörigen) –, mich jederzeit im Krankenhaus und auf der Wach- und Intensivstation besuchen zu dürfen."

- „Ich bin mit einer Sektion oder Obduktion und der Entnahme von Organen nach meinem Tod – nicht – einverstanden (Nichtzutreffendes streichen)."

Verfügungen über medizinische Behandlungsweisen sollten genau überlegt und so genau wie möglich formuliert werden. Es muss klar ersichtlich sein, unter welchen Bedingungen welche Behandlungsmethoden abgelehnt werden. Beispiel: Wann und auf welche Weise ist Zwangsernährung (künstliche Ernährung) für eine befristete Zeit sinnvoll und sogar notwendig lebenserhaltend und wann ist sie nur noch eine Qual in einem natürlichen Sterbeprozess und eindeutig gegen den persönlichen Willen?

Diese und andere Fragen über medizinische Behandlungsweisen können zum Beispiel mit erfahrenen HospizmitarbeiterInnen, PalliativmedizinerInnen oder HeilpraktikerInnen besprochen werden.

Wichtig ist es, hier den Bevollmächtigten so viel Vertrauen entgegenzubringen, dass sie auch in sehr unterschiedlichen Situationen immer versuchen werden, entsprechend der Wünsche und der Lebenseinstellung der VollmachtgeberInnen zu entscheiden, und dass sie mithilfe der schriftlichen Verfügung und Vollmachten leichter dafür sorgen können, dass nach diesen Wünschen gehandelt wird.

Beratung und weitere Informationen gibt es unter anderem beim Bundesministerium für Justiz und Verbraucherschutz und bei vielen regionalen Hospizorganisationen.

Literaturempfehlungen: Petra Vetter (Rechtsanwältin): *Selbstbestimmung am Lebensende – Patientenverfügung und Vorsorgevollmacht.* Richard Boorberg, 2009 und *Meine Patientenverfügung.* Richard Boorberg, 2018

Vorsorgevollmacht/Betreuungsverfügung

Betreuung bedeutet: vom Betreuungsgericht angeordnete gesetzliche Vertretung, wenn eine Person nicht mehr selbst über ihre Angelegenheiten entscheiden kann. In der Betreuungsverfügung wird bestimmt, welche Personen als gesetzliche VertreterInnen handeln und auch wie die eigenen Angelegenheiten geregelt werden sollen. Die BetreuerInnen werden vom Betreuungsgericht kontrolliert. Bitte am besten zwei Personen bestimmen: BetreuerIn und ErsatzbetreuerIn:

► „Sollte die Bestellung einer Betreuung notwendig werden, wünsche ich (bitte hier einfügen: Name, Adresse und Telefon) als Betreuung und (bitte hier einfügen: Name, Adresse und Telefon) als Ersatzbetreuung."

Totensorge

PatientInnenverfügung und Betreuungsverfügung gelten nur bis zum Tod der Vollmachtgeberin/des Vollmachtgebers. Deshalb ist es wichtig, auch die Totensorge an die selbstgewählten, nicht gesetzlich verwandten Vertrauenspersonen zu übertragen:

► „Die Totensorge übertrage ich (bitte hier einfügen: Name/n, Adresse und Telefon), die/der meine Bestattung und die Gestaltung meines Grabes regeln sowie den Begräbnisort auswählen soll/en. Für meine Bestattung soll folgendes Bestattungsunternehmen beauftragt werden: (bitte hier einfügen: Name, Adresse, Telefonnummer)."

Feuerbestattung

Wenn eine Feuerbestattung gewünscht oder nicht gewünscht wird, sollte eine Willenserklärung in testamentarischer Form (handschriftlich mit Datum und Unterschrift) verfasst werden. Wenn keine Willenserklärung der/des Verstorbenen vorliegt, müssen beziehungsweise können die nächsten Familienangehörigen in gesetzlich festgelegter Reihenfolge ihren Willen zur Feuerbestattung der/des Verstorbenen erklären. Bevollmächtigte Personen werden hier wegen der genau vorgeschriebenen Verwandtschaftsreihenfolge manchmal nicht anerkannt.

Rechtliches: Darf ich …

… einen Sarg selber bauen? Ja, das ist erlaubt. Aber es gibt ein paar Dinge zu beachten: Ganz grundsätzlich zum Beispiel, dass der Sarg meist relativ bald nach dem Tod gebraucht wird. Das Sargbauprojekt inklusive Materialbeschaffung und eventueller Trocknungszeiten muss also zeitlich entsprechend realisierbar sein. Eventuell können Bestattungsunternehmen als Übergangslösung Überführungssärge zur Verfügung stellen. Ob das möglich ist, was es kostet und wann spätestens der fertige Sarg gebraucht wird, muss jeweils abgesprochen werden. Zu den Materialien: Noch sind auf den meisten Friedhöfen und in Krematorien Särge aus Holz vorgeschrieben. So sind auch zum Beispiel in den Korbsärgen innen Särge aus Holz. Die Krematorien, auch die modernen, brauchen Holz als zusätzlichen Brennstoff. Daher sind auch Särge aus Pappe leider nicht so ökologisch, wie gern angepriesen, denn es muss meistens noch zusätzlich ein halber Sarg aus Holz in die Brennkammer gelegt werden, damit der Verbrennungsvorgang funktioniert. Und Pappsärge sind zudem nicht billiger als einfache, heimische Holzsärge. Auf vielen Friedhöfen sind Särge aus Eiche oder anderen sehr schwer vergänglichen Holzarten für eine Beerdigung nicht mehr erlaubt.

Wenn ein Sarg aus Holz selber gebaut wird:

- Ein Sarg sollte nicht zu schwer sein, denn er muss ja auch getragen werden können (von vier bis sechs Personen auf dem Friedhof; überall sonst manchmal auch nur von zwei!).
- Für das Heben und Tragen sollten sichere Möglichkeiten eingebaut werden: Griffe und Unterkanten, damit die Hände beim Hochheben und Tragen genug zum Greifen und Festhalten haben, vor allem auch an der Kopf- und der Fußseite, damit zum Beispiel durch enge Türen und schmale Flure getragen werden kann.
- Wichtig ist ein ausreichender Zwischenraum vom Sargunterboden zum Fußboden, um das Untergreifen der Hände zum Hochheben zu ermöglichen (auch daher gibt es in der Regel Sargfüße).
- Sargfüße oder andere Vorrichtungen an Kopf- und Fußende sind nötig, damit zum Beispiel die Seile beim Hinunterlassen ins Grab nicht abrutschen können.
- Auch für das Einfahren des Sarges in den Brennofen im Krematorium braucht es manchmal Sargfüße.

- Zu denken ist an einen Unterkasten, der nicht zu hoch sein sollte, damit die Verstorbenen nicht so tief in der „Holzkiste" versinken (für das Abschiednehmen nicht so schön).
- Ein Sarg sollte möglichst dicht gebaut sein, damit in den warmen Monaten keine Fliegen an die Verstorbenen gelangen (wegen der sich u. U. sehr schnellen Bildung von Maden).
- Zu denken ist auch an eine flüssigkeitsdichte, biologisch abbaubare Innenverkleidung im Unterkasten: zum Beispiel Wachspapier oder Biofolie, weil nach dem Tod Körperflüssigkeiten austreten können (nicht so oft der Fall, aber in manchen Fällen kann es viel sein) und Holz alleine nicht ausreichend dicht ist.
- Die traditionelle deutsche Sargform hat einen Sinn: Unterkasten und Deckel sind schräg geschnitten, damit der Sarg nicht zu wuchtig und schwer wird und wirkt; weil der Deckel sich auf diese Weise über die Toten wölbt, wirkt der flache Unterkasten eher wie ein Bett bei der offenen Aufbahrung und die Toten verschwinden nicht so tief darin.
- Die Sargfüße sind innen hohl und geben daher den Händen einen sicheren Halt beim Tragen, zum Beispiel durch Türen, bei engen Treppen(-häusern), überall dort, wo seitlich (an den Griffen) nicht getragen werden kann, weil einfach der Platz fehlt.
- Wenn ein Sarg länger als zwei Meter und breiter als 70 Zentimeter ist, muss das mit der Friedhofsverwaltung oder dem Krematorium besprochen werden, denn Särge, Gräber und Brennkammern sind nach diesem Normmaß gebaut/angelegt und so können zum Beispiel eng angelegte Reihengräber mit schmalen Wegen dazwischen mit dem Grabaushub nicht zu sehr „aus der Reihe fallen" und nur manche Krematorien verfügen über die entsprechenden Brennkammern (z. B. für alle größeren und umfangreicheren Menschen). Trotz dieser Regelungen und traditionellen Sargbauerfahrungen bleibt noch genug Spielraum für vielfältigere Formen, wie zum Beispiel das Totenschiff: die Barke.

… die Urne selber machen? Ja, die Schmuckurne oder auch Überurne darf selbst hergestellt werden. Die Asche der Verstorbenen wird im Krematorium in eine sogenannte Aschekapsel eingefüllt. Die Asche nach einer Feuerbestattung besteht zum größten Teil aus Knochenasche und ist bei einem Erwachsenen je nach Körpergröße etwa drei bis vier Kilo schwer. Nach dem Verbrennungsvorgang, der etwa eine Stunde dauert, werden die Knochen, die danach zumeist noch gut erhalten sind, in einer Knochenmühle zu einem Knochensand verarbeitet. Die leichte Holzasche des Sarges ist nur noch der kleinste Anteil in der Totenasche. Die anthrazitfarbene Aschekapsel ist wie eine schlichte Urne geformt und heutzutage meistens aus einem Biostoff (z. B. Maisgranulat). Es gibt auch schöne Aschekapseln aus Holz, in die die Totenasche direkt eingefüllt werden kann. Wichtig zu wissen ist: Für die Urnenbestattung ist eine Schmuckurne oder auch Überurne keine Vorschrift! Bei Sarg wie Schmuckurne gilt: Das Material sollte in der Erde biologisch abbaubar sein. Die Aschekapsel kann auch nur mit Blumen und/oder einem Tuch geschmückt werden. Ein größeres Tuch eignet sich gut, um die Urne ins Grab hinunterzulassen. Sehr viele KunsthandwerkerInnen bieten Schmuckurnen aus den verschiedensten Materialien – zum Beispiel Holz, Keramik, Filz, Korb, Papier – und in vielen Formen und Farben an. Die Aschekapseln werden dann in diese Schmuckurnen oder Überurnen hineingestellt. Hier gilt Ähnliches wie beim Sargbau: nicht zu groß, nicht zu schwer, denn auch sie sollte (von einer Person) getragen und gut in ein Grab hinuntergelassen werden können. Bei Übergröße und ungewöhnlichen Formen der Urne muss der Friedhof vorher informiert werden, damit der Grabaushub für die Urnenbeisetzung nicht zu klein ist.

Die Maße der Aschekapsel, die in die Schmuckurne hineinpassen muss, sollten sicherheitshalber bei dem jeweiligen Krematorium angefragt werden, das für die Feuerbestattung zuständig ist. Es ist beim Anfertigen zu bedenken, dass eine Urne zum Beispiel Schnüre braucht, die lang genug sind, um sie ins Grab hinunterzulassen (abzusenken), oder ein großes dünnes, aber dennoch tragfähiges Stofftuch (ca. ein Meter mal ein Meter), in das sie so eingehüllt werden kann, dass genügend Stoff zum Absenken übrig bleibt. Wenn dieses Tuch oben auf der Aschekapsel schön (und sicher) verknotet wird, kann das bei der Trauerfeier auch sehr dekorativ drapiert werden. Da eine Urnenbeisetzung meist erst einige Wochen nach dem Tod stattfindet, bleibt für die Gestaltung einer eigenen Urne mehr Zeit als beim Sarg. Aber auch hier kann es knapp werden: Zum Beispiel bei Keramikurnen ist die Trocknungszeit zu bedenken.

… Asche verstreuen oder die Urne mit nach Hause nehmen? Ja und Nein. Es gibt meines Wissens nur im Bundesland Bremen derzeit die Erlaubnis für

Angehörige, die Urne mit nach Hause zu nehmen und sie zum Beispiel im eigenen Garten zu begraben. Ansonsten gilt für die Bestattung der Asche von Verstorbenen der im Bestattungsgesetz genannte „Friedhofszwang“: Sie müssen auf einem Friedhof oder in einem genehmigten Bestattungswald (der Anbieter Ruheforst, FriedWald etc.) bestattet werden. In Europa gibt es fast überall die sogenannte gesetzliche „Aschefreiheit“: Das bedeutet, dass die Menschen in den meisten Ländern in Europa selbst entscheiden dürfen, ob sie die Urne erst einmal zu Hause behalten, in der Natur verstreuen oder im Garten begraben wollen. Unsere Nachbarländer, insbesondere Holland, Frankreich und die Schweiz, bieten schon seit Langem die Möglichkeit, dass auch deutsche Menschen die Asche ihrer Angehörigen dort verstreuen dürfen, zum Beispiel in der Schweiz in den Bergen auf Almwiesen und in Frankreich von einem Heißluftballon aus. Manche ermöglichen es den Angehörigen auch, die Urne erst einmal mit nach Hause zu nehmen; sie erhalten dann ein lebenslanges Recht, die Asche ihrer Verstorbenen auf einer bestimmten Almwiese zu verstreuen. Wenn allerdings aktenkundig wird, dass Angehörige Totenasche in Deutschland zu Hause aufbewahren, können sie zur Beisetzung auf einem deutschen Friedhof gezwungen werden.

Das deutsche Feuerbestattungsgesetz stammt noch aus dem Jahr 1934 und es ist längst an der Zeit, dieses Gesetz an die Jetztzeit und die Wünsche mancher Angehörigen anzupassen. Die meisten Menschen wollen auch in den Ländern mit der „Aschefreiheit“ trotzdem noch ihre Verstorbenen auf Friedhöfen bestatten: öffentlich bekannten und zugänglichen Orten für all die Menschen, die die Verstorbenen gekannt haben und ihnen verbunden bleiben. Diese Kultur wird also, trotz aller Bedenken vonseiten der deutschen Behörden und Kirchen, nicht aussterben.

… den Sarg im Privatauto transportieren? Nein. Es gibt im deutschen Bestattungsgesetz ganz klar einen „Bestattungsfahrzeugzwang“ und einige Vorschriften, wie der Bestattungswagen gebaut sein muss. Leider gilt das auch für den Transport der ganz Kleinen. Manche Eltern wollen aber lieber ein Bußgeld in Kauf nehmen, als ihr totes Kind nicht selbst dorthin fahren zu können, wo sie Abschied nehmen und es begraben müssen. Ich kann das nur zu gut verstehen. Zudem muss das erst einmal jemand wagen, trauernde Eltern anzuzeigen, weil sie ihr totes Baby in der kurzen Zeit, die ihnen bleibt, nicht aus den Händen geben wollen. Meistens aber ist es für die Eltern einfacher, wenn einfühlsame BestatterInnen ihr Kind sicher und wohlbehütet dorthin bringen, wo die Familie in Ruhe und geschützt Abschied nehmen kann. Und wenn gewünscht und machbar, können Angehörige auf diesem Weg mitfahren.

... die Urne selbst beim Krematorium abholen? Nein. Die Aschekapseln aus dem Krematorium sind sogar versiegelt und nicht zu öffnen, ohne dass die Kapsel zerstört wird. Die Krematorien dürfen die Totenasche nicht an Privatpersonen aushändigen.

... etwas Asche bekommen, zur Erinnerung, um sie in ein Schmuckstück zu füllen etc.? Manche Krematorien geben BestatterInnen eine kleine Menge aus der Aschekapsel oder ermöglichen es ihnen, dies selbst zu tun. Hier bewegen wir uns in einer rechtlichen Grauzone, denn es gilt die sogenannte „Unteilbarkeit der Totenasche“: Die „Aschenreste“ jeder/jedes Verstorbenen müssen laut Gesetz in ein amtlich zu verschließendes Behältnis gefüllt werden. Allerdings ist das im ganz normalen Krematoriumsbetrieb auch technisch so einfach nicht möglich. Obwohl sehr genau darauf geachtet wird, dass nach jedem Einäscherungsvorgang die Asche und die Knochenreste dieser/dieses jeweiligen Verstorbenen aus der Brennkammer zum Abkühlen geholt wird (bevor sie später in der Knochenmühle zu dem Knochensand vermahlen wird, der dann in die versiegelte Kapsel gefüllt wird), bleiben doch immer Rückstände in der Brennkammer übrig. Es ist angesichts der Gesetzeslage verwunderlich, dass hierzulande von Bestattungsbedarfsfirmen spezielle Schmuckstücke für das Einfüllen der Asche angeboten werden, und auch mit der sogenannten Diamant-Bestattung wird hier geworben: Dafür wird die Asche in einem speziellen Verfahren zu einem Diamanten gepresst. Offiziell ist das nur im europäischen Ausland möglich, wo dies gesetzlich erlaubt ist. Immer mehr Menschen wünschen sich auch hier eine Lockerung dieses Gesetzes aus dem Jahr 1934.

... im eigenen Garten begraben werden? Wenn es dafür eine Erlaubnis gibt, die in den meisten Bundesländern nur sehr schwer, wenn überhaupt, zu bekommen ist, dann nur für das Begraben oder Verstreuen der Asche, wie zum Beispiel in Bremen. Eine Erdbestattung (das Begraben des Sarges mit dem Körper der Toten) ist in Deutschland nur auf einem Friedhof erlaubt, auch nicht in einem Bestattungswald. In England dagegen ist eine Erdbestattung im eigenen Garten erlaubt. Und auch hier gibt es nur sehr wenige Menschen, die von diesem Recht Gebrauch machen.

... zu Hause aufbahren? Ist eine Hausaufbahrung erlaubt? Ja. Im Gesetz existiert kein „Leichenhauszwang". Und die Verstorbenen können auch von der Klinik oder der Gerichtsmedizin noch zum Abschied nach Hause gebracht werden, wenn das Bestattungsunternehmen dies unterstützt, über entsprechende Möglichkeiten verfügt und Erfahrung damit hat.

... wie lange? So lange, wie es für die Abschiednehmenden hilfreich ist (und die Toten es zulassen), in Absprache mit dem beauftragten Bestattungsunternehmen, welches über Möglichkeiten für die eventuell notwendige transportable Kühlung und Erfahrungen mit anderen notwendigen Vorkehrungen verfügt. Die verbreitete 36-Stundenfrist und andere Verordnungen der Bundesländer[100] sind kein rechtlicher Zwang. Das ist juristisch ein wichtiger Unterschied. In der Praxis ist es allgemein üblich, dass wir als BestatterInnen entscheiden können, wann wir die Verstorbenen zum Friedhof/Krematorium überführen, wenn wir uns vorher um die ordnungsgemäße und würdevolle Aufbahrung und Aufbewahrung an einem dafür geeigneten Ort gekümmert haben und die Frist bis zur Bestattung einhalten, die vor allem (noch) in Bayern meist sehr genau eingehalten werden muss (96 Stunden).

Darf ich mein Kind selbst bestatten? Es gibt eine Bestattungspflicht für totgeborene (oder stillgeborene Kinder, wie manche Eltern sie lieber nennen) ab 500 Gramm Geburtsgewicht und für lebendgeborene Kinder, die zu früh auf die Welt kommen, um weiterzuleben, auch wenn sie weniger als 500 Gramm wiegen. Für diese Kinder gelten die gleichen Bestimmungen wie für Erwachsene. Wenn ein Kind tot geboren wurde und weniger als 500 Gramm wiegt, dürfen Eltern entscheiden, was mit ihm geschieht, und sie dürfen es grundsätzlich auch mit nach Hause nehmen. Leider muss auch bei diesen Kleinen laut Gesetz für den Transport aus der Klinik ein Bestattungsunternehmen beauftragt wer-

100 Wir leben in einer föderalen Republik. Jedes Bundesland hat eigene Verordnungen, die sich im Großen und Ganzen sehr ähnlich sind, aber auch Unterschiede aufweisen.

den. Diese verstorbenen Kinder dürfen aber auch auf einem Friedhof in einem Einzelgrab bestattet werden. Grundsätzlich können sie auch feuerbestattet werden, nur bleibt beim Verbrennungsvorgang in der vergleichsweise riesigen Brennkammer und bei der hohen Temperatur nicht wirklich viel von diesen winzigen „Wasserwesen", wie ich sie zärtlich nenne, übrig …

Ein Krematoriumsmitarbeiter, den ich sehr schätze, sagte zu mir: „Es müsste auf jedem Friedhof einen Platz geben, wo Eltern ihre Kleinsten kostenfrei begraben lassen dürfen." Ja, da kann ich ihm nur von Herzen zustimmen. Hier gilt es für Städte und Gemeinden, überall auf den Friedhöfen diese Möglichkeit zu schaffen (siehe Kapitel V: Wenn Kinder sterben: Die tiefe Weisheit der Mütter).

Auszug aus dem Bestattungsgesetz:
„§ 30 Bestattungspflicht
(1) 1 Verstorbene müssen bestattet werden. 2 Hierzu zählen auch alle tot geborenen Kinder und in der Geburt verstorbenen Leibesfrüchte mit einem Gewicht von mindestens 500 Gramm (Totgeburt).
(2) 1 Fehlgeburten sind tot geborene Kinder und während der Geburt verstorbene Leibesfrüchte mit einem Gewicht unter 500 Gramm. 2 Fehlgeburten sind auf Verlangen eines Elternteils auf Kosten der Eltern zu bestatten; § 46 Absatz 4 und § 47 gelten entsprechend. 3 Ist die Geburt in einer Einrichtung erfolgt, hat deren Träger sicherzustellen, dass mindestens ein Elternteil auf diese Bestattungsmöglichkeit hingewiesen wird.
(3) 1 Jede aus einem Schwangerschaftsabbruch stammende Leibesfrucht (Ungeborenes) gilt als Fehlgeburt und ist als solche nach Absatz 2 Satz 2 und 3 zu behandeln. 2 Liegt keine Erklärung mindestens eines Elternteils nach Absatz 2 Satz 2 vor, sind Fehlgeburten und Ungeborene von den Einrichtungen unter würdigen Bedingungen zu sammeln und zu bestatten. 3 Die Kosten hierfür trägt der Träger der Einrichtung. […]"[101]

Weitere Anregungen zum Selbstgestalten

Einen eigenen Beitrag zur Bestattung eines lieben Menschen zu leisten, kann – wie im Verlaufe dieses Buches geschildert wurde – eine Möglichkeit sein, die eigene Trauer und Verbundenheit auszudrücken und Hilflosigkeit zu überwin-

101 dejure.org, https://dejure.org/gesetze/BestattG/30.html (08.03.2020)

den. Es hilft erfahrungsgemäß sehr dabei, auf dem Weg des Abschieds weiterzugehen. Deswegen soll es hier noch weitere Anregungen geben, welche Möglichkeiten es dafür gibt und wo Abschiednehmende auch kleinere Dinge gestalten können. Welche Gestaltungsmöglichkeiten aufgegriffen werden, hängt natürlich stark von den eigenen Vorlieben, Möglichkeiten und Vorkenntnissen ab, und davon, was zur verstorbenen Person passt. Doch können auch schon ganz kleine, unkomplizierte Dinge sehr bedeutsam sein.

Sarg: Von Sargbemalung, Beschriftung und Handabdrücken war ja bereits die Rede. Dafür können bei unbehandelten Särgen auch einfachste Mittel wie Buntstifte, Wachsmalkreide, Filzstifte oder Wasserfarben verwendet werden. Es muss auch nicht die gesamte Oberfläche deckend bemalt sein. Hat der Sarg eine Oberflächenbehandlung, muss geprüft werden, welche Farben darauf haften. Wer sich nicht freihändig-kreativ an den Sarg wagt, kann auch Schablonen herstellen, mit denen der Sarg dann bemalt wird, oder sich Schriftzüge oder Motive aus Folie zum Aufkleben anfertigen lassen. Manche möchten für die Trauerfeier lieber einen klassisch-unbemalten Sarg und gestalten die Innenseite des Deckels, auf die zum Beispiel ein Sternenhimmel gemalt werden kann oder Grüße und gute Wünsche für die Verstorbenen geschrieben werden können.

Die Innengestaltung des Sarges: Normalerweise kommt der Sarg schon mit einer Stoffauskleidung an den Seitenwänden, einer Sargmatratze und Kissen. Das heißt in der Fachsprache „Sargausschlag". Gibt es dafür besondere Wünsche, kann das Bestattungsunternehmen gefragt werden, ob es den Sarg ohne die Elemente mitbringt, die selber gemacht werden sollen. Meist ist es aber auch problemlos möglich, die eigenen Elemente über die vorhandene Ausstattung zu legen. Einmal haben wir zum Beispiel einen alten Mann bestattet, der sich gewünscht hatte, in Heu gebettet zu werden, das seine Familie von einer bestimmten Wiese extra für ihn herbeibrachte. Andere wollen Felle, Tücher, Decken oder Stoffe in bestimmten Farben unterlegen oder an den Sargwänden anbringen.

Sargbeigaben: Auch sie wurden schon erwähnt. Blumen aller Art, Wildblumen und Zweige sind möglich. Sehr schön kann es auch sein, bunte Rosenblätter in das letzte Bett zu streuen. Fotos, selbst gemalte Bilder, Briefe an die Verstorbenen, Origamifiguren oder Lieblingssüßigkeiten sind ebenfalls schöne Möglichkeiten, noch Zeichen der Verbundenheit mitzugeben. Manchmal sollen auch persönlich bedeutsame Gegenstände in den Sarg: ein Stofftier, das schon lange begleitet, ein Tennisschläger, etwas Erde vom geliebten Fußballplatz, eine Handvoll duftende Kaffeebohnen, ein wichtiges Buch …

Sargtücher: Sie stellen eine weitere Gestaltungsmöglichkeit für den Sarg dar. Hierbei handelt es sich um ein Tuch, das bemalt, bestickt, bedruckt oder durch Patchwork gestaltet wird und auf dem Sarg liegt und ihn schmückt, zum Beispiel auch statt des Sarggestecks aus Blumen. Es kann auch schon zu Lebzeiten gestaltet werden, um auf diese Weise dem Thema Sterben und Tod im eigenen Leben Raum zu geben.[102]

Blumenschmuck: Der Sarg wird üblicherweise bei der Trauerfeier mit einem Blumengesteck von der Gärtnerei geschmückt, aber dieses sowie jedwede andere Blumendekoration kann ebenfalls selbst gestaltet werden. Das kann auch ohne floristisches Material und Fähigkeiten geschehen: Bei einer Trauerfeier brachten Angehörige Arme voll selbst geschnittener Sonnenblumen mit. Die Trauergäste waren eingeladen, zum Abschied jeweils eine Sonnenblume auf den Sarg und darum herum zu legen. Dieser blieb nach der Feier in der Halle stehen, weil er anschließend zum Krematorium gebracht wurde, und so konnten die Sonnenblumen den Erdwurf und die Blumengaben ersetzen, die sonst bei einer Erdbestattung zum Abschied am Grab üblich sind.

Urne: Es gibt schlichte, unbehandelte Holzurnen, die selbst bemalt werden können. Das oben bereits erwähnte *Tuch*, das statt einer Schmuckurne um die Aschekapsel gelegt werden kann, kann natürlich ebenfalls mit allen Techniken der Textilkunst gestaltet werden: selbst gewebt, Patchwork, bedruckt, bemalt, gebatikt, gefärbt, bestickt etc. Außerdem ist es bei den allermeisten Friedhöfen erlaubt, die *Urne selbst zu Grabe zu tragen* und eventuell auch abzusenken, was in der Friedhofsamtssprache bedeutet: sie der Erde zu übergeben.

102 Rita Thoma, http://www.sterbetuecher.de

Grabkreuz, Grabstele oder Grabbrett: Bei Erdbestattungen kann es bis zu einem Jahr nach der Beerdigung dauern, bis sich die Erde ausreichend gesetzt hat und der Grabstein sicher angebracht werden kann. Für diese Zeit werden oft Grabkreuze, Grabstelen oder Grabbretter aus Holz mit Namen und Lebensdaten der Verstorbenen aufgestellt. Das ist auch auf Urnengräbern möglich. Eine Grabstele, wie wir (von der BARKE) sie anbieten, ist ein schlichtes schmales Eichenholzbrett, oben schräg geschnitten, sich nach unten verjüngend, glatt geschliffen und klar lackiert. Ein Grabbrett, wie wir es anbieten, ist eher natur-geformt, oft mit Rinde, aus verschiedensten Hölzern und mit Leinöl eingelassen. Dieses Element kann relativ unkompliziert selbst gestaltet werden. Zu bedenken ist, dass es zumindest für das eine Jahr witterungsbeständig sein soll. Wer möchte, kann eine Form aussägen – zum Beispiel ein Herz – oder eigenhändig ein Kreuz bauen. Statt selber den Namen darauf zu schreiben, ist es auch möglich, eine kleine Platte gravieren zu lassen, die dann angeschraubt wird. Das Brett oder Kreuz wird einfach nur in die Erde gesteckt, was leichter geht, wenn es unten spitz zuläuft.

Ein großer Flussstein oder Findling: Statt eines hölzernen Objekts kann ein in der Natur gefundener großer Stein mit dem Namen beschriftet und eventuell noch zusätzlich bemalt werden, um ihn aufs Grab zu legen – oder ein schön bemalter kleiner Stein kann zusätzlich dort niedergelegt werden, zum Beispiel als Geschenk zum Geburtstag der Verstorbenen. Das Suchen und Finden dieses Steines in der Natur kann ein hilfreiches Ritual sein.

Waldbestattungsplatz: Bei einer Waldbestattung dürfen keine Zucht- und Gartenblumen aufs Grab gelegt werden, denn der Grabplatz am Baum soll nach der Bestattung wieder ganz nach Waldboden aussehen. Um an solchen Plätzen dennoch etwas gestalten zu können – sei es bei der Trauerfeier oder bei einem späteren Besuch am Grab –, bietet sich die Gestaltung mit Naturmaterialien des Waldes an. Mit Zapfen, Steinen, Rinde oder Stöcken können Spiralen, Herzen, Nester, Blüten etc. gelegt werden. Kunstvoll ausbalancierte Steintürmchen haben auch schon lange Tradition in der Menschheitsgeschichte. Aus Gräsern und Ranken kann gewebt und geflochten werden – Körbchen, kleine Teppiche, ein Netz … Wenn Schnee liegt, eröffnen sich weitere Möglichkeiten zu formen und zu bauen.

Trauerpost, Danksagungen und Erinnerungsbildchen: Alle drei können selber gestaltet und beim örtlichen Digitaldruck in Auftrag gegeben werden. Zusätzlich gibt es inzwischen auch einige Onlineangebote, die ebenfalls Gestaltungsvorschläge speziell für Trauerkarten anbieten, die sich individualisieren lassen. Zur Karte können Kuverts mit Trauerrand in der Regel mitbestellt werden. Viele Menschen schätzen den Trauerrand, der auch sehr dezent ausgeführt sein kann, als Hinweis, dass der Brief, den sie gerade öffnen, keine „alltägliche" Post ist. Vor jeder Beauftragung sollte der Zeitplan geprüft werden: Kann die örtliche oder Onlinedruckerei rechtzeitig liefern, um die Karten zur Einladung für die Trauerfeier zu versenden oder die Erinnerungsbildchen bei der Trauerfeier verteilen zu können? Bei der Gestaltung der ersten Seite einer Klappkarte können auch Bilder mit ganz persönlichem Bezug verwendet werden: ein selbst gemaltes Bild der Enkelin von der Oma im Himmel, ein Foto vom Lieblingsberg, der Sonnenuntergang an dem Tag, an dem der liebe Mensch gestorben ist, eine Nahaufnahme einer Biene für die Imkerin, das Bild einer Blume aus dem eigenen Garten …

Erinnerungsstücke und Gedenkorte: Es gibt viele Möglichkeiten, persönlich bedeutsame Erinnerungsstücke an einen verstorbenen Menschen zu schaffen. Manche möchten eine Haarsträhne zum Gedenken aufbewahren, die eventuell in ein Schmuckstück eingearbeitet werden kann. Auch Fingerabdrücke oder Handabdrücke sind eine sehr körperlich-persönliche Erinnerung. Hier gibt es ebenfalls Angebote, so etwas in ein Schmuckstück einzuarbeiten, aber sie können auch einfach gerahmt und aufgestellt werden. Eine Totenmaske ist auch eine weitere Möglichkeit. Sie kann in der einfachsten Form als Gipsmaske mit Gipsbinden aus der Apotheke selbst realisiert werden. Manche haben zum Beispiel Steine oder Münzen gesammelt oder besitzen Samentütchen von Blumen aus dem eigenen Garten und bei der Trauerfeier dürfen sich alle ein Stück aus der Sammlung zur Erinnerung mitnehmen. Es gibt mancherorts auch die Möglichkeit, einen Gedenk-Baum pflanzen zu lassen, der Teil einer öffentlichen Anlage ist, oder eine Bank an einem Wanderweg oder Aussichtspunkt zu stiften. Solche Erinnerungsorte können besonders dann viel bedeuten, wenn es kein Grab gibt, das besucht werden kann, weil es zum Beispiel zu weit weg ist, weil die Verstorbenen eine Seebestattung wünschten, weil es eine anonyme Sammelbestattung war, von der Angehörige erst viel später erfahren haben, weil es Diskrepanzen unter den Trauernden gibt und mit getrennten Gedenkorten allen besser gedient ist …

Organisatorisches: Für die Beerdigung, aber auch danach gibt es oft viel zu organisieren. Manchen ist der Sektor des Gestalterisch-Dekorativen absolut fremd, sie fühlen sich aber im organisatorischen Bereich zu Hause und freuen sich, wenn sie auf diese Weise etwas beitragen können. Auch im Kreis der Freundinnen, Freunde und Bekannten gibt es manchmal Menschen, die sich vielleicht nicht nahe genug fühlen, um direkt an der Trauerfeier mitzuwirken, aber gerne eine organisatorische Aufgabe übernehmen und so ihrer Verbundenheit mit der verstorbenen Person noch einmal Ausdruck geben können.

Wünsche-Fragebogen für die Bestattungsplanung

Die folgenden Fragen dienen zuallererst zur ausführlichen Information, damit grundlegende Entscheidungen für die eigenen Bestattungswünsche überhaupt getroffen werden können. Ein fertig gestaltetes Formular zum Ausfüllen senden wir gerne zu.[103] Es muss nicht alles beantwortet werden, sondern nur das, was im Moment wichtig erscheint. Ein individueller Wünsche-Fragebogen kann auf dieser Grundlage auch selbst erstellt werden. Dieser sollte zusammen mit allen wichtigen Unterlagen für die Bestattung, die im Folgenden genannt werden, an einem Ort im eigenen Zuhause aufbewahrt werden, über den die (bevollmächtigten) Angehörigen Bescheid wissen. Und für alle Fälle ist es ratsam, wenn diejenigen, die die Totensorge übernehmen sollen, selbst über eine Kopie davon verfügen.

103 hierfür genügt eine Mail an: info@die-barke.de

Was soll nach meinem Tod mit mir geschehen? Wünsche für meine Bestattung:

Name: …

Adresse: …

Tel./Mail: …

geboren am: …

in: …

Beruf: …

Familienstand: …

Konfession: …

Welche Person/en soll/en die Totensorge bekommen, d. h. meine Bestattung organisieren und in Auftrag geben?
Mein/e LebenspartnerIn: …
Mein/e Weggefährtin/nen, Weggefährte/n: …
Mein/e Freundin/nen, Freund/e: …
Meine Familienangehörige/n: …
Möchte ich obduziert werden?
Bin ich mit einer Organentnahme einverstanden?
Möchte ich eine Erdbestattung/eine Feuerbestattung/eine Seebestattung/eine Naturbestattung?
Ich will für meine Bestattung folgendes Bestattungsunternehmen: …
Von welchen Personen möchte ich versorgt werden?
Was sollen sie tun/nicht tun?

Zur Information Auszüge aus dem allgemein üblichen Umgang mit Verstorbenen und dem handelsüblichen (in der Regel unnötigen) Bestatterzubehör, das wir BARKE-Bestatterinnen *nicht* anwenden und als Körperverletzung ablehnen:
Ich bestimme hiermit, dass ich nur im Fall einer nach dem Tod noch ansteckenden Krankheit (laut Infektionsschutzgesetz) mit Desinfektionsmitteln behandelt werden, keinen Einsatz von chemischen Geruchsumwandlern und nicht mit Formaldehyd oder Ähnlichem konserviert werden will (sogenannte „Embalming"-Technik) und dass meine Körperöffnungen nicht (mithilfe von Drähten) mit Zellstoff ausgestopft werden (Mund-, Stirnhöhle, …). *Ich bestimme hiermit ausdrücklich, dass mein Körper weitestgehend in Ruhe gelassen, sanft, fürsorglich und natürlich behandelt werden soll.*

Will ich gewaschen werden? (Nur, falls nötig oder nach eigenem Ermessen; auf jeden Fall sanft und behutsam …)
Will ich eingeölt werden? (Mit meinem Lieblingsöl, anderem Körperöl, bestimmter Duft …)
Wie soll mit meinem Mund umgegangen werden? (Unterkiefer nicht hochbinden: ein kleines Handtuch unterm Kinn reicht völlig aus; wenn möglich Gebiss einsetzen beziehungsweise im Mund lassen; Lippen nicht mit Sekundenkleber verschließen und keine Hartplastik-Kinnstütze mit Dornen [übliches Bestattungszubehör])
Wie soll mit meinen Augen umgegangen werden? (Keine Hartplastik-Lidklappen mit Dornen unter die Lider setzen und Lider nicht mit Sekundenkleber verschließen [übliches Bestattungszubehör])
Wie mit eventuellen Verletzungen? (Falls nötig verbinden)
Will ich geschminkt werden? Wenn ja, wie?
Welche Personen sollen mich an-/umkleiden?
Welche Kleidungsstücke, welche Schuhe?

Welchen Sarg möchte ich?
Welches Material? (Z. B. Kiefer, Pappel)
Welche Farbe? (Z. B. Hell-Natur)
Welche Form? (Z. B. einfach und schlicht)
Welche Verzierung? (Keine, Schnitzung, bemalt …)
Oder einen Sarg zum Selbstbemalen?
Wie soll er bemalt sein?
Welche Person/en soll/en ihn bemalen?

Sargausstattung:
Sargausschlag in Weiß oder Farbe? Welche?
Welches Material? (Z. B. Baumwolle, Seide, Samt …)
Was soll mit in den Sarg? (Z. B. Schaffell, Tücher, Blütenblätter …)
Kissen, Decke: Eigene oder vom Bestattungsinstitut?

Welche Schmuckurne möchte ich? Schmuckurnen sind nicht vorgeschrieben, da die Asche im Krematorium in eine verschlossene Aschekapsel aus vergänglichem Naturstoff (z. B. Maisgranulat) gefüllt wird.
Wünsche ich mir eine Schmuckurne oder soll stattdessen die Aschekapsel mit Blumen etc. geschmückt oder in ein Tuch eingehüllt werden?
Möchte ich eine maschinell hergestellte oder eine handgefertigte Urne?
Welches Material? (Z. B. Keramik, Metall, Granulat, Stein, Holz, Filzwolle, Naturstoff …)
Welches Design? (Farbe/n, Muster, handbemalt …)

Aufbahrung:
Möchte ich zu Hause sterben?
Welche Person/en wünsche ich als Pflegende und Begleitende?
Möchte ich von meinem Sterbeort noch einmal nach Hause gebracht und dort offen aufgebahrt werden?
Soll mein Sarg sofort geschlossen werden?
Möchte ich in Friedhofsräumen offen aufgebahrt werden?
Oder an einem anderen Ort?
In welchem Zimmer/Raum?

Mit einer besonderen Dekoration?
Mit Musik? Welcher?
Wie lange? (36-Stunden-Verordnung: Kann verlängert werden)
Möchte ich etwas von meinen Lieblingssachen mit im Sarg haben?
Dürfen mir andere etwas mit in den Sarg geben?

Mein Grab:
Auf welchem Friedhof oder in welchem Begräbniswald? („FriedWald", „Ruheforst" und andere Anbieter)
An welchem Ort sonst? See- oder Naturbestattung?
Gibt es bereits ein Grab? (Nummer, Nutzungsberechtigte)
Welche Grabart soll es sein? (Am besten vorher beim gewünschten Friedhof nach den Möglichkeiten vor Ort fragen)
Erdbestattungsgrab: Wahl-, Reihen-, Familiengrab (auch bei Freundinnen und Freunden möglich), (halb-)anonym
Urnengrab: Wahl-, Reihengrab, Familiengrab (auch bei Freundinnen und Freunden möglich), Urnen-Stellwand (Kolumbarium), (halb-)anonym
An welchem Platz (in der Natur, zu Hause …) soll meine Urne stehen oder begraben werden? (Nähere Informationen bitte bei uns anfragen)
Wo soll die Asche verstreut werden? (Bitte bei uns anfragen)
Was wünsche ich mir im Falle einer Erdbestattung bis zur Grabsteinaufstellung? (Z. B. ein Grabkreuz, eine Grabstele, ein Grabbrett aus naturgeformten Hölzern, ein Stein aus der Natur …)
Aus welchem Material soll der Grabstein sein? (Z. B. Findling, Marmor, Sandstein …)
Welche Oberfläche (glattpoliert, bearbeitet, naturbelassen, welche Farbe …)?
Mit welcher Inschrift?
Ich wünsche keinen Grabstein, sondern ein anderes Grabmal. Aus welchem Material?
Von wem soll der Grabstein/das Grabmal angefertigt werden?
Wünsche ich Bepflanzung? Welche?
Oder eine Grabplatte aus Stein?

Trauerfeier:
Welcher Ort? (Zu Hause und/oder Friedhofsräume, am Grab, anderer Ort …)
Welche Dekoration? (Kerzen, Blumen, Tücher, Zweige, Blätter, Kränze, Fotos, Bilder …)
Statt Kränzen etc. bitte ich um eine Spende an folgende Organisation/en: …
Welche Person/en soll/en die Abschiedsrede/n halten? (Angehörige: Freundinnen und Freunde, Familie und/oder PfarrerIn, TrauerrednerIn …)
Wer soll sie auf keinen Fall halten?
Soll ein besonderer Text (Gedicht …) vorgelesen werden?
Von wem?
Welche Musik? Aufnahmen (CD, anderes Format …) oder MusikerInnen?
Meine besonderen Wünsche zum Ablauf der Feier: Siehe Anlage.
Welche sollen den Sarg zu Grabe tragen? (FriedhofsträgerInnen oder 4 bis 6 andere Personen)
Sollen die Freundinnen und Freunde/Angehörigen den Sarg selbst ins Grab hinunterlassen?
Soll es eine/mehrere Grabrede/n geben? Von wem?
Soll es Musik am Grab geben? Welche?
Sollen in das Grab Blumen, Blütenblätter, andere Beigaben kommen?
Soll es ein besonderes Ritual geben? Welches? Siehe Anlage.

„Leichenschmaus" – Einladung nach der Trauerfeier zu Speis und Trank:
An welchem Ort? (Privat oder Gasthaus …)
Liste der Gästinnen und Gäste: Siehe Anlage.
Welche Farbe soll getragen werden? (Schwarz, bunt, gemischt …)
Welche Getränke?
Welches Essen?
Mit Musik? Welcher?
Mit Tanz?
Meine besonderen Wünsche: Siehe Anlage.

Sonstiges:
Möchte ich eine Todesanzeige?
Mit welchem Text?
Mit einem Bild, Symbol oder Foto …?
Wo soll sie erscheinen?
Darf die Todesanzeige auch online erscheinen?
Möchte ich Trauerkarten?
Mit welchem Text?
Mit einem Bild, Symbol oder Foto, besondere Gestaltung …?

Adressen von Angehörigen: Lebensgefährtinnen und -gefährten, Freundinnen und Freunden, Familie, Verwandten und Bekannten, die nach meinem Tod informiert werden sollen: Siehe Anlage.

Haushaltsauflösung:
Wer soll dafür verantwortlich sein?
Was will ich wem schenken? Siehe Anlage.
Was soll mit Tagebüchern, Briefen, Fotos etc. passieren?

Unterlagen, die unbedingt notwendig für die Bestattung sind:

Vollmacht für die Totensorge (für nicht gesetzliche Verwandte)	Aufbewahrungsort: …
Willenserklärung für die Feuerbestattung	Aufbewahrungsort: …
PatientInnenverfügung	Aufbewahrungsort: …
Betreuungsverfügung	Aufbewahrungsort: …
Personalausweis	Aufbewahrungsort: …
Geburtsurkunde	Aufbewahrungsort: …
Heiratsurkunde	Aufbewahrungsort: …
Sterbeurkunde vom/von EhepartnerIn	Aufbewahrungsort: …
Scheidungsurteil	Aufbewahrungsort: …
Geburtsdaten der (auch erw.) Kinder (nicht nur) für Halb-/Waisenrente	Aufbewahrungsort: …

Erst nach der Bestattung notwendig:

Testament	Aufbewahrungsort: …
Versichertenkarte der Krankenkasse	Aufbewahrungsort: …
Rentenunterlagen, Versicherungsnummer	Aufbewahrungsort: …
Lebensversicherung, Versicherungsnummer	Aufbewahrungsort: …
Sonstige Versicherungen	Aufbewahrungsort: …
Sonstige Verträge	Aufbewahrungsort: …
Mitgliedschaften, Abonnements	Aufbewahrungsort: …
Banken/Konten	Aufbewahrungsort: …
ArbeitgeberIn	Aufbewahrungsort: …
Mietvertrag	Aufbewahrungsort: …

Raum für weitere Wünsche: Siehe Anlage.

Ort, Datum Unterschrift

DIE BARKE – Bestattung & Begleitung in Frauenhänden
Mobiles bundesweites Bestattungsunternehmen
info@die-barke.de
www.die-barke.de
Telefon: 07903-943 99 19 oder 0179-204 10 24

VIII Literatur- und Medienempfehlungen, Adressen, Quellenverzeichnis

Literatur zu Sterben, Tod und Trauer

Altenberg, Moja E.: *Weise Frauen auf Trauerwegen*. tredition, 2020

Bächer, Susanne: *Für Sterbliche – Hinweise und Gedanken zum Tod*. Hirzel, 2002

Beiträge zur feministischen Theorie und Praxis Nr. 59: *Sterben & Tod*. Eigenverlag des Vereins Beiträge zur Feministischen Theorie und Praxis, 2001

Bührmann, Traude (Hg.): *Sie ist gegangen – Geschichten vom Abschied für immer*. Orlanda, 1997

Dalichow, Irene: *Das westliche Totenbuch – Wege zu Abschied, Bestattung, Trauer und dem Danach*. Arkana, 2001

Fiedler, Adelheid: *„Ich war tot und ihr habt meinen Leichnam geehrt" – Unser Umgang mit den Verstorbenen*. Matthias-Grünewald, 2001

Köster, Magdalena: *Den letzten Abschied selbst gestalten – Alternative Bestattungsformen*. 3. Auflage, Ch. Links Verlag, 2012

Küpper-Popp, Karolin und Lamp, Ida (Hg.): *Rituale und Symbole in der Hospizarbeit – Ein Praxisbuch*. 3. Auflage, Gütersloher Verlagshaus, 2010

Kutter, Erni: *Schwester Tod – Weibliche Trauerkultur, Abschiedsrituale, Gedenkbräuche, Erinnerungsfeste*. Kösel, 2010

Rosenbusch, Felicianna und Haas, Kaie: *Seiltanz – Mit Krebs auf naturheilkundlichem Weg und in Beziehung leben*. Christel Göttert, 2009

Sax, Marjan, Visser, Knaar und Boer, Marjo: *Begraben und vergessen? Ein Begleitbuch zu Tod, Abschied und Bestattung*. Orlanda Frauenverlag, 1993

Seeck, Francis: *Recht auf Trauer – Bestattungen aus machtkritischer Perspektive. edition assemblage*, 2017

Somé, Sobonfu E.: *Vom Glück des Scheiterns – Wie wir durch Krisen und Verluste zu und selbst finden*. 2. Auflage, Orlanda, 2009 (Originaltitel: *Falling out of Grace – Meditations on Loss, Healing and Wisdom*)

Stefan, Verena: *Es ist reich gewesen – Bericht vom Sterben meiner Mutter*. Fischer, 2015

Tausch-Flammer, Daniela und Bickel, Lis: *Die letzten Tage – Leben und Sterben im Hospiz*. Kreuz, 1999

Thomas, Carmen: *Berührungsängste? Vom Umgang mit der Leiche.* VGS, 1994

Vetter, Petra: *Meine Patientenverfügung.* Richard Boorberg, 2018 (Informationen von einer Rechtsanwältin)

Vetter, Petra: *Selbstbestimmung am Lebensende – Patientenverfügung und Vorsorgevollmacht.* Richard Boorberg, 2009

Weggemans, Minke: *Geschwistertod – Leben mit einem schweren Verlust.* Kösel, 2010

Kinderbücher zu Sterben, Tod und Trauer

Bley, Anette: *Und was kommt nach Tausend? – Eine Bilderbuchgeschichte vom Tod.* 7. Auflage, Ravensburger, 2011

Crowther, Kitty: *Der Besuch vom kleinen Tod.* 5. Auflage, Aladin, 2013 (Bilderbuch)

Feile, Ruth und Feile, Kathrin: *Tante Lotti geht in den Himmel.* Rieder, 2008 (Bilderbuch)

Hendrich, Andrea und Schmitt, Bernadette: *Bens Sonnenblumen – Ein Kinderfachbuch zum Thema Trauer.* Mabuse, 2018 (Bilderbuch)

Honeder, Britta und Herzina-Rusch, Mirella: *Tante Tillys Tod – Ein Kinderfachbuch übers Abschiednehmen und Zu-Hause-Sterben-Dürfen.* Mabuse, 2021 (Bilderbuch)

Honeder, Britta und Walter, Lena: *Ein hahnsinnig schöner Abschied – Ein Kinderfachbuch zu Tod und Beerdigung.* Mabuse, 2023 (Bilderbuch in Vorbereitung mit Tipps von Ajana Holz für eine richtig schöne Beerdigung)

Meyer, Doris: *Sternenschwester – Ein Buch für Geschwister und Eltern von tot geborenen Kindern.* 2. Auflage, Mabuse, 2016 (Bilderbuch)

Nilsson, Ulf und Eriksson, Eva: *Die besten Beerdigungen der Welt.* 7. Auflage, Beltz & Gelberg, 2018 (Bilderbuch)

Rygg, Eli: *Goodbye, Uroma!* Gerstenberg, 2012 (Kinderbuch)

Stalfelt, Pernilla: *Und was kommt dann? – Das Kinderbuch vom Tod.* 14. Auflage, Moritz, 2011 (Bilderbuch)

Wolter, Heike und Masaracchia, Regina: *Lilly ist ein Sternenkind – Das Kindersachbuch zum Thema verwaiste Geschwister.* 3. Auflage, edition riedenburg, 2014 (Bilderbuch, Kinder- und Familiensachbuch)

Wolter, Heike und Baumann-Kolonovics, Nicole: *Leben mit unserem Sternenkind – Eine einfühlsame Geschichte und liebevolle Rituale für Sternenkind-Familien.* edition riedenburg, 2020 (Bilderbuch, Kinder- und Familiensachbuch)

Literatur zu Frauen, Gesundheit und Körper

Böhmer, Martina: *Erfahrungen sexualisierter Gewalt in der Lebensgeschichte alter Frauen – Ansätze für eine frauenorientierte Altenarbeit.* 2. Auflage, Mabuse, 2000

Chollet, Mona: *Hexen – Die unbesiegte Macht der Frauen*. Edition Nautilus, 2020

Daly, Mary: *Gyn/Ökologie – eine Meta-Ethik des radikalen Feminismus*. Frauenoffensive, 1981 (erw. Neuauflage 1991)

Enders, Giulia: *Darm mit Charme – Alles über ein unterschätztes Organ*. Ullstein, 2017

Ehrenreich, Barbara und English, Deirdre: *Hexen, Hebammen und Krankenschwestern*. Frauenoffensive, 2001

Federici, Silvia: *Caliban und die Hexe – Frauen, der Körper und die ursprüngliche Akkumulation*. Mandelbaum, 8. Auflage, 2020

Gaskin, Ina May: *Die selbstbestimmte Geburt – Handbuch für werdende Eltern, mit Erfahrungsberichten*. 13. Auflage, Kösel, 2021

Hart, Hilary: *Die Wiederentdeckung weiblicher Spiritualität*. Arbor, 2005

Heinsohn, Gunnar und Steiger, Otto: *Die Vernichtung der weisen Frauen – Hexenverfolgung, – Menschenproduktion, – Kinderwelten, – Bevölkerungswissenschaft*. Erstausgabe, März, 1979 (mehrere der Neuauflagen enthalten eine ausführliche Auseinandersetzung mit den Argumenten der KritikerInnen, 14. und letzte Auflage 2005)

Lachesis: Fachzeitschrift des Berufsverbandes für Heilpraktikerinnen Lachesis e. V.

Lorde, Audre: *Auf Leben und Tod – Krebstagebuch*. Orlanda, 1994

Lorde, Audre: *Zami – Eine neue Schreibweise meines Namens: Eine Mythobiografie*. Unrast, 2012

Méritt, Dr. Laura (Hg.): *Frauenkörper neu gesehen – Ein illustriertes Handbuch*. 4. Neuausgabe, Orlanda, 2020

Olbricht, Ingrid: *Wege aus der Angst – Gewalt gegen Frauen: Ursachen, Folgen, Therapie*. C. H. Beck, 2004

Schadow, Dorisa und Schallhammer, Heike (Hg.): *Krebs verstehen – neue Wege gehen*. Orlanda, 1997

Schiran, Ute Manan: *Am Küstensaum der Zeit – Gedanken zu einer sinnlich-spirituellen Praxis jenseits bestehender religiöser/säkularer Systeme/2 Essays*. München, 2007 (erhältlich über Lillemor's Frauenbuchladen München)

Schultz, Dagmar (Hg.): *Macht und Sinnlichkeit – Ausgewählte Texte von Audre Lorde und Adrienne Rich*. 4. Auflage, Orlanda, 1993

Somé, Sobonfu E.: *Die Gabe des Glücks – Westafrikanische Rituale für ein anderes Miteinander*. 5. Auflage, Orlanda, 2018 (Originaltitel: *The spirit of intimacy – Ancient african teachings in the ways of relationships*)

Wisselinck, Erika: *Hexen – Warum wir so wenig von ihrer Geschichte erfahren und was davon auch noch falsch ist*. Frauenoffensive, 1986

Wolf-Graaf, Anke: *Die verborgene Geschichte der Frauenarbeit*. Beltz, 1983

Filme

Baumgarten, Katja: *Mein kleines Kind.* Dokumentarfilm (über Pränataldiagnostik, Geburt und Tod eines Kindes, erhältlich über: www.meinkleineskind.de)

Gorris, Marleen: *Antonias Welt.* Film

Gruber, Katharina und Tuchtenhagen, Gisela: *Bilder, die bleiben – Ein Dokumentarfilm über Abschied und Tod.* Nach einer Idee von Gesine Meerwein (erhältlich über: www.lebenskuenstlerinnen.de)

Kaufmann, Rainer: *Marias letzte Reise.* Fernsehfilm (Erstausstrahlung: ARD, 23.03.2005, über Leben und Sterben zu Hause)

Meerwein, Gesine und Gruber, Katharina: *Lebenskünstlerinnen, Sieben Frauen – Ihre Erfahrungen mit Krebs.* Dokumentarfilm (erhältlich über: www.lebenskuenstlerinnen.de)

Merculieff, Ilarion Larry: *Indigenous Voices.* https://www.youtube.com/watch?v=RMkKrq_cruU

Wisdom Weavers of the World: *Wisdom Weavers of the World.* https://www.wisdomweavers.world (Film über das Netzwerk auf dieser Seite)

Internetseiten

Trauer

https://allesistanders.de (für trauernde Kinder und Jugendliche)

https://www.klartext-trauer.de (Beratung für trauernde Jugendliche und junge Erwachsene)

https://www.todtrauerritual.de (Trauerbegleitung)

Allgemein

https://www.alwine-deege.com/die-faehrfrauen (überkonfessionelle Lieder für Abschiedsfeiern)

http://www.annasiotto.com (Sargmöbel)

https://www.medicamondiale.org (Frauenrechts- und Hilfsorganisation für Frauen und Mädchen in Kriegs- und Krisengebieten)

https://www.regenbogenbuchhandlung.de (spezialisiert auf Trauerliteratur)

Spiritualität

http:/www.sobonfu.com
http://www.ute-schiran.de
https://www.wisdomweavers.world

Selbstgestalten

https://www.eva-brand.de (Grabstein selbst gestalten)
https://antje-eickmeier.de (Grabmal aus Holz selbst gestalten)
https://claudiaklinkert-keramik.de/cmswp/gestaltung-von-hinterbliebenen/ (Urne selbst gestalten)
http://www.sterbetuecher.de/totentuch.htm (Sargtuch selbst gestalten)
https://www.varuna-steinkunst.de/html/gedenksteine.html (Gedenksteine gestalten)

Sternenkinder und Pränataldiagnostik

http://www.meinkleineskind.de (Pränataldiagnostik)
https://www.netzwerk-praenataldiagnostik.de (Netzwerk gegen Selektion durch Pränataldiagnostik)
https://www.stilleswunder.de (Informationen über Abschied von Frühgeborenen)
http://www.stillgeboren.de (Informationen über Abschied von Frühgeborenen)
https://www.weitertragen-verein.net (Pränataldiagnostik)

Quellenverzeichnis

Literatur- und Medienverzeichnis

Altes Testament, Exodus 22,17

Becker, Gabriele et al.: *Aus der Zeit der Verzweiflung – Zur Genese und Aktualität des Hexenbildes.* edition suhrkamp, 1977

Bleibacher Totentanz, https://de.wikipedia.org/wiki/Bleibacher_Totentanz (08.03.2021)

Böhmer, Martina: *Erfahrungen sexualisierter Gewalt in der Lebensgeschichte alter Frauen – Ansätze für eine frauenorientierte Altenarbeit.* 2. Auflage, Mabuse, 2000

Buhner, Stephen Harrod: *Plant Intelligence and the Imaginal Realm: Beyond the Doors of Perception into the Dreaming of Earth.* 1. Auflage, Bear & Company, 2014

Chollet, Mona: *Hexen – Die unbesiegte Macht der Frauen.* Edition Nautilus, 2020

Chutkan, Robynne: *Das Mikrobiom – Heilung für den Darm: Der revolutionäre Weg zu neuer Gesundheit von innen heraus.* Unimedica, 2017

Conze, Werner (Hg.): *Sozialgeschichte der Familie in der Neuzeit Europas*, Klett, 1976 (= Schriftenreihe des Arbeitskreises für Sozialgeschichte, Band 21)

Daly, Mary: *Gyn/Ökologie – eine Meta-Ethik des radikalen Feminismus*. Frauenoffensive, 1981 (erw. Neuauflage 1991)

dejure.org, https://dejure.org/gesetze/BestattG/30.html (08.03.2020)

Ehrenreich, Barbara und English, Deirdre: *Hexen, Hebammen und Krankenschwestern*. Frauenoffensive, 2001

Enders, Giulia: *Darm mit Charme – Alles über ein unterschätztes Organ*. Ullstein, 2017

Federici, Silvia: *Caliban und die Hexe – Frauen, der Körper und die ursprüngliche Akkumulation*. Mandelbaum. 8. Auflage, 2020

Hagen, Rune Blix: *Witchcraft Criminality and Witchcraft Research in the Nordic Countries* aus: *The Oxford Handbook of Witchcraft in Early Modern Europe and Colonial America*. Oxford University Press, 2013

Hansing, Enno: *Hier liegen meine Gebeine, ich wollt' es wären Deine – Grabinschriften für alle Fälle. Gesammelt von Enno Hansing*. Peter Kurze, 1997 (2. erw. Auflage 2010)

Hart, Hilary: *Die Wiederentdeckung weiblicher Spiritualität*. Arbor, 2005

Heilig Kreuz-Passion, https://www.heiligkreuzpassion-sozial.de/seite/274366/grab-mit-vielen-namen.html (14.02.2021)

Heinsohn, Gunnar, Knieper, Rolf und Steiger, Otto: *Menschenproduktion – Allgemeine Bevölkerungslehre der Neuzeit*. Suhrkamp, 1986

Heinsohn, Gunnar und Steiger, Otto: *Die Vernichtung der weisen Frauen – Hexenverfolgung, Kinderwelten, Bevölkerungswissenschaft, Menschenproduktion*. Erstausgabe, März, 1979

Heinsohn, Gunnar und Steiger, Otto: *Die Vernichtung der weisen Frauen – Hexenverfolgung, Menschenproduktion, Kinderwelten, Bevölkerungswissenschaft*. 6. Auflage, März, 1985

Heinsohn, Gunnar und Steiger, Otto: *Die Vernichtung der weisen Frauen – Hexenverfolgung, Menschenproduktion, Kinderwelten, Bevölkerungswissenschaft*. 14. Auflage, Area Verlag, 2005

Heinsohn, Gunnar: Lexikon der Völkermorde. Rowohlt, 1998

Jacquet, Luc: *Das Geheimnis der Bäume*. Naturdokumentation, 2013

Janzen, Linda, Cadell, Susan und Westhues, Anne: „From Death Notification through the funeral: bereaved parents' experiences and their advice to professionals", in: OMEGA, Jg. 48, Nr. 2 (2004), S. 149–164

Krafeld, Franz Josef: *Wir tanzen nicht nach eurer Pfeife – Zur Sozialgeschichte von Volkstanz und Volkstanzpflege in Deutschland*. Lilienthal, 1985

Kutter, Erni: *Schwester Tod – Weibliche Trauerkultur, Abschiedsrituale, Gedenkbräuche, Erinnerungsfeste*. Kösel, 2010

LAG Hospiz Brandenburg e. V., https://www.lag-hospiz-brandenburg.de/themen_hospizidee_geschichte.html (25.11.2020)

Leuze, Mirjam: *The Whale & the Raven*. Dokumentarfilm, 2019

Mayer, Emeran: *Das zweite Gehirn – Wie der Darm unsere Stimmung, unsere Entscheidungen und unser Wohlbefinden beeinflusst*. Riva, 2016

medica mondiale e. V., https://www.medicamondiale.org/nc/nachrichten/transgenerationales-trauma-wir-haben-so-viel-in-uns-vergraben.html (25.11.2020)

Mein kleines Kind, https://www.meinkleineskind.de/inhalt.html (08.03.2020)

Merchant, Carolyn: *Der Tod der Natur – Ökologie, Frauen und neuzeitliche Naturwissenschaft*. Neuausgabe, Oekom – Bibliothek der Nachhaltigkeit, 2020

Merculieff, Ilarion Larry: *Indigenous Voices*. https://www.youtube.com/watch?v=RMkKrq_cruU (08.03.2020)

Netzwerk Pränataldiagnostik, https://www.netzwerk-praenataldiagnostik.de/themen/behinderung-und-normierung.html – https://www.netzwerk-praenataldiagnostik.de/themen/schwangerschaft.html (08.03.2020)

Newsletter Trauerforschung im Fokus, http://trauerforschung.de/index.php/forschungsbereiche/auswirkungen/20-die-praesenz-eines-verstorbenen-wahrnehmen-trauer-und-heilung (25.11.2020)

Nowatzki, Nadine R. und Kalischuk, Ruth Grant: „Post-Death Encounters: Grieving, Mourning, and Healing", in: *OMEGA*, Jg. 59, Nr. 2 (2009), S. 91–111 (bei Interesse am gesamten englischspr. Artikel wenden Sie sich bitte an h.willmann@trauerforschung.de)

Olbricht, Ingrid: *Wege aus der Angst – Gewalt gegen Frauen: Ursachen, Folgen, Therapie*. C. H. Beck, 2004, zitiert nach: *LauterStarkeFrauen,* Projekt zur Prävention und Bekämpfung von Gewalt gegen Frauen mit Behinderung und chronischer Erkrankung, https://lsf.netzwerk-nrw.de/strukturelle-gewalt.html (25.11.2020)

Oxytocin, https://de.wikipedia.org/wiki/Oxytocin (25.05.2021)

Pascali-Bonaro, Debra: *Orgasmic Birth: The Best-Kept Secret. A documentary that examines the intimate nature of birth and the powerful role it plays in women's lives when they are permitted to experience it fully*. Film, 2008

Santa Muerte, https://de.wikipedia.org/wiki/Santa_Muerte (08.03.2020)

Schädel, Hartmann: *Weltchronik*. 1493, https://commons.wikimedia.org/w/index.php?title=Category:Schedelsche_Weltchronik&uselang=de&filefrom=Schedelsche+Weltchronik+d+192.jpg#/media/File:Schedelsche_Weltchronik_d_261.jpg (08.03.2021)

Schiran, Ute Manan: *Am Küstensaum der Zeit – Gedanken zu einer sinnlich-spirituellen Praxis jenseits bestehender religiöser/säkularer Systeme/2 Essays*. München, 2008 (erhältlich über Lillemor's Frauenbuchladen München)

Seeck, Francis: *Recht auf Trauer – Bestattungen aus machtkritischer Perspektive.* edition assemblage, 2017

Statistisches Bundesamt, www.destatis.de (08.03.2020)

Tag, Brigitte: *Rechtliche Aspekte im Umgang mit dem toten Körper. Eine thematische Einführung* aus: Groß, Dominik, Esser, Andrea, Knoblauch, Hubert und Tag, Brigitte (Hg.): *Tod und toter Körper – Der Umgang mit dem Tod und der menschlichen Leiche am Beispiel der klinischen Obduktion.* Kassel University Press, 2007, https://www.uni-kassel.de/upress/online/frei/978-3-89958-338-0.volltext.frei.pdf (25.11.2020)

Thoma, Rita, http://www.sterbetuecher.de (08.03.2021)

Vetter, Petra: *Meine Patientenverfügung.* Richard Boorberg, 2018

Vetter, Petra: *Selbstbestimmung am Lebensende – Patientenverfügung und Vorsorgevollmacht.* Richard Boorberg, 2009

weAct, Charlotte Schmitz: https://weact.campact.de/petitions/femizide-in-deutschland-stoppen (14.02.2020)

Weitertragen – Fortsetzen der Schwangerschaft nach auffälligem pränatalen Befund e. V., https://www.weitertragen-verein.net/ (08.03.2020)

Wisdom Weavers of the World: *Wisdom Weavers of the World.* https://www.wisdomweavers.world/ (08.03.2020)

Wisselinck, Erika: *Hexen – Warum wir so wenig von ihrer Geschichte erfahren und was davon auch noch falsch ist.* Frauenoffensive, 1986

Wohlleben, Peter: *Das geheime Leben der Bäume – Was sie fühlen, wie sie kommunizieren – die Entdeckung einer verborgenen Welt.* Ludwig, 2015

Wohlleben, Peter: *Das geheime Leben der Bäume.* Film, 2020

Wolf-Graaf, Anke: *Die verborgene Geschichte der Frauenarbeit.* Beltz, 1983

Zukav, Gary: *Die tanzenden Wu Li Meister – Der östliche Pfad zum Verständnis der modernen Physik: vom Quantensprung zum schwarzen Loch.* Rowohlt, 2012

Abbildungsverzeichnis

Die Kapelle, die zum Tanz aufspielt, Teil des Wandgemäldes *Bleibacher Totentanz* aus dem Beinhaus im Elztal von 1723 mit Text: „Mein Trompetenschall bringt Freud oder Trübsal in Ewigkeit". Quelle: https://commons.wikimedia.org/wiki/File:Totentanz_(Bleibach)_2400_3.jpg (08.03.2021)

Tanz der Gerippe, Holzschnitt von Michael Wolgemut in Hartmann Schedels *Weltchronik* von 1493. Quelle: https://upload.wikimedia.org/wikipedia/commons/e/e3/Wolgemut_-_1493_-_tanz_der_gerippe_%28coloriert%29.jpg (08.03.2021)

Andrea Hendrich,
Bernadette Schmitt

Bens Sonnenblumen

Ein Kinderfachbuch zum Thema Trauer

55 S., 21 Euro
24 x 17 cm
ISBN 978-3-86321-394-7

Für Familie Wittmann ist plötzlich alles anders. Ben, der mittlere Sohn, hat einen Unfall und stirbt am selben Tag im Krankenhaus. Die Familie erlebt ein Wechselbad der Gefühle: Trauer, Schmerz, Einsamkeit und Sehnsucht.
Dieses Buch richtet sich an alle, die Kindern beim Thema „Tod und Trauer in der Familie" behutsam zur Seite stehen wollen.
Ab 5 Jahren.

Elke Barber, Anna Jarvis

Kommt Papa gleich wieder?

Ein Kinderfachbuch über den plötzlichen Tod eines geliebten Menschen

Alex ist drei Jahre alt, als sein Vater einen schweren Herzinfarkt erleidet. Obwohl Alex Hilfe holt, stirbt sein Papa. In Alex' eigenen Worten erzählt das Buch davon, wie ihm seine Mutter dabei hilft, zu verstehen, was passiert ist. Im Fachteil, der sich an die autobiografische Bildergeschichte anschließt, erläutert der Kinder- und Jugendlichen-Psychotherapeut Hans Hopf, wie Kinder trauern.
Ab 4 Jahren.

46 S., 22 Euro
21 x 29,7 cm
ISBN 978-3-86321-551-4

Isabel Schneider,
M. Schneider-Hartmann

Feli und Matze im Land der Kinderseelen

Eine Geschichte über den Kreislauf des Lebens

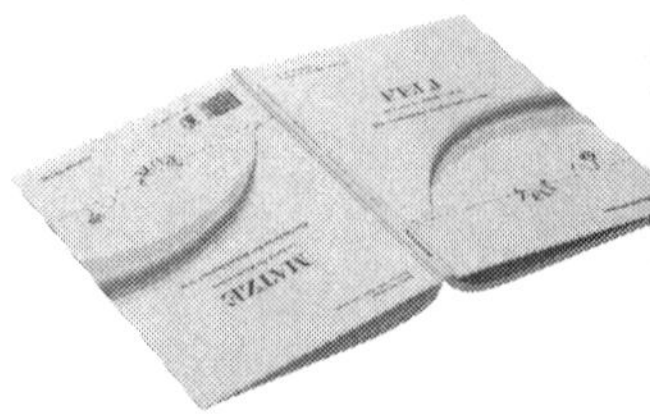

62 S., 20 Euro
17 x 24 cm
ISBN 978-3-86321-026-7

Die Kinderseelen Feli und Matze haben sich entschlossen, das Land über dem Regenbogen zu verlassen, um ein Leben auf der Erde zu verbringen. So einfach ist das nicht, denn vorher müssen beide dafür ausgerüstet werden ... Das in zwei Richtungen zu lesende Wendebuch nähert sich den Themen Sterben und Tod mit liebevollen Illustrationen, Leichtigkeit und Freude.
Ab 6 Jahren.

Jetzt beim Mabuse-Buchversand kaufen!
– portofrei innerhalb Deutschlands –
bestellen@mabuse-buchversand.de
www.mabuse-buchversand.de

Mabuse-Verlag

Dr. med. Mabuse
Zeitschrift für alle Gesundheitsberufe
Sterben, Tod, Trauer